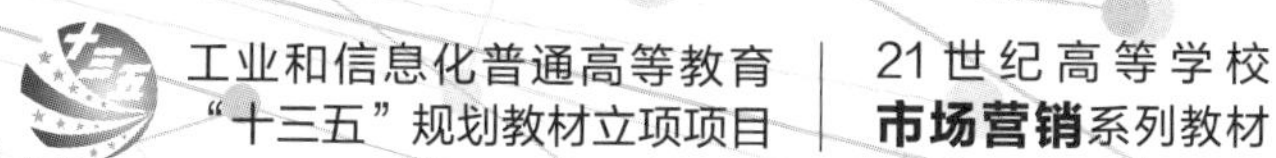

电商客户关系管理

苏朝晖 ◎ 编著

人民邮电出版社
北京

图书在版编目（CIP）数据

电商客户关系管理 / 苏朝晖编著. -- 北京 : 人民邮电出版社, 2021.5（2023.8重印）
21世纪高等学校市场营销系列教材
ISBN 978-7-115-55990-6

Ⅰ. ①电… Ⅱ. ①苏… Ⅲ. ①电子商务－网络客户－营销管理－高等学校－教材 Ⅳ. ①F713.365.2

中国版本图书馆CIP数据核字(2021)第028386号

内 容 提 要

本书借鉴和吸收了国内外电商客户关系管理领域的最新研究成果，系统阐述了电商客户关系的建立、电商客户关系的维护、电商客户关系的挽救等内容，具体包括客户关系管理概论、客户购买行为分析、电商对客户的选择、电商对客户的开发、电商对客户信息的管理、电商对客户的分级管理、电商对客户的沟通管理、电商对客户满意的管理、电商对客户忠诚的管理、电商对流失客户的挽回等。

本书深入浅出，通俗易懂，并且与电商企业的经营活动紧密联系，真正做到了理论与实践相结合。书中援引了大量典型案例，便于读者更好地领会电商客户关系管理的真谛。

本书适合作为高等院校电子商务类专业的教材，也适合从事相关工作的人士阅读和参考

◆ 编　　著　苏朝晖
责任编辑　王　迎
责任印制　李　东　胡　南

◆ 人民邮电出版社出版发行　　北京市丰台区成寿寺路 11 号
邮编　100164　　电子邮件　315@ptpress.com.cn
网址　https://www.ptpress.com.cn
北京市艺辉印刷有限公司印刷

◆ 开本：787×1092　1/16
印张：13　　　　2021 年 5 月第 1 版
字数：254 千字　　　　2023 年 8 月北京第 6 次印刷

定价：46.00 元

读者服务热线：(010)81055256　印装质量热线：(010)81055316
反盗版热线：(010)81055315
广告经营许可证：京东市监广登字 20170147 号

PREFACE

前言

随着互联网与信息技术的迅猛发展，互联网市场已成为一个急速扩展、潜力巨大的市场，蕴涵着无限商机，也引来了众多电商企业竞相追逐。

尽管当前电商企业间的竞争表现为品牌竞争、创新竞争、服务竞争等，但其本质上都是在争夺客户。一个电商企业不论有多好的设备、多好的技术、多好的品牌、多好的机制、多好的团队，但如果没有客户，一切都将为零。

例如，品牌只是吸引客户的有效工具之一，再强势的品牌如果没有客户的追捧，同样站不住脚，这也可以解释为什么有些知名品牌在异地发展遭遇挫折——不是品牌本身有问题，而是因为没有被异地的客户所接受！所以，电商企业要实现赢利就必须依赖客户，要想在激烈的市场竞争中获得长期稳定的发展，就必须重视客户关系管理。

电商企业要做好客户关系管理工作，就要做到以下几点。首先，电商企业应当积极地与客户建立关系；其次，电商企业在与客户建立关系之后还必须认真维护好客户关系；最后，电商企业应当认识到在建立、维护客户关系阶段随时都可能发生关系的破裂，为此电商企业必须及时采取有效措施来挽救客户关系。

为了方便教师的教学，本书提供了丰富的教学资源，包括理论课件、案例课件、教学大纲、教学进度表、习题答案、模拟试卷等，教师可在人邮教育社区（www.ryjiaoyu.com）进入本书页面免费下载使用。此外，对于书后的综合实践，教师可根据实际教学情况酌情安排。

本书在编写过程中引用了大量典型案例，便于读者更好地领会客户关系管理的要义。资料来源已尽可能列出，如有遗漏在此深表歉意。由于作者水平所限，书中难免有不足之处，恳请读者批评指正，意见与建议请发送至电子邮箱 822366044@qq.com。

苏朝晖

2020 年 10 月

CONTENTS

第一篇　导论

第二篇　电商客户关系的建立

第四章　电商对客户的开发

第三篇　电商客户关系的维护

第五章　电商对客户信息的管理

第六章　电商对客户的分级管理

第七章 电商对客户的沟通管理

第八章 电商对客户满意的管理

第九章 电商对客户忠诚的管理

第四篇 电商客户关系的挽救

第十章 电商对流失客户的挽回

第一篇

导论

“客户”是指购买或者使用产品或服务的个人或组织。

电商企业要想赢利离不开客户的购买，因此电商企业必须重视客户关系管理，也必须了解客户购买行为的特点、模式与过程，以及影响客户购买行为的各种因素。

由于许多电商企业为交易平台，因此本书所探讨的客户包括买方客户，也包括卖方客户。此外，电商企业的客户既包括个人客户，也包括企业客户，既包括境内客户，也包括境外客户。

第一章
客户关系管理概论

第一节 客户关系管理的产生

客户关系管理是一个既古老又新鲜的话题。

作为古老的话题，实际上自人类有商务活动以来，客户关系问题就一直是商务活动中的核心问题之一，也是商务活动成功与否的关键因素之一。例如，古时候的货郎、商人都意识到，对于那些常来常往的客户，如果能熟记他们的名字、爱好和购买习惯，给予这些客户朋友般的亲切接待，并且投其所好地满足他们的需要，就容易使其成为忠诚的客户。

作为新鲜的话题，是因为现代的客户关系管理不同于传统的客户关系管理，现代客户关系管理的产生源于当前需求的拉动和技术的推动。

一、需求的拉动

客户关系管理的产生首先源于市场对客户关系管理的需求，这体现在两个方面，一方面是客户的重要性，另一方面是客户关系管理的重要性。

（一）客户的重要性

客户的重要性体现在客户对企业的价值上，这部分价值不应仅是客户的购买为企业带来的利润贡献，而应该是客户为企业创造的所有价值的总和。客户的重要性具体体现在以下几个方面。

1. 利润源泉

客户可以给企业带来利润，使企业兴旺发达，同时也可以使企业破产倒闭。只有客户购买了企业的产品或者服务，企业的利润才能得以实现，因此客户是企业利润的源泉，是企业的“摇钱树”，是企业的“财神”，管好了客户就等于管好了“钱袋子”。企业利润的来源不是品牌，品牌只是吸引客户的有效工具。再强势的品牌如果没有客户追捧，同样是站不住脚的。这可以解释为什么有些知名品牌在异地发展遭遇挫折——不是品牌本身有问题，而是因为品牌没有被异地的客户接受。正因为如此，通用电气变革的带头人韦尔奇说：“公司无法提供职业保障，只有客户才行。”著名的管理学大师彼德·德鲁克说：“企业的首要任务就是‘创造客户’。”沃尔玛的创始人萨姆·沃尔顿说：“实际上只有一个真正的老板，那就是客户。他只要用把钱花在别处的方式，就能将公司的董事长和所有雇员全部都‘炒鱿鱼’。”

2. 聚客效应

自古以来，人气就是商家发达的生意经。一般来说，人们的从众心理都很强，总是喜欢锦上添花，追捧那些“热门”企业。如果企业拥有庞大的忠诚客户群，这本身就是一个很好的广告、很有力的宣传、很有效的招牌，在“从众心理”的驱使下，能够吸引更多的新客户加盟。所以，客户可以被形象地称为“播种机”，因为满意和忠诚的客户会带来其他新的客户。因此，已经拥有较多客户的企业更容易吸引新客户加盟，从而使企业的客户规模不断壮大。

3. 信息价值

客户的信息价值是指客户为企业提供信息，从而使企业更有效、更有的放矢地开展经营活动所产生的价值。这些信息主要来源于企业在建立客户档案时由客户无偿提供、企业与客户沟通过程中客户以各种方式（如抱怨、建议、要求等）向企业提供。这些信息包括客户需求信息、竞争对手信息、客户满意程度信息等。企业是为客户服务的，检验企业服务优劣的唯一标准就是客户评价。所以，客户可以被形象地称为“整容镜”，客户的意见、建议为企业的正确经营指明了方向，为企业制订营销策略提供了真实、准确的一手资料。

4. 口碑价值

客户的口碑价值是指对产品或服务满意的客户向他人宣传本企业的产品或服务，吸引更多新客户的加盟，从而促使企业销售增长、收益增加所创造的价值。所以，客户可以被形象地称为“宣传队队员”，他们会对其他人诉说正面或者负面的评价，从而影响其他人对企业的兴趣和预期。研究表明，在客户购买决策的信息来源中，口碑传播的可信度最大，远胜商业广告和公共宣传。因此，客户主动的推荐和口碑传播一方面会使企业的知名度和美誉度迅速提高，另一方面还可以降低企业的广告和宣传费用。

5. 应对竞争的利器

在产品或服务供过于求、买方市场日渐形成的今天，客户选择的自由度越来越高，尽管当前企业间的竞争更多地表现为品牌竞争、价格竞争、服务竞争等，但实质上都是在争夺有限的客户资源。此外，技术、资金、管理、服务、土地、人力、信息等，很容易被竞争对手模仿或者购买，而企业拥有的“客户”却不会如此。客户忠诚一旦形成，竞争对手往往要花费数倍的代价来“挖墙脚”（挖客户）。因此，从根本上说，判断一个企业的竞争力有多强，不但要看技术、资金、管理，而且要看它到底拥有多少忠诚的客户，特别是拥有多少忠诚的优质客户。在小咖啡店买杯咖啡只要 0.5 美元，而在星巴克买杯咖啡却要 3 美元！这是为什么？谁也没有强迫谁购买，购买者都是心甘情愿的，因为他们觉得值。所以，企业如果能够拥有较多的、乐意以较高价格购买产品的客户，就能在激烈的竞争中站稳脚跟，立于不败之地。此外，企业拥有的客户越多，就越可能获得规模效应，从而降低企业为客户提供产品或服务的成本，为客户提供具有更高价值的产品或服务。同时，企业如果拥有众多客户，还会给其他企业带来较高的进入壁垒——“蛋糕”（市场份额）就那么大，你拥有的客户多了，则其他企业占有的客户就少了，从而使企业在激烈的竞争中处于优势地位。可以说，忠诚、庞大的客户队伍是企业从容面对市场变化的基石。

总之，客户是企业的衣食父母，是企业的命脉，是企业永恒的宝藏，是企业生存和发展的基础。一个企业不管有多好的设备、多好的技术、多好的品牌、多好的机制、多好的团队，如果没有客户，那么一切都将为零。企业就像船，客户就像水，水能载舟，亦能覆舟。企业要实现赢利必须依赖客户，没有客户企业就会垮台！

（二）客户关系管理的重要性

1. 降低企业维系老客户和开发新客户的成本

客户关系管理可使企业与老客户保持良好、稳定的关系，这就为企业节省了一大笔向老客户进行宣传、促销等活动的费用。此外，好的客户关系会使老客户主动为企业进行有利的宣传。通过老客户的口碑效应，企业能更有效地吸引新客户加盟，同时减少企业为吸引新客户所需支出的费用，降低开发新客户的成本。例如，可口可乐公司曾经扬言“如果今天工厂被一把火烧了，第二天可另起炉灶，接着生产，继续供应可口可乐”。可口可乐为什么这么“牛”？不就是因为它有着数以亿计的忠诚客户在翘首以盼吗？也正因如此，可口可乐用于维系老客户和开发新客户的成本可以很低。

2. 降低企业与客户的交易成本

客户关系管理还使企业和客户之间较易形成稳定的伙伴关系和信用关系，使交易容易实现，并且使过去逐次逐项的谈判交易发展成为例行的程序化交易，从而大大降低了搜寻成本、谈判成本和履约成本，最终降低了企业与客户的整体交易成本。

3. 促进增量购买和交叉购买

客户关系管理可以增加客户对企业的信任度，进而加大客户增量购买（即客户增加购买产品的数量）的可能性。例如，一位客户在银行办理了活期存款账户，而活期存款账户通常是不赚钱的，但银行仍然为该客户提供了良好的服务。后来，这位客户申请了一个定期存款账户，不久后又申请了汽车消费贷款，再后来又申请了购房贷款……显然，促使该客户增量购买银行服务的原因是银行与这位客户建立的良好关系。此外，客户关系管理还可以使客户交叉购买（即客户购买该企业生产的其他产品或拓展与企业的业务范围）的可能性增大。例如，购买海尔冰箱的客户，如果与海尔公司的关系良好，当需要购买电视、洗衣机等产品时，就比较容易接受海尔的相关产品。

4. 提高客户的满意度与忠诚度

企业进行客户关系管理不仅可以更好地了解客户的类型和状态，还可以使企业从客户的抱怨中发现自己的不足，及时调整或改进经营策略，为客户提供最合适的服务，不断提高客户的满意度。企业通过客户关系管理还可以在第一时间发现客户需求或潜在需求的变化，使企业可以及时推出客户喜爱的新产品、新服务，从而不断提高客户的忠诚度。

5. 给企业带来源源不断的利润

传统的管理理念乃至现行的财务制度，把厂房、设备、资金、股票、债券等视为资产，后来又把技术、人才也视为企业的资产。如今，人们逐渐认识到，虽然“客户”及“客户关系”不具备实物形态，但也是企业的重要资产，能为企业带来实实在在的利润。SAS 航空公司的前首席执行官简・卡尔森认为，在企业资产负债表的“资产”栏记录几十亿欧元的飞机价值，这是不对的，应该在“资产”栏里记录企业拥有多少满意和忠诚的客户，因为企业唯一的资产是对企业的服务满意并且愿意再次成为客户的客户。美国柯达公司为打开南美市场，曾斥资 500 万美元与以色列的鸡蛋公司签订协议，要求在其出口南美的鸡蛋上印上“柯达”商标——柯达看中的是以色列鸡蛋公司庞大的、忠诚的客户群，而以色列鸡蛋公司由于善于将其“客户关系”作为一项资产来经营，因此将 500 万美元广告费尽收腰包。同样，国际足联也是利用了其拥有的“客户关系”——亿万球迷，而获取收益。可见，客户关系管理使企业拥有相对稳定的客户群体和客户关系，能够稳定销售，降低企业的经营风险，并且提高效率、促进销售、增加市场占有率，从而给企业带来源源不断的利润。此外，好的客户关系，使客户对企业抱有好感，如此客户就会降低对产品价格或服务价格的敏感度，使企业能够获得较高的利润。

6. 能整合企业对客户服务的各种资源

企业进行客户关系管理还可以整合企业的所有资源，使以往“各自为战”的销售人员、市场推广人员、服务人员等协调合作，成为围绕着“满足客户需求”这一核心宗旨的强大团队，为增加企业利润提供坚实的基础和可靠的保证。

综上所述，企业管理好客户关系可以降低维系老客户和开发新客户的成本、降低与客户的交易成本、促进增量购买和交叉购买、提高客户的满意度和忠诚度、给企业带来源源不断的利润、整合企业对客户服务的各种资源。企业的命运建立在与客户保持长远利益关系的基础之上，企业要想在激烈的市场竞争中保持优势，保持长久的竞争力，保证企业的稳定发展，就必须积极培养和建立客户关系，巩固和发展客户关系，把良好的客户关系作为企业的宝贵资产和战略资源来进行有效的经营和管理。相反，不重视客户关系管理将阻碍企业正常经营活动的开展。例如，IBM 这样具有强大技术与经济实力的公司，当年推出业界期待已久的家用计算机 PC Jr. 时，虽然花去几千万美元的广告与促销费用，但由于没有得到零售商客户的支持，也不得不宣布停产。

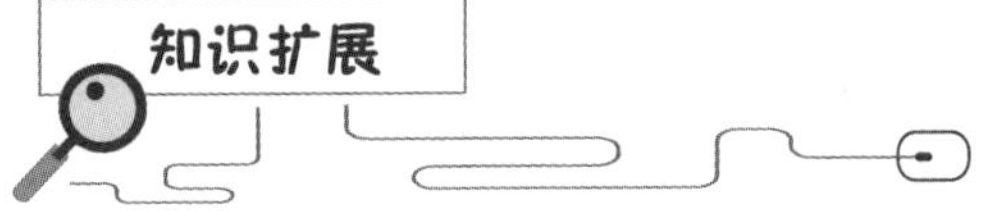

客户资产与客户的终生价值

客户资产（customer equity）就是将企业与客户的关系视为企业的一项可经营的资产。企业的客户资产也可以理解为企业所有客户终生价值的折现价值的总和。客户资产还包括企业与客户、分销商和合作伙伴所形成的相互信任、合作的关系，是一种能为公司运用、产生长期现金流量的风险资产。

客户的终生价值（customer lifetime value，CLV）是指一个客户一生所能给企业带来的价值，它是以客户带来的收益减去企业为吸引、推销、维系和服务该客户所产生的成本来计算的，并且要折为现值。

客户带来的收益包括客户初期购买给企业带来的收益、客户重复购买给企业带来的收益、客户增量购买及交叉购买给企业带来的收益、由于获取与保持客户的成本降低及提高营销效率给企业带来的收益、客户向朋友或家人推荐企业的产品或服务给企业带来的收益、客户对价格的敏感性降低而给企业带来的收益等。例如，可口可乐公司预测其一位忠诚客户在 50 年内能给企业带来的收益是 1.1 万美元，AT&T 公司预测其一位忠诚客户在 30 年内能给企业带来的收益是 7.2 万美元等。

客户终生价值既包括历史价值，又包括未来价值，它随着时间的推移而增长。因此，企业千万别在意客户一次花多少钱，购买了多少产品或服务，而应该考虑他们一生可能给企业带来多少财富。现实中客户往往因为企业没有满足其某一个心愿，而从此不再光顾该企业，暂且不论一位客户离去的各种负面效应或其他间接损失，单就失去一位老客户的直接损失就非常大。正因为如此，某企业评估其一位忠诚客户 10 年的终生价值是 8000 美元，并以此来教育员工失误一次很可能就会失去全部，要以 8000 美元的价值而不是一次 20 美元的营业额来接待每一位客户，提醒员工只有时时刻刻让客户满意，才能确保企业得到客户的终生价值。

二、技术的推动

客户关系管理的产生还源于信息技术的迅猛发展。信息技术的迅猛发展使企业得以借助先进的技术手段去充分了解和掌握客户信息、发现与挖潜市场机会、规避风险，提高客户满意度与忠诚度。

客户关系管理起源于20世纪80年代初的“接触管理”，即专门收集整理客户与企业相互联系的所有信息，借以改进企业经营管理，提高企业营销效益。后来，企业在处理与外部客户的关系时，越来越感觉到没有信息技术支持的客户关系管理使用起来力不从心。因而自20世纪90年代以来，美国许多企业为了满足市场竞争的需要，相继开发了销售自动化系统（SFA）、客户服务系统（CSS）等软件系统。

到20世纪90年代中期，接触管理逐渐演变为包括呼叫中心和数据分析在内的“客户服务”。1996年后，一些企业开始把SFA和CSS两个系统合并，并加入营销策划和现场服务的思想，它不仅包括软件，还包括硬件、专业服务和培训，以及为企业雇员提供全面、及时的数据，让他们清楚地了解每位客户的需求和购买历史，从而提供相应的服务。

为了抓住商机，许多软件公司及时地推出了客户关系管理的软件，这在一定程度上促进了客户关系管理的推广。但由于企业一度对客户关系管理过度投资和过高预期，而成功率和回报率却非常低，理论界和企业界开始更为理性地思考客户关系管理的适用性。这促使客户关系管理的研究更为深入、务实，研究的侧重点放在客户关系管理的实施策略以及客户关系管理系统的分析功能上。

20世纪90年代末，由于信息技术的引入，客户关系管理的营销模式在技术解决方案方面得到了很大的充实和快速的发展，这使企业能够有效地分析客户数据，积累和共享客户信息，根据不同客户的偏好和特性，提供相应的服务，从而提高客户价值。同时，信息技术也可以辅助企业识别不同的客户关系，针对不同的客户关系采用不同的策略。信息技术的突飞猛进为客户关系管理的实现和功能的扩展提供了前所未有的手段，如数据挖掘、数据库、商业智能、知识发现、基于浏览器的个性化服务系统等技术的发展使收集、整理、加工和利用客户信息的质量大大提高，也使企业与客户之间进行交流的渠道越来越多。

信息技术对客户关系管理的影响分为自动化、信息化和理念变革三个层次。自动化层次是指用计算机技术替代手工劳动，主要目的是提高客服人员的工作效率，如用一些管理软件自动进行数据统计、自动生成数据分析报表等。信息化层次是指利用现代信息技术，将数据、知识、经验和软件整合起来，为客服人员提供及时的决策信息，以支持营销决策，也就是营销工程。理念变革层次是指应用信息技术促进客户关系管理的理论和实践的创新，如数据库营销、网络营销、关系营销等，这些营销理念已日益为企业所接受和应用。此外，由于互联网是非常好的信息平台和互动手段，它提供了一个低成本的信息获取工具，同时也实现了供应商和客户的无缝连接，所以，互联网推动了客户关系管理的发展。

总之，在需求的拉动和技术的推动下，客户关系管理不断演变发展，逐渐形成了一套管理理论体系和应用技术体系。

第二节　客户关系管理的内涵

一、关于客户关系管理的认识误区

许多人认为“关系”是个令人费解、难以言传，甚至难以启齿的词语，因而不屑于讨论“关系”，而更愿意讨论“战略”“创新”这样的话题。这是因为他们将“关系”简单地理解为“搞关系”“走后门”，认为只要多“献殷勤”就可以建立客户关系、维护客户关系，这是对客户关系管理的误解。

其实，正常的客户关系本质上是买卖关系、交易关系、服务关系、利益关系。因此，客户关系管理不可以“务虚”，而必须“务实”，必须是建立在提供坚实的利益基础之上的，必须是能够为客户创造价值的。如果企业提供的产品或服务不能满足客户的需要，那么不论怎么“请客”“送礼”“赔笑脸”“走后门”“搞关系”“献殷勤”都无济于事。

还有不少人认为，客户关系管理就是安装客户关系管理软件，或者客户关系管理就是数据库管理，这也是对客户关系管理的误解。我们最初看到的客户关系管理是与客户关系管理软件、数据库管理联系在一起的，所以有了一个错误认识，似乎引进了客户关系管理软件、建立了客户数据库就是在进行客户关系管理。事实上，客户关系管理可能需要客户关系管理软件，但它们只是为企业进行客户关系管理提供了一种手段，并不能代表客户关系管理。客户数据库也只是帮助我们更有效地管理客户信息的工具，它同样不能替代客户关系管理。

从根本上说，企业与客户是利益关系、协作关系、双赢关系，只有双方都愿意交往、愿意合作，双方才能建立、提升与保持关系。

总之，企业与客户间关系的建立与维护靠的是企业为客户创造的利益、情感和价值，而这些仅凭人际交往、计算机软件或数据库技术是无法获得的。

二、客户关系管理再认识

（一）客户关系管理首先是一种“管理”

“管理”是指有目的的活动，是计划、组织、指挥、协调、控制。那么，客户关系管理就是企业对客户关系进行计划、组织、指挥、协调、控制，这就意味着客户关系管理绝不仅是使用一套软件、建立一个客户数据库那么简单，而是涉及企业的定位、战略、业务、流程、管理、营销、文化等一系列问题。

（二）客户关系管理是关于“关系”的管理

《现代汉语词典》对“关系”的解释是：①事物之间相互作用、相互影响的状态；②人和人或人和事物之间的某种性质的联系；③关联或牵涉等。此外，“关系”是有生命周期的，即关系的建立、发展、保持、破裂。由此可见，客户关系是企业与客户之间相互作用、相互影响、相互联系的状态。当然，客户关系也是有生命周期的，即客户关系的建立、发展、保持、破裂。

（三）客户关系管理是关于“客户关系”的管理

企业与客户之间的关系既是买卖关系，又是利益关系，还是伙伴关系。企业的销售和客户的购买使企业赢得利润、客户获得价值，企业与客户都从对方获得利益，只要关系不断，这种交换就可以持续下去。可见，从关系的持久性来看，企业实施客户关系管理必须实现客户与企业的“双赢”，实现客户价值的最大化和企业收益最大化之间的平衡。此外，社会关系的一些基本准则大多适用于客户关系管理，因为从本质上说，企业、客户的背后都是人，客户关系本质上是人与人的关系，当然，客户关系侧重于社会关系与人际关系中的商业关系，因而一些客户关系管理方法并不适合管理社会关系与人际关系。

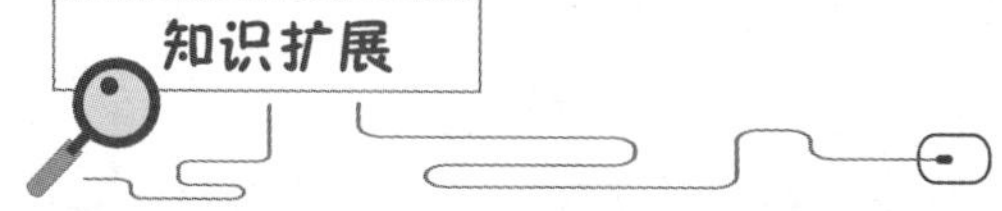

客户的状态

按照客户的状态，客户可划分为：潜在客户、目标客户、现实客户、流失客户和非客户。

1．潜在客户

潜在客户是指对企业的产品或服务有需求和购买动机，有可能购买但还没有产生购买的人群。例如，已经怀孕的女性很可能就是婴幼儿产品的潜在客户。

2．目标客户

目标客户是企业经过挑选后确定的力图开发为现实客户的人群。例如，劳斯莱斯就把具有很高地位的人士或取得巨大成就的人士作为自己的目标客户。

潜在客户与目标客户的区别在于，潜在客户是指有可能购买但还没有购买的客户，目标客户则是企业主动“瞄上”的尚未有购买行动的客户，属于企业“单相思”的对象。当然，客户与企业可以“一见钟情”“相互欣赏”“两情相悦”，也就是说，潜在客户和目标客户是可以重叠或者部分重叠的。

3．现实客户

现实客户是指已经购买了企业的产品或服务的人。

按照客户与企业之间关系的疏密，现实客户又分为：初次购买客户（新客户）、重复购买客户和忠诚客户三类。

（1）初次购买客户（新客户）是对企业的产品或服务进行第一次尝试性购买的客户。

（2）重复购买客户是对企业的产品或服务进行了第二次及第二次以上购买的客户。

（3）忠诚客户是对企业的产品或服务持续地、指向性地重复购买的客户。忠诚客户是企业最可以信赖的客户，他们是企业的产品或服务的长期、持续、重复的购买者，他们的忠诚也表明企业现有的产品和服务对他们是有价值的。

4．流失客户

流失客户是指曾经是企业的客户，但现在不再购买企业的产品或服务的客户。

以上四种客户是可以相互转化的。比如，潜在客户或目标客户一旦采取购买行为，就变成企业的初次购买客户（新客户），初次购买客户（新客户）如果经常购买同一企业的产品或服务，就可能发展成为该企业的重复购买客户，甚至成为忠诚客户；但是，初次购买客户（新客户）、重复购买客户、忠诚客户也会因其他企业更有诱惑的条件或因为对企业不满而成为流失客户；而流失客户如果被成功挽回，又可以直接成为现实客户。

5．非客户

非客户是指那些与企业的产品或服务无关或者不可能购买企业的产品或服务的人。

客户的状态如图 1-1 所示。

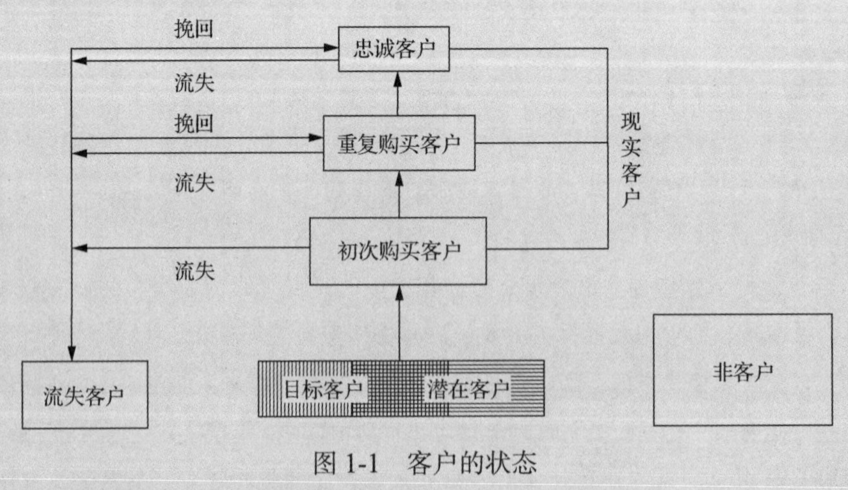

图 1-1　客户的状态

三、客户关系管理的内涵及目标

客户关系管理是建立在营销思想和信息技术基础之上的先进的管理理念与策略，是专门研究如何建立客户关系、如何维护客户关系、如何挽救客户关系的科学，它将管理的视野从企业的内部延伸、扩展到企业的外部，是企业管理理论的新领域。

客户关系管理的目标是通过建立客户关系、维护客户关系、挽救客户关系来帮助企业拥有大量的、优质的、忠诚的客户。

第三节 客户关系管理的理论基础

一、关系营销

（一）关系营销的内涵

关系营销认为，企业营销是一个与客户、竞争者、供应商、分销商、政府机构和社会组织发生互动作用的过程，正确处理与这些个人和组织的关系是企业营销的核心，是企业成败的关键。

关系营销的核心是合作，旨在找出高价值客户和潜在客户，并通过人性化的关怀使他们与企业产生"合作伙伴"式的密切关系，通过合作实现双赢或多赢，增加关联方的利益，而不是通过损害其中一方或多方的利益来增加己方的利益。

关系营销强调关系的重要性，即企业通过客户服务、紧密的客户联系、高度的客户参与、对客户高度承诺等方面来建立双方良好的合作关系，视客户为永久性的伙伴、朋友，并与之建立互利互惠的伙伴关系，其目的是在获得新客户的同时维护老客户，并在企业与客户结成的长期互利互惠的伙伴关系中获得收益。这种关系超越了简单的物质利益的互惠而形成了一种情感上的满足，企业通过维系这种情感来获得并维持客户，从而形成一种长久的利益机制。

（二）交易营销与关系营销的区别

首先，交易营销只关注一次性的交易，较少强调客户服务，对客户的承诺有限，适度地与客户联系，只通过生产部门关心质量；关系营销则高度重视客户服务、客户承诺、客户联系，使所有部门都关心质量。

其次，交易营销认为，市场中交易双方的主动性不同，即存在"积极的卖方"和"消极的买方"，买卖双方是各自独立的因素，交易营销就是卖方的单方行为，卖方用产品、价格和促销等营销组合手段刺激客户购买；关系营销则认为，具有特定需求的买方也存在积极寻找合适卖方的过程，买卖双方是互动的关系。

再次，在交易营销观念中，市场由同质的、无差别的个体客户构成，市场细分是在庞大的消费群中划分出同质性较高的目标受众；关系营销则认为市场中每个个体客户的需求和欲望、购买能力有着很大的差异，所以每个客户对于企业的价值也是不同的，不能将每个客户同等对待，应采取客户分级的方法来区别对待处于不同层级的客户。

最后，交易营销注重结果和以产品为中心的价值传播，关系营销倾向于以服务过程和价值创造为重心。

（三）关系营销的意义

关系营销是对市场营销学理论的重大突破，它首次强调了客户关系在企业战略和营销中的地位与作用，营销的目的从获取短期利润转向与各方建立和谐的关系，保持企业与客户之间的长期互利互惠的伙伴关系是关系营销的核心思想。

关系营销吸收了以往各种营销方式的优点，又注重与新技术的结合，其理念是运用各种工具和手段，培养、发展和维持与客户之间的亲密关系，实现有效的客户挽留。所以，很多学者认为关系营销是客户关系管理的理念基石，是客户关系管理的雏形，关系营销直接推动了客户关系管理的产生。

二、客户细分

（一）客户细分的概念

市场细分是美国市场学家温德尔・史密斯（Wended Smith）于 1956 年提出来的，是指根据客户的需要与欲望及购买行为和购买习惯等方面的明显差异，把某一产品或服务的市场划分成若干由相似需求构成的消费群（即若干子市场）的过程。

（二）客户细分的意义

第一，不同的客户群具有不同的价值。客户天生就存在差异，不同的客户有不同的需求，不同的客户其价值也不相同。通过客户细分，企业可以更好地识别不同客户群体对企业的需求，以此指导企业的客户关系管理，就可以达到吸引客户、留存客户，建立客户忠诚的目的。为此，企业要识别每个客户群体的价值，并根据价值的不同采取有效方法对客户进行细分。通过客户细分，找寻到哪些客户是能为企业带来赢利的，哪些客户不能为企业带来赢利，并锁定那些高价值的客户。只有这样，企业才能保证所投入的资源得到回报，企业的长期利润和持续发展才能得到保证。

第二，合理利用企业有限的资源。对于企业而言，在现有的客户群体中，并不是所有的客户都会或者有可能同企业建立并发展长期合作关系。因此如果对所有客户不加区别地开展营销活动，势必会造成企业资源的浪费。但是，如果首先通过客户细分，识别具有较大概率同企业保持密切关系的客户，并有区别地开展目标营销，企业就会取得事半功倍的效果，大大节约企业有限的资源。

总之，市场是一个多层次、多元化消费需求的综合体，任何企业都无法满足所有的需求。企业通过市场细分可以识别最能赢利的细分市场，找到最有价值的客户，引导企业把主要资源放在这些能产生最大投资回报的客户身上，从而更好地满足他们的需要。

（三）客户细分的原则

企业在进行客户细分时，应该注意以下几个细分原则。

第一，细分后的客户群体必须具有不同的特点并且保持相对的稳定性，以便企业实现长期的营销策略，有效地开拓并占领目标市场。相反，如果细分后客户群体的特点变化过快，则营销风险会随之增加。

第二，每一个细分后的客户群体要具有可衡量的特征，即各子群体内都有明确的组成，具有共同的需求特征，表现出类似的购买行为。

第三，在客户细分中，企业对所选的目标客户要根据企业的实力量力而行，充分发挥企业的人力、物力、财力和生产、技术、营销能力的作用。反之，那些不能充分发挥企业资源的作用、难以被企业所占领的群体，则不能作为目标客户群体，否则会浪费企业的资源。

第四，细分后的客户群体规模必须使企业有利可图，而且有相当的发展潜力。一个细分客户群体能否达到可以实现具有经济效益的营销目标取决于这个市场的容量，如果容量过小，则企业对该目标客户群体就不值得去实施相关营销计划。

三、客户关系生命周期

任何关系都有一个生命周期，即从关系建立、关系发展、关系破裂到关系恢复或关系结束，客户关系也不例外。

客户关系生命周期是指从企业与客户建立关系到完全终止关系的全过程，是客户关系水平随时间变化的发展轨迹，它动态地描述了客户关系在不同阶段的总体特征。

我国学者陈明亮将客户关系生命周期划分为考察期、形成期、稳定期、退化期四个阶段。

（一）考察期

考察期是客户关系的孕育期。此时客户第一次接触企业，需要花大量成本和精力来寻求信息并做出决策，然后尝试性下单，一般交易量较小。企业则需要花费大量人力和物力进行调研，确定其是否为目标客户，此时企业对客户投入较多，但客户尚未对企业做出贡献。

（二）形成期

形成期是客户关系发展阶段。此时企业与客户已经建立了一定的相互信任和相互依赖，客户愿意承担部分风险，对价格的忍耐力有所增加，需求进一步增多。企业从客户交易获得的收入已经大于投入，开始赢利。但是，这一时期客户关系没有固化沉淀，客户在做出购买决策时，还会对相关竞争性产品进行评价对比。因此，客户群体表现为稳定性较差、需求的波动性较大，容易受外界影响等特征。针对形成期客户关系的特点，企业要建立和完善客户档案信息，通过恰当的方式与客户保持沟通，了解客户的真实需求和感受，同时向客户传递企业的价值观，通过“承诺和兑现承诺”使客户建立对企业的信任；在满足客户的基本预期的基础上，努力实现和超越客户的预期，以帮助客户抵制竞争对手的促销和诱惑。

（三）稳定期

稳定期是客户关系发展的最高阶段。此时企业与客户已经建立持续长期合作关系，客户对产品或服务的数量和质量需求稳定，对价格的敏感度降低，价格忍耐力达到最高值，交易量增大，客户对企业的产品或服务有信心，愿意试用新产品或新服务，并主动为企业传递良好的口碑和推荐客户，形成外部效应。稳定期客户关系管理的任务是“保持”，即将客户关系保持在一个较高的水平，并且保持尽可能长的时间。保持策略是通过恰当的客户接触渠道和客户沟通，传递企业的价值观，建立双方信息共享机制和深度合作的平台，提高客户的参与程度，通过企业和客户之间的互动创造价值；构建客户学习曲线，使客户感受到和企业保持现有关系所带来的附加价值和成本节约，培养客户的“主动忠诚”，同时提高客户转移成本，培养客户的“被动忠诚”。

（四）退化期

退化期是客户关系发展过程中的逆转阶段。表现为客户的购买水平下降，这种下降可能骤然发生，也可能缓慢出现。原因很可能是客户对产品或服务的抱怨增加，客户满意度下降，客户开始与企业的竞争者来往。退化期并不总是处在稳定期之后，而是在任一阶段中关系都有可能退化。如果客户关系没有存在的必要，企业就采取客户关系终止策略；如果客户关系仍然有存在的必要，企业就应该采取关系恢复策略。企业应注意：认真倾听客户的心声，了解客户的真实需求，分析客户流失的原因；制订重建信任的关系恢复计划，并且保证承诺的计划能够兑现；即使客户拒绝恢复关系也要表现得大度。

四、客户感知价值

泽瑟摩尔（Zaithaml）在 1988 年首先从客户角度提出了客户感知价值理论，她将客户感知价值定义为：客户将所能感知到的利得与其在获取产品或服务中所付出的成本进行权衡后对产品或服务效用的整体评价。该理论贡献在于提出了研究客户价值的两个重要因素：一是客户对所获取的价值的感知，二是客户对所付出成本的感知。

菲利普·科特勒（Philip Kilter）在泽瑟摩尔的客户感知价值理论基础上于 1994 年进一步提出了让渡价值理论。客户让渡价值是指总客户价值与总客户成本之差，总客户价值是指客户从某一特定产品或服务中获得的一系列利益，包括产品价值、服务价值、人员价值和形象价值等，总客户成本是指客户为了购买一件产品或服务所耗费的成本等，包括货币成本、时间成本、精神成本和体力成本。他认为，客户是以客户让渡价值作为购买价值取向，决定购买及影响以后再购买决策的；客户让渡价值越大，客户满意度就越高；当客户让渡价值为负时，客户不满意就发生了。因此，企业只有努力提高客户让渡价值，才能提高客户的满意度。

第四节　客户关系管理系统

当企业的客户群相对较大时，客户信息的调查、收集、登记、更新、分析、分类、营销等工作需要一个平台和相应的软件系统来完成。也就是说，企业有必要建立快速、准确、动态的客户关系管理系统来满足日益复杂的管理客户关系的需要。

一、客户关系管理系统的定义、特点

（一）客户关系管理系统的定义

客户关系管理系统是以客户数据的管理为核心，利用现代信息技术、网络技术、电子商务、智能管理、系统集成等多种技术，记录企业在市场营销与销售过程中和客户发生的各种交互行为，以及各类有关活动的状态，提供各类数据模型，进行客户信息的收集、管理、分析、利用的系统，帮助企业实现以客户为中心的管理模式。客户关系管理系统的主要工作：帮助记录、管理所有企业与客户交易与交往的记录，并能够通过分析、辨别哪些客户是有价值的，以及这些客户的特征等；实现自动化管理，动态地跟踪客户需求、客户状态变化、客户订单，记录客户意见；通过自动的电子渠道，如短信、邮箱、网站等承担对客户进行的某些自动化管理的任务。

（二）客户关系管理系统的特点

1. 综合性

客户关系管理系统综合了绝大多数企业有关客户服务、销售和营销管理系统自动化和优化的需要，通过具有多媒体、多渠道的联络中心实现了营销与客户服务的功能，同时通过系统具备的为现场销售和远程销售提供的各种服务实现其销售功能。客户关系管理系统使企业拥有了畅通高效的客户交流途径、综合面对客户的业务工具和竞争能力，从而使企业顺利实现从传统的企业模式向以电子商务为基础的现代企业模式的转变。

2. 集成性

客户关系管理要有效发挥作用，还要与企业的后台系统进行集成。在电子商务背景下，客户关系管理系统与企业资源计划、供应链管理、计算机集成制造、财务等系统的集成，将彻底改革企业的管理方式和业务流程，确保各部门、各系统的任务能够动态协调和无缝连接。

3. 智能化

客户关系管理系统还具有商业智能的决策能力和分析能力。客户关系管理系统获得并深化了大量的客户信息，通过加强对数据库的建设和数据挖掘工作，可以对市场和客户的需求展开智能性的分析，从而为管理者提供决策的依据或参考。客户关系管理系统的商业智能还可以改变产品定价方式、产品组合方式，提高市场占有率，提高客户忠诚度和发现新的商业机会。

4. 高技术

客户关系管理系统涉及种类繁多的信息技术，如数据库、数据挖掘、多媒体技术等，同时为实现与客户的全方位交流，在方案部署中要求实现呼叫中心、销售平台、远程销售、移动设备，以及基于互联网的电子商务站点的有机结合，这些不同的技术、不同规则的功能模块和方案要结合形成一个统一的客户关系管理环境。

二、客户关系管理系统的主要功能

客户关系管理系统的主要功能是：接触功能、业务功能、技术功能、数据库功能。

（一）接触功能

客户关系管理系统应当能使客户以各种方式与企业接触，典型的方式有呼叫中心、面对面的直接沟通、传真、移动销售、电子邮件、互联网及其他营销渠道，如中介或经纪人等。

客户关系管理系统应当能够或多或少地支持各种各样的接触活动。企业必须协调这些沟通渠道，保证客户能够按其方便或偏好的形式随时与企业交流，并且保证来自不同渠道的信息完整、准确和一致。

（二）业务功能

企业中每个部门必须能够通过上述接触方式与客户进行沟通，而营销部门、销售部门和服务部门与客户的接触和交流最为频繁。因此，客户关系管理系统主要应对这些部门予以支持。

1. 营销自动化

营销自动化也称作技术辅助式营销，主要是通过设计、执行和评估营销行动和相关活动的全面框架，赋予市场营销人员更多的工作手段及能力，使其能够对营销活动的有效性加以计划、执行、监视和分析，并能够运用工作流技术来优化营销流程，从而使营销任务自动化完成。其目的在于使企业能够在活动、渠道和媒体选择上合理分配营销资源，以达到收益最大化和客户关系最优化的效果。

2. 销售自动化

销售自动化以自动化方法替代原有的销售过程，这种方法主要是基于信息技术而形成的。销售自动化的实施可以帮助企业的销售机构及销售人员高质量地完成日程安排，进行有效的客户关系管理，进行销售预测，制作和提交销售建议书，制订定价与折扣策略，分配和管理销售地域，以及建立与完善报销报告制度等。

3. 服务自动化

服务自动化是企业依靠信息技术与手段，根据客户的背景资料及可能的需求，与客户进行的多种交流与沟通，并且在特定的时机提示客服人员有效、快捷、准确地满足客户的需求，从而进一步发展、维系与客户的关系。

（三）技术功能

赫尔维茨集团（Hurwitz Group）给出了客户关系管理系统的六个主要技术功能，即信息分析的功能、对客户互动渠道进行集成的功能、支持网络应用的功能、建设集中的客户信息仓库的功能、对工作流进行集成的功能、与企业资源计划集成的功能。

（四）数据库功能

数据库管理系统是客户关系管理系统的重要组成部分，是客户关系管理思想和信息技术的有机结合，是企业前台各部门进行各种业务活动的基础。从某种角度说，数据库甚至比各种业务功能更为重要，其功能体现在：帮助企业根据客户终生价值来区分各种现有客户；帮助企业准确地找到目标客户群；帮助企业在最合适的时机以最合适的产品满足客户需求，降低成本，提高效率；帮助企业结合最新信息和结果制订新策略，实现客户忠诚。运用数据库这一强大的工具，企业可以与客户进行高效的、可衡量的、双向的沟通，这体现了以客户为导向的管理思想。

三、客户关系管理系统的类型

美国的调研机构美塔集团（Meta Group）将客户关系管理系统分为操作型、分析型、协作型，图 1-2 所示为客户关系管理系统的类型。

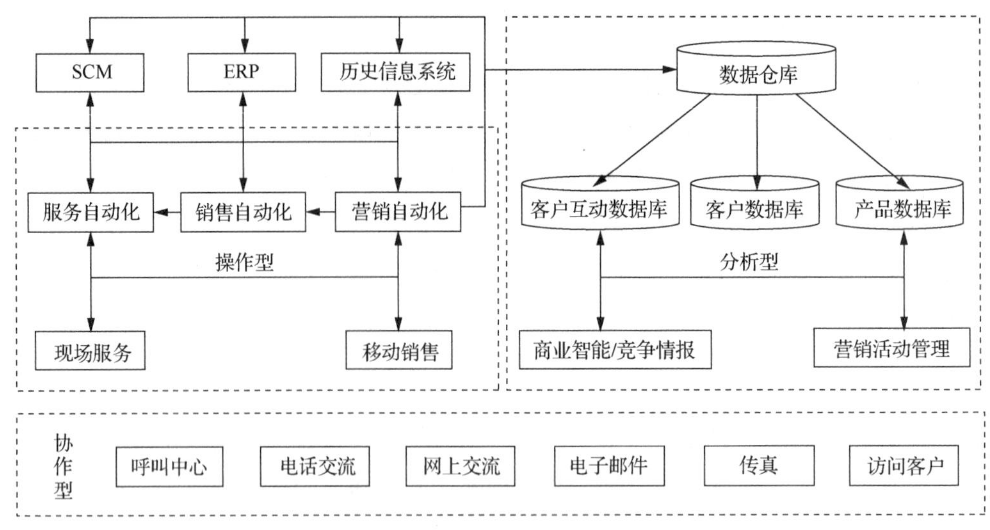

图 1-2 客户关系管理系统的类型

（一）操作型客户关系管理系统

操作型客户关系管理系统有时也称为“前台”客户关系管理系统，它包括与客户直接发生接触的各个方面，是通过为客户自动化服务来改善与客户接触的流程，进而提高工作效率，使客户满意。这种系统的设计理念在于：客户管理在企业经营中的地位越来越重要，它要求所有的业务流程流线化与自动化，包括经由各种渠道的客户接触点，即可接触的机会的整合，使前台与后台在管理上保持平滑的无缝连接。其目的是使企业直接面对客户时能够提供自动化的业务流程，为各个部门的业务人员的日常工作提供客户资源共享，减少信息流动滞留点，为客户提供高质量的服务，使客户就像在和一个虚拟个人做交易一样。由于操作型客户关系管理系统面向的是营销、销售、客户服务等一线、前台的工作，它主要是运用现代技术手段解决“以客户为中心”而带来的一系列问题，包括销售信息管理、销售信息分析、销售过程定制、销售过程监控、销售预测功能、营销活动的环境分析、信息管理、计划预算、项目追踪、成本核算、回报预测、营销效果评估、客户服务请求，以及投诉反应机制的建立、分配、解决、跟踪、反馈、回访等。

（二）分析型客户关系管理系统

分析型客户关系管理系统通常也称“后台”客户关系管理系统，它不需要直接同客户打交道，其作用是分析理解发生在前台的客户活动，主要是从操作型客户关系管理系统应用所产生的大量交易数据中提取有价值的各种信息，为企业的经营管理和决策提供有效的量化依据。分析型客户关系管理系统主要面向客户数据分析，针对一定企业的业务主题，设计相应的数据库和数据集市，利用各种预测模型和数据挖掘技术，对大量的交易数据进行分析，对将来的趋势做出必要的预测或寻找某种商业规律。作为一种企业决策支持工具，分析型客户关系管理系统用来指导企业的生产经营活动，提高经营决策的有效性和科学性。

（三）协作型客户关系管理系统

协作型客户关系管理系统基于多媒体联系中心，将多渠道的交流方式融为一体，建立统一的接入平台——交互中心，为客户和企业之间的互动提供多种渠道和联系方式，提高企业与客户的沟通能力。

（四）三种客户关系管理系统之间的关系

从上面三种客户关系管理系统的介绍和分析可以发现，操作型客户关系管理系统和协作型客户关系管理系统主要解决内部工作效率和交易数据的采集问题，并不具备信息分析的能力，只有分析型客户关系管理系统最具价值。此外，这三种类型的客户关系管理系统都是侧重某一个方面的问题，因此，要实现企业与客户之间的联动机制，就需要将三种类型的客户关系管理系统结合在一起。如果将客户关系管理系统比作一个人，则分析型客户关系管理系统是人的大脑，操作型客户关系管理系统是人的手和脚，而协作型客户关系管理系统有点像人的感觉器官，虽然不完全贴切，但它们的确有一定的相似性，三者共居于一个系统之中，共同完成同一个企业目标——为目标客户服务。企业是先上分析型客户关系管理系统，还是先上操作型客户关系管理系统，或者协作型客户关系管理系统，完全取决于企业的现状。不论怎样，企业一定要整体设计，先从最紧迫的需求做起，这样投资小、见效快、风险少，是非常切合实际的做法。

第五节　电商客户关系管理的思路

互联网的快速发展将整个世界经济带入了一个从未有过的高速增长期，电子商务在网络技术的催生下急速改变传统的商业模式，对传统企业提出了严峻的挑战。据国家统计局统计，2019 年中国网上商品和服务零售额达 10.6 万亿元，首次突破 10 万亿元大关。

随着内容电商化潮流的到来，跨流量平台的抖音、快手、小红书都加入了电商大军，原本竞争激烈的电商江湖，更添加了浓烈的火药味。例如，小红书的用户在 App 上晒海淘购物清单，小红书通过数据分析挖掘爆款，自己采购进行关联销售。此外，电商内容化拓展新场景。直播、短视频不但丰富了人们对商品的认知方式，而且有助于商品品类的拓展和消费场景的延伸，对于提升复购次数和单用户消费金额大有裨益。社交电商、内容电商、短视频等跨界流量平台的模式创新有效满足了客户多样化的需求，正在成为传统电商平台强有力的竞争对手。这种跨界成功的关键在于通过内容带动商品销售，激发客户购买，“内容＋社交平台”与电商的合作趋向于通过大数据进行精准匹配，带来人、货、场效能倍增效应。

综上所述，作为以赢利为目标的电商企业，其客户关系管理应遵循以下思路。

一、必须以营销思想与信息技术为两翼

一方面，电商客户关系管理必须以营销思想为支撑。不论时代怎么发展、科学技术如何进步，客户关系管理都必须以客户为中心，以营销思想为支撑，通过了解和掌握客户需求，为客户提供个性化的优质服务以满足客户需要，并且不断提高客户的满意度和忠诚度，从而提高电商企业的经营效率，实现销售收入的增长、市场份额的增加，以及电商企业赢利能力和竞争能力的提高。

另一方面，电商客户关系管理必须以信息技术为支撑。在信息技术如此发达和重要的今天，客户关系管理必须以信息技术等现代科技为支撑，充分利用数据库、数据挖掘、人工智能技术、应用集成技术、移动与互联网技术等现代技术手段，不断改进和优化与客户相关的全部业务流程，实现电子化、自动化运营。

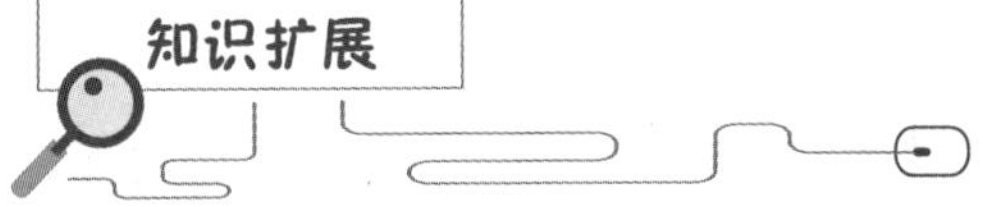

B2C、B2B、C2C

B2C 是 Business to Customer 的缩写，其中文简称为“商对客”，是电子商务的一种模式，一般以网络零售业为主，主要借助互联网开展在线销售活动。B2C 为客户提供了一个新型的购物环境——网上商店，客户在网上购物、支付，代表网站有天猫、京东、凡客。例如，当前生鲜的网上分销渠道有京东到家、每日优鲜、超级物种、盒马鲜生等平台，以及兼做网上到家服务的连锁超市、天猫、淘宝等综合性电商平台等。又如，“三只松鼠”是中国第一家定位于纯互联网食品品牌的企业，其主营业务涵盖了坚果、肉脯、果干、膨化食品等全品类休闲零食。“三只松鼠”主要是以互联网技术为依托，利用 B2C 平台实行线上销售。凭借这种销售模式，“三只松鼠”迅速开创了一个以食品商品的快速、新鲜为主的新型食品零售模式。同时加紧布局线下渠道，目前已经拥有直营连锁松鼠投食店和加盟连锁的松鼠联盟小店，进行线上线下全渠道布局。

B2B 是 Business to Business 的缩写，是企业与企业之间通过互联网进行商品、服务及信息交换的电子商务。B2B 代表网站有慧聪网等。

C2C 即 Customer to Customer，是个人与个人之间的电子商务，通过网络进行交易。代表网站有淘宝网、易趣网、拍拍网。

二、主动地、有选择地建立客户关系

一方面，当没有客户关系时，电商企业就要主动、努力地去建立关系，守株待兔的思想是要不得的。建立客户关系就是要让潜在客户和目标客户产生购买欲望并付诸行动，促使他们尽快成为电商企业的现实客户。

另一方面，为了使建立客户关系不太难，也为了使日后的维护客户关系不太难，电商企业在建立客户关系之前必须有选择地建立关系，而不能盲目地建立客户关系。

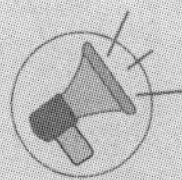

延伸阅读：电商行业的主要商业模式

平台型。其就像线下的集市和商场，是提供给个人或者企业进行开店交易的平台，通过佣金、服务费、广告费、增值服务等赢利。淘宝无疑是目前最大的电商平台，淘宝的生态系统下繁衍着各种各样的电商企业。平台型电商的客户有两大类别，一是卖家客户，二是买家客户。

垂直型。垂直型电商企业一般获得了某些品牌的代理权或者经销权，通过赚取差价赢利，如主做鞋的优购、做服装的有货、做酒类的酒仙网等。

混合型。混合型电商平台的特点是“自营+店铺”，自营原来的优势类目，通过扩大市场份额，争取更多的议价能力，赚取供应商销售差价。另外，引入更多类目的品牌商入驻开店，通过佣金、服务费、广告费等收益。例如，一开始做3C数码产品的京东，主做化妆品的聚美、乐蜂，主做图书的亚马逊、当当，现在都已经发展成为混合型的电商平台。

闪购型。闪购网站本质上也属于平台，但是闪购平台没有店铺，而是以品牌为单位做限时抢购。例如，唯品会、聚划算，其主要核心竞争力就是限时、限量、最低价，而且唯品会为了建立竞争壁垒，自建仓储和物流体系，保证客户的购物体验。

导购型。导购型电商主要做流量分发，赢利模式主要是赚取交易佣金，如白菜价、返利网一类的导购网站，为客户提供更直观的购物体验，提升转化率。再如，值得买也是基于海淘优惠信息的整合，本质上也属于导购型电商。

三、积极维护客户关系

在建立客户关系之后，电商企业还必须维护好客户关系。

俗话说：“打江山易，坐江山难。”同样，虽说建立客户关系也不易，但维护客户关系更难。这是因为，随着科学技术的发展，电商企业生产技术和生产效率得到了很大的提高，商品及服务极大丰富，相互之间的差别也越来越小，市场已开始由卖方市场向买方市场发展，所以客户的选择余地越来越大，流失的风险越来越小，因而电商企业留住客户越来越难。

客户关系的维护是电商企业通过努力来巩固及进一步发展与客户长期、稳定关系的动态过程和策略。客户关系维护的目标就是实现客户的忠诚，特别是要实现优质客户的忠诚，避免优质客户的流失。

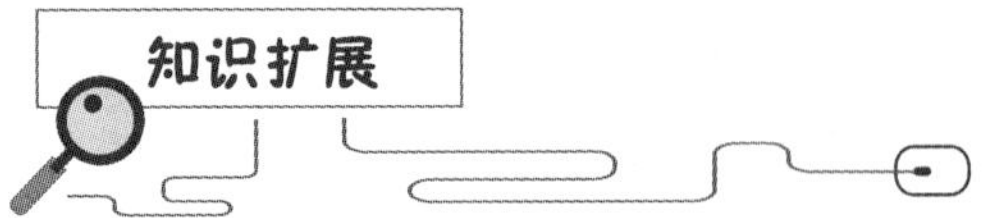

O2O

O2O 即 Online To Offline，指将线下商务的机会与互联网结合，让互联网成为线下交易的平台。O2O 通过打折、提供信息、服务预订等方式，把线下商店的消息推送给互联网用户，特别适合必须到店消费的服务，如餐饮、健身、住宿和演出等。

例如，喜茶布局了线下体验店、“喜茶 GO”小程序、微信公众号、微博、天猫旗舰店、抖音直播以及美团外卖等触点，并且使线上线下进行营销传播无缝连接。例如，客户通过小程序下单，可以去线下实体店进行提取，同时商家也可通过线下活动吸引粉丝到线上。打开喜茶微信公众号，文案、海报、色调等内容元素精致、有趣，具有很浓的艺术气息。特别是，一般采用漫画的方式将喜茶的故事娓娓道来，使年轻消费者群体产生情感共鸣。这不但使粉丝产生精神依赖，而且使他们主动分享。

O2O 的优势在于：首先，把线上和线下的优势完美结合；其次，推广效果可查，每笔交易可跟踪；再次，让客户在享受线上优惠价格的同时，又可享受线下贴身的服务；最后，O2O 模式还可实现不同电商企业的联盟。总之，O2O 模式就是把线上的客户带到现实的商店中去，在线上支付购买线下的商品或服务，再到线下去消费和享受。

四、及时挽救客户关系

应当看到，在客户关系的建立阶段、维护阶段，客户关系随时可能破裂。如果电商企业没有及时地恢复客户关系，就可能造成客户的永远流失。

相反，如果电商企业能够及时地采取有效措施，就有可能使破裂的关系得到恢复，挽回已经流失的客户，促使他们重新购买电商企业的商品或服务，这样才能使他们继续为电商企业创造价值。

总之，客户关系管理是一个系统工程，电商客户关系管理的流程如图 1-3 所示。

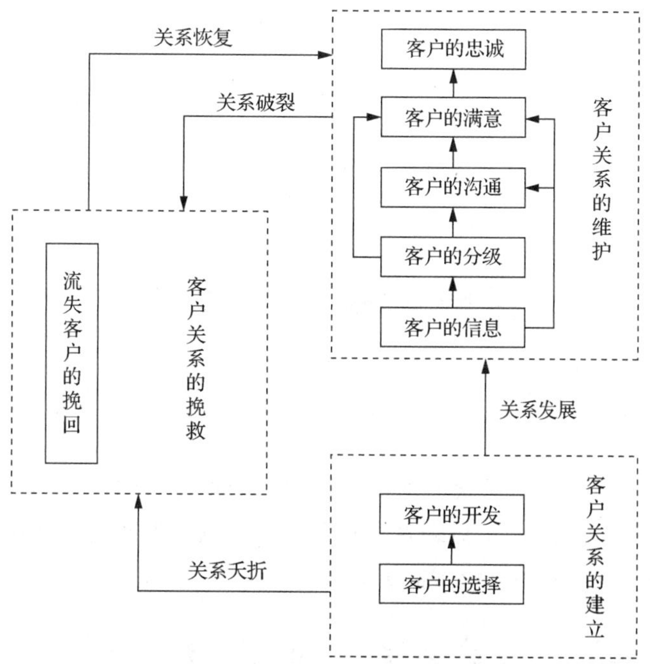

图 1-3　电商客户关系管理的流程

本章习题

1. 简述客户关系管理产生的背景。
2. 客户关系管理的重要性是什么？
3. 如何认识客户关系管理？
4. 客户关系管理系统的主要功能是什么？
5. 电商客户关系管理的思路是什么？

本章实训

介绍、分析 ×× 电商的客户状态，重点分析该电商的现实客户。

第二章

客户购买行为分析

电商企业赢利目标的实现有赖于客户的购买，因此，电商企业必须研究客户的购买行为及购买过程。了解和掌握客户购买行为的特点是电商企业开展经营活动的基础和指南，也是电商企业生存与发展的重要前提。

第一节　客户购买行为的特点、类型与模式

一、客户购买行为的特点

（一）购买需求的零星性

电商企业的客户人数众多，涉及千家万户和社会的所有成员，虽然客户的购买频率可能较高，但每次购买的数量往往较少。

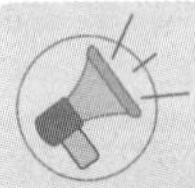

延伸阅读：网络购物客户的特点

一般来说，网络购物客户多属于年轻的、受过现代高等教育的高学历者，他们的经济和社会条件明显较好。当然，随着互联网络的发展，中低收入群体、中老年群体上网的比例有逐渐增加的趋势。

另外，网络购物在女性网民中的普及率和深入程度均高于男性。随着网络购物商业模式和产品种类日趋丰富，人们通过网络购买的产品也从图书音响、数码电子类产品向生活家居类产品扩展，这可能是女性网民在网购人群中比例迅速提升的重要原因。女性网购的主要产品集中在服装鞋袜类和家居工艺类，而男性在网络购物中最热衷的产品是预付卡和电子产品。尽管女性青睐于网络购物，但是她们对于网络购物的担忧却普遍高于男性。

（二）购买需求的波动性

购买需求的波动性体现为有规律的波动和无规律的波动。

1. 有规律的购买需求波动

由于受文化、习惯以及作息时间的影响，客户在很多情况下产生了步调一致的购买需求，于是产生了用餐高峰、交通高峰、旅游高峰，用餐低谷、交通低谷、旅游低谷。有时还会出现前一小时服务大厅还是“门庭冷落鞍马稀”，但一小时后便座无虚席，还排起了长队。

虽然客户的购买需求可能在任一时点发生差异，但这些购买需求大多有规律——它们往往出现在上班（开学）前、下班（放学）后、节假日的前后与节假日期间等。

例如，对补习班、夏令营、冬令营的购买需求往往出现在长假期，工矿产区的餐馆知道工人发工资后的几天是生意最好的时候。风景区、住宿、游乐场、零售机构的购买需求与节假日密切相关，也与气候变化有关。汽车经销商发现周末看车的客户非常多，而周一、周二看车的客户非常少——因为人们在双休日才有时间看车，如果在双休日看了车，则在周一和周二再来看车的可能性就非常小。4S 店发现黄金周前、春节前车辆检查的购买需求水平陡然上升，因为客户需要为长途旅行做准备。

总之，我们可以发现市场上有些购买需求是存在周期性、阶段性、季节性等有规律变化的，可能是每日循环（变化按时发生）、每周循环（变化按日发生）、每月循环（变化按周或日发生）、每季循环（变化按月或日发生）、每年循环（变化按季或月或日发生）。企业识别这部分有规律的购买需求，就可以对购买需求进行预测和引导，并且采取相关措施满足购买需求。

2. 无规律的购买需求波动

有时，购买需求的变化是与突发性事件相关的，如疾病暴发、台风、暴雨、停电、停水、交通事故、食物中毒、火灾、地震等，这些突发性事件可能在瞬间引发购买需求。企业无法预测更没法控制这些突发性事件的发生，但可以采取相应措施来应对突发性事件的发生。

延伸阅读：需求及其类型

需求是指在一定的地理区域和一定的时期内在一定的营销环境和一定的营销方案下，客户愿意购买的总数量，也被称为市场需求量。任何市场均可能存在以下不同的需求类型。

1. 负需求

负需求是指市场上众多客户不喜欢某种产品或服务。例如，许多老年人为预防各种老年疾病不敢吃甜点和肥肉，又如有些客户害怕冒险而不敢乘坐飞机，或害怕化纤纺织品中的有毒物质损害身体而不敢购买化纤服装。

2．潜伏需求

潜伏需求是指现有的产品或服务不能满足许多客户的强烈需求。例如，老年人需要高植物蛋白、低胆固醇的保健食品，美观大方的服饰，安全、舒适、服务周到的交通工具等，但许多企业尚未重视老年市场的需求。潜伏需求和潜在需求不同，潜在需求是指客户对某些产品或服务有消费需求而无购买力，或有购买力但并不急于购买的需求状况。

3．下降需求

下降需求是指目标市场客户对某些产品或服务的需求出现了下降趋势。例如，城市居民对电风扇的需求逐渐减少。

4．不规则需求

不规则需求是指许多企业因季节、月份、周、日、时的变化而对产品或服务的需求产生变化，造成生产能力和产品的闲置或过度使用。例如，公共交通工具在运输高峰时不够用，在非运输高峰时则闲置不用。又如，在旅游旺季时旅馆紧张和短缺，在旅游淡季时，旅馆空闲。再如，节假日时商店拥挤，在平时商店客户稀少。

5．过度需求

过度需求是指市场上客户对某些产品的需求超过了企业供应能力，产品供不应求。例如，由于人口过多或物资短缺，交通、能源及住房等产品供不应求。

6．有害需求

有害需求是指有害于客户身心健康的产品或服务的需求。例如，烟、毒品、黄色书刊等。

（三）购买行为的多样性

由于客户在年龄、性别、职业、文化水平、经济条件、个性特征、地理区域、生活方式等方面存在差别，因此，购买行为呈现较大的多样性。而且，随着购买力的不断提高，客户会更加注重个性消费，购买行为的多样性还将呈现不断上升的趋势。

购买行为的多样性表现为客户的购买行为、偏好以及选择产品的方式等各有侧重、互不相同。此外，在不同时期、不同环境、不同情境、不同产品的选择上，同一客户的购买行为也呈现很大的差异性。

（四）购买行为的多变性

随着时代的变迁、科技的进步、收入的提高，客户的购买行为，一般会经历一种由低级到高级、由简单到复杂、由粗到精的变化发展过程。

（五）购买行为的复杂性

购买行为的复杂性首先表现为客户的购买动机往往是隐蔽的、复杂的。以购买一辆宝马汽车为例，显性动机是购买交通工具，而隐性动机则是显示自己的成功与地位。可见，同一购买行为可以是多种动机所驱使的。

购买行为还受到经济环境、社会文化环境、个性特征和生活方式等因素的影响，这些因素对客户行为的影响有的是直接的，有的是间接的；有的是单独的，有的是交叉的或交互的。这些影响因素的多样性和复杂性决定了购买行为的复杂性。

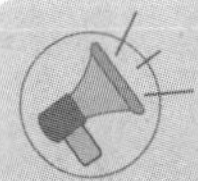

延伸阅读：心理账户

心理账户是芝加哥大学经济学家理查德·塞勒（Richard Thaler）提出的概念，塞勒于2017年获得了诺贝尔经济学奖。

一般来说，客户都有两个账户，一个是经济学账户，另一个是心理账户。在经济学账户里，每部分的钱是可以替代的，只要绝对量相同。而在心理账户里，每部分的钱是不同的，人们会视每部分钱的不同采取不同的态度。一个人会对辛苦赚来的报酬制订严谨的储蓄和投资计划，但是对意外获得的钱却有不同的态度，可能会挥霍来得容易的钱，但会珍惜来之不易的钱。

所谓心理账户，指的是客户会根据财富的来源不同把等价的支出或收益在心理上划分到不同的账户中。心理账户有三种情形：一是将各期的收入或者以各种不同方式获得的收入分在不同的账户中，不能相互填补；二是将不同来源的收入用于不同的消费倾向；三是用不同的态度来对待不同数量的收入。

购买行为生命周期理论应用心理账户来解释现实中客户的购买行为——客户往往根据财富的来源和形式，将它们划入三个心理账户——现期可花费的现金收入账户、现期资产账户、未来收入账户。购买行为生命周期理论认为，不同账户的财富对客户的决策行为的影响是不同的。现期可花费的现金收入账户消费的诱惑力最大，因此，将这个账户的收入不消费而储蓄起来的心理成本也最大；现期资产账户的诱惑力和储蓄的心理成本居中；未来收入账户的诱惑力和储蓄的心理成本最小。由于这三个不同的心理账户对客户的诱惑不同，所以，客户倾向于较多地通过现期可花费的现金收入账户消费，而较少通过现期资产账户消费，几乎不通过未来收入账户消费。

（六）需求的非专业性

客户购买产品时大多数是外行，即缺乏相应的产品知识和市场知识，其购买行为属于非专业性购买。受广告宣传等因素的影响，客户的购买行为往往具有自发性、冲动性，具有较大的可调节性。

（七）购买行为的可诱导性

客户有时对自己的需要并不能清楚地意识到，此时，企业可以通过提供合适的产品来激发客户消费的需要，也可以通过有效的广告宣传、营销推广等促销手段来刺激客户，使之产生购买欲望，甚至影响他们的消费购买行为，改变他们的消费习惯，更新他们的消费观念。

延伸阅读：颜值消费中的消费者行为

颜值表示人靓丽的数值，用来评价人物容貌。每个人都有爱美之心，在现代社会中，颜值变得更加重要。颜值引发了一系列越来越普遍的颜值消费现象。颜值消费是指为了获得高颜值而产生的消费现象。许多消费者为了打造高颜值形象，在颜值消费方面花费大量金钱，包括购买各类化妆护肤品、进行医疗美容消费等。

颜值消费的特点是：一是消费购买行为的差异化、主流化，颜值消费者不但注重产品的功能，而且更加注重围绕产品和自身的个性化购买行为，消费购买行为逐步趋于主流化，模仿跟随效应显著；二是冲动式购买增加，大多数颜值消费者缺乏对产品进行鉴别和评估的专业知识，主要依赖网络了解市场信息，因此导致许多购买行为具有极强的冲动性；三是追求名牌消费，大多数颜值消费者更加广泛地通过网络了解名牌产品的各方面信息，以确定他们的消费决策。

颜值消费者的特征有：一是颜值消费者主要以年轻消费者为主，他们追求时尚与潮流，思维愈加开放，同时也更加注重自己的颜值；二是颜值消费者以女性消费者为主，她们更加注重自己的个人形象，对美的追求欲望大于男性消费者，是颜值消费的重要群体；三是颜值消费者通常拥有稳定的收入，或拥有足够的收入来源，以满足他们对于颜值消费的经济需要；四是颜值消费者的消费易受他人影响，可能缺乏理性，存在冲动消费，同时情感消费特点突出，易受广告的诱惑以及代言人的影响，从而产生从众消费；五是颜值消费者通常非常关注他人对自己的印象评价。

二、客户购买行为的类型

（一）根据客户的购买频率划分

1. 经常性购买行为

经常性购买行为是购买行为中最为简单的一类，指客户购买日常生活所需、消耗快、购买频繁、价格低廉的产品，如洗衣粉、味精、牙膏、肥皂等。客户一般对产品比较熟悉，加上价格低廉，客户往往不必花很多时间和精力去收集资料和进行产品的选择。

2. 选择性购买行为

选择性购买行为是指客户购买时往往愿意花较多的时间进行比较选择，如购买服装、鞋帽、小家电产品、手表、自行车等。这一类消费品单价比日用消费品高，并且购买后使用时间较长，客户购买频率不高，不同的品种、规格、款式、品牌之间差异较大。

3. 考察性购买行为

考察性购买行为是指客户购买时十分慎重，会花很多时间去调查、比较、选择，如购买轿车、成套高档家具、钢琴、计算机、高档家用电器等。这一类消费品价格昂贵、使用期长，客户往往很看重产品的品牌，大多是认牌购买，客户一般在大商场或专卖店购买这类产品，此外，已购买客户对产品的评价对未购买客户的购买决策影响较大。

唯品会客户的特点

首先，中青年客户居多，年龄在 20 ～ 40 岁的网民占很大比例。唯品会是一个专门做品牌折扣特卖的电商网站，其“一站购物，时尚体验”的风格深受中青年客户的喜爱。这些客户大部分具有较高的文化水平，他们熟悉计算机操作方法，有较强的浏览阅读能力，是唯品会主要的上网用户，适应和欣赏唯品会购物网站营造的氛围，感觉到在这种氛围内购买产品就是一种享受。

其次，中等收入阶层人员居多，这部分消费群体希望在唯品会类网站上淘便宜，很适合购买唯品会二三线品牌折扣价格产品，也会购买一些奢侈品品牌的过季折扣产品满足虚荣心。

最后，女性网购者居多且增长速度快，唯品会的产品价格比商场的便宜一些，且可实现网上看衣服款式，看服装搭配，满足了女性喜好逛街的需要。

（二）根据客户的购买态度与要求划分

1. 习惯型购买行为

习惯型购买行为指客户由于对某种产品或某家商场的信赖、偏爱而产生的经常、反复的购买。由于经常购买和使用，他们对这些产品或服务十分熟悉，体验较深，再次购买时往往不再花费时间进行比较选择，注意力稳定、集中。

2. 理智型购买行为

理智型购买行为指客户在每次购买前对所购买的产品要进行较为仔细的研究比较。这类客户在购买时感情色彩较少，头脑冷静，行为慎重，主观性较强，不轻易相信广告、宣传、承诺、促销方式以及售货员的介绍，他们主要看产品的功能、质量、款式。

3. 经济型购买行为

经济型购买行为指客户购买时特别重视价格，对于价格的反应特别灵敏，无论是对高档产品，还是对中低档产品，首要考虑的都是价格的一种购买行为。这类客户对“大甩卖”“清仓”“亏本销售”等低价促销最感兴趣。一般来说，这与客户自身的经济状况有关。

4. 冲动型购买行为

冲动型购买行为指客户容易受产品的外观、包装、商标或其他促销努力刺激而产生的购买行为。这类客户一般以直观感觉为主，从个人的兴趣或情绪出发，喜欢新奇、新颖、时尚的产品，购买时不愿做反复的选择比较。

5. 疑虑型购买行为

疑虑型购买行为指客户具有内倾性的心理特征，这类客户在购买时小心谨慎和疑虑重重。购买缓慢、费时多。常常是“三思而后行”，常常会犹豫不决而中断购买，购买后还会疑心是否上当受骗。

6. 情感型购买行为

情感型购买行为指客户的购买行为多属情感反应，往往以丰富的联想力衡量产品的意义，购买时注意力容易转移，兴趣容易变换，对产品的外表、造型、颜色和命名都较重视，以是否符合自己的内心要求作为是否购买的主要依据。

7. 不定型购买行为

不定型购买行为指客户的购买多属尝试性，其心理尺度尚未稳定，购买时没有固定的偏爱，在上述六种类型之间游移的一种行为。

延伸阅读：网络购物行为的特点

（一）受时空限制较少

与实体经济消费相比，在互联网时代尤其是移动互联网时代，购买行为具有更加随意性的特征。这是因为手机、平板电脑等移动设备的使用往往不需要较为集中的时间，也不像实体经济一样有固定的消费店面和地点。因此，购买行为在时间、空间上受到的限制较少，客户随时随地都可以进行网络消费，不用再去商场进行挑选，在家、在路上只要借助终端设备，就可以自由地消费。

（二）消费便捷

在传统实体经济占主流地位的环境下，客户要挑选质优价廉的产品，只能一家又一家地跑商场、店铺，如果要对不同产品进行比较和衡量，还需要在不同的店铺之间进行浏览，客户在逛街、逛商场中耽误了太多的时间。而在移动设备上通过各种移动购物平台可以很好地解决这一问题——客户足不出户就可以在很大的范围内选择产品，“货比多家”，并对不同的产品进行比较，最终做出购物决策。

（三）可避开消费环境的干扰

实体店的消费环境往往会在一定程度上干扰客户的购买。例如，消费环境的整洁程度、导购的态度以及对于一些较为私密的物品的购买等，都会直接影响客户的消费心理和行为。而网络购物给客户提供了一个安静的消费环境，客户可以在不受周围环境干扰的情况下独立自由选购。

（四）冲动式消费增多

冲动式消费是指在偶然或突发因素的诱使下产生的无计划、无意识的消费行为。在传统购物消费模式中，客户在购物过程中会考虑时间成本因素，因而购买消费时会有选择性、计划性。而在电子商务和网络购物环境下，客户购物的时间成本被显著降低，且产品的式样繁多、琳琅满目，这会对客户产生强烈的吸引力，因而冲动式消费量显著增多。

（五）借助搜索引擎轻松货比三家

在网络环境下，客户按下鼠标在几秒之内就可以搜索到所需产品的品牌、价格、形状、功能、特征等信息，借助各类搜索引擎无须走出家门就可货比三家，进行大范围的比较和选择。例如，百度、搜狗、360 等搜索引擎给客户提供了应有尽有的产品信息，淘宝、京东、苏宁易购等网络销售平台也提供了产品搜索业务，便于客户挑选产品。

三、客户购买行为的模式

国内外许多的学者、专家对客户购买行为的模式进行了大量的研究，并且提出了一些具有代表性的典型模式，揭示了客户购买行为中的某些共性或规律性，其中尤以恩格尔 - 科拉特 - 布莱克威尔（Engel-Kollat-Blackwell，EKB）模式和霍华德 - 谢思（Howard-Sheth）模式最为著名。

（一）恩格尔 – 科拉特 – 布莱克威尔模式

该模式又称 EKB 模式，是由恩格尔、科特拉和布莱克威尔在 1968 年提出的，其重点是从购买决策过程去分析。该模式认为，外界信息在有形因素和无形因素的作用下，输入中枢控制系统。人们通过大脑的发现、注意、理解、记忆及对大脑存储的个人经验、评价标准、态度、个性等进行过滤加工，构成了信息处理程序，并在内心进行评估选择，产生决策方案。整个决策过程同样要受到环境因素，如收入、文化、家庭、社会阶层等因素的影响。此后人们产生购买行动，并对购买的产品进行消费体验，得出满意与否的结论，此结论通过反馈又进入中枢控制系统，形成信息与经验，影响未来的购买行为。可以用中央控制器来比喻客户的心理——客户将接收到的信息输入其中，将客户的态度、经验等作为"插入变量"与输入的外部刺激信息进行结合，由支配客户心理的中央控制器让客户认可，最后决定购买，这就是一次完整的循环模式。

（二）霍华德 - 谢思模式

该模式是由霍华德与谢思于 20 世纪 60 年代末在《购买行为理论》一书中提出的。

霍华德和谢思认为，影响客户购买决策程序的主要因素有：输入变量、知觉过程、学习过程、输出变量、外因性变量等。输入变量（刺激因素）包括刺激、象征性刺激和社会刺激。刺激是指物品、商标本身产生的刺激；象征性刺激是指由推销员、广告媒介、商标目录等传播的语言、文字、图片等产生的刺激；社会刺激是指客户在同他人的交往中产生的刺激，这种刺激一般与提供的购买信息相关联。客户对这些刺激因素有选择地加以接受并产生反应。

霍华德 - 谢思模式认为，投入因素和外界因素是购买的刺激物，它通过唤起和形成动机，提供各种选择方案信息，影响客户的心理活动（内在因素）。客户受刺激物和以往购买经验的影响，开始接收信息并产生各种动机，对可选择产品产生一系列反应，形成一系列购买决策的中介因素，如选择评价标准、意向等，在动机、购买方案和中介因素的相互作用下，客户产生某种倾向或态度。这种倾向或态度与其他因素，如购买行为的限制因素结合后，便产生购买结果。购买结果形成的感受信息也会反馈给客户，影响客户的心理和下一次的购买行为。

霍华德 - 谢思模式与 EKB 模式有许多相似之处，但也有诸多不同点。两个模式的主要差异在于强调的重点不同。EKB 模式强调的是态度的形成与产生购买意向之间的过程，认为信息的收集与评价是非常重要的方面。而霍华德 - 谢思模式更加强调购买过程的早期情况：知觉过程、学习过程及态度的形成，同时也指出了影响客户购买行为的各种因素之间的联系错综复杂，只有把握各种因素之间的相互关系及联结方式，才能揭示客户购买行为的一般规律。

第二节　客户的购买过程

一般来说，客户的购买过程包含了引起需要、信息收集、评估方案、购买决策、购后反应 5 个阶段，客户购买过程的 5 个阶段如图 2-1 所示。

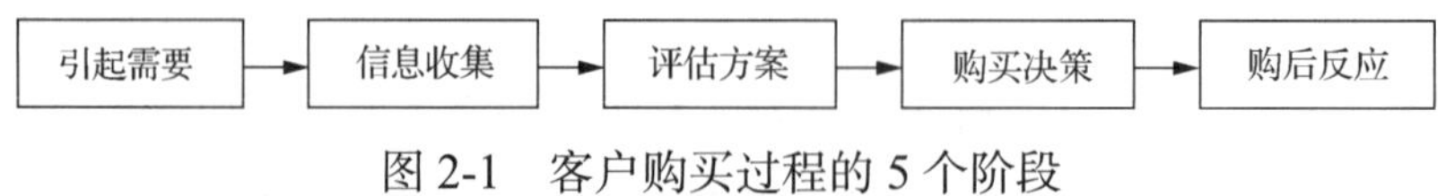

图 2-1　客户购买过程的 5 个阶段

一、引起需要

当客户感觉到一种需要并准备购买某种产品以满足这种需要时，购买过程就开始了。当然，需要不是凭空产生的。

客户的这种需要，既可以是人体内机能的感受所引发的，如因饥饿而引发购买食品，因口渴而引发购买饮料；又可以是外部条件刺激所诱生的，如看见电视中的西服广告而打算自己买一套，路过水果店看到新鲜的水果而决定购买等。当然，有时候客户的某种需要可能是内外原因同时作用的结果。

人类行为的一般模式是“刺激 - 个体生理、心理 - 反应”模式（Stimulus-Organism-Response，SOR）。该模式表明客户的购买行为是由刺激所引起的，这种刺激来自客户身体内部的生理、心理因素和外部的环境。客户在各种因素的刺激下产生动机，在动机的驱使下，做出购买产品的决策，实施购买行为，购买后还会对购买的产品及其相关渠道和厂家做出评价，这样就完成了一次完整的购买过程。

二、信息收集

当客户产生购买需要之后，客户便会把这种需要存入记忆中，并注意收集与需要相关的信息，以便进行决策。为使购买方案具有科学性与可靠性，客户必须广泛收集有关信息，包括能够满足需要的产品种类、规格、型号、价格、质量、维修服务、有无替代品、何处何时购买等。因此，企业应当了解哪些因素会影响客户收集信息并采取相应的措施。

（一）信息收集阶段的影响因素

从决策角度看，有三类因素影响着客户的信息收集活动。第一类是风险因素；第二类是客户因素；第三类是情境因素。

1. 风险因素

与产品或服务购买相联系的风险很多，如财务风险、功能风险、心理风险、时间风险、社会风险等，一旦客户认为产品或服务的购买具有很大的风险，他将花更多的时间、精力搜集信息，因为更多的信息有助于减少决策风险。例如，一项研究发现，客户在购买服务类产品时，一般不像购买有形产品时那样当机立断，而且很多客户倾向于更多地将别人的经验作为信息来源。之所以如此，原因在于服务不似有形产品那样可以标准化，因而具有更大的购买风险。

2. 客户因素

客户因素（个性、经验、知识水平等）同样影响信息收集活动。例如，洛凯恩德和赫曼研究发现，具有外向性格、心胸开阔、自信心强的人，一般与大量的信息收集活动相联系。斯旺等人发现，对某一产品领域缺乏消费经验的客户，更倾向于大量收集信息，当客户对所涉及的产品领域越来越具有消费经验时，他的信息收集活动将减少。应当指出的是，消费经验与信息收集活动之间这种此消彼长的关系，只适用于已经具有某种最起码经验水平的客户，如果客户根本没有关于某类产品的消费知识或经验，可能会因此不敢大胆地从各方面收集信息，从而很少从事信息收集活动。此外，高收入和受过良好教育的人具有更高的信息收集水平；同样，处于较高职业地位的人，往往从事更多的信息收集活动。另外，随着年龄的增长，收集活动呈下降趋势。

3. 情境因素

影响信息收集活动的情境因素很多，具体内容如下。

首先，时间因素，可用于购买活动的时间越充裕，信息收集活动可能越多。

其次，客户在从事购买活动前所处的生理、心理等方面的状态，客户的疲意、烦躁、身体不适等状态均会影响客户收集外部信息的能力。

再次，客户面临的购买任务及其性质，如果购买活动非常重要，如是为一位要好的朋友购买结婚礼品，那么，购买将会十分审慎，并伴有较多的外部信息收集活动。

最后，市场的性质，研究人员发现，随着备选品数量的增加，客户会从事更多的信息收集活动，同样，如果出售同类物品的店铺较多，而且彼此靠近，客户会更多地进行信息收集。

此外，贝蒂和史密斯对三类产品，即电视机、录放机和个人计算机的信息收集过程做了调查，结果发现，客户拥有的某一产品领域的知识与信息收集活动呈反向变化；客户可用的时间越多，信息收集活动将越多；客户对购买的介入程度越高，信息收集活动越多；信息收集活动随客户购物态度的变化而改变，越是将购物作为一种享受的客户，越倾向于做更多的信息收集。

（二）信息的来源

客户的信息来源主要有经验来源、个人来源、公共来源、商业来源和其他客户评价五个方面。经验来源是客户从直接使用产品过程中获得的信息；个人来源是指家庭成员、朋友、邻居和其他熟人提供的信息；公共来源是从电视、网络等大众传播媒体、社会组织中获取的信息；商业来源是指从企业营销中获取的信息，如从广告、推销员、展览会等获得的信息；其他客户评价是客户获取购买决策信息的重要来源之一，可以帮助客户更加客观、全面地评价想要购买的产品，调查显示，77% 的客户在网上购买产品之前会先看其他客户的相关评价，其他客户对产品的评价除了必须具备相关性，时效性也非常重要，越是近期的评价，越能够影响客户的决策。

从客户对信息来源的信任程度看，经验来源和个人来源、其他客户评价最高，其次是公共来源，最后是商业来源。

三、评估方案

客户在获取足够的信息之后，就会根据这些信息和一定的方法对同类产品的不同品牌、不同购买方案加以评估。企业应当了解哪些因素会影响客户对购买方案的评估，并有所作为。客户评估方案主要受消费观念、产品属性、属性权重、品牌信念、效用要求等方面的影响。

消费观念因人而异。例如，有人以价格低廉作为基本要求，有人以符合时尚要求作为选择标准；有人要求外观新颖，有人则希望结实耐用；有人追求个性化，求新求异，有人则从众，与所属群体保持一致。面对各种备选方案，客户可能做出完全不同的选择。

产品属性是指产品能够满足客户需求的特征，它涉及产品功能、价格、质量、款式等。

属性权重是客户对产品有关属性所赋予的不同重要性权数，如购买电冰箱，如果客户注重它的耗电量，他就会更倾向于购买耗电量低的电冰箱。

品牌信念是客户对某种品牌产品的看法，它带有个人主观因素，受选择性注意、选择性扭曲、选择性记忆的影响，客户的品牌信念与产品的真实属性往往并不一致。

效用要求是客户对某种品牌产品的各种属性的效用功能应当达到何种水准的要求。如果产品能够满足客户的效用需求，客户就愿意购买。

延伸阅读：网上购物中客户的购买过程

客户需求诱发。网上购物与传统购物的一个相同点就是都将客户需求诱发作为客户购买过程的开始。但与之不同的是，网上购物除了受到实际需求的诱发，也会受到其他需求的诱发，如网页上商家的广告宣传，产品的文字描述与产品的图片对客户会产生视觉和听觉双方面的刺激。

产品的浏览、比较与选择。如今客户更倾向于网上购物是因为在这种消费方式下，客户只需要在家通过单击鼠标，就可以通过商家网页挑选满足自身需求的产品。同时客户还可以通过对各种产品的价格、质量、配送服务等方面进行比较来得到最心仪的产品。这使客户购物更加便利。

支付购买。网上购物相较于传统购物的另一个便利特征就是其不像传统购物一样需要当面交易结算，而是可以通过各种各样的网上支付方式进行结算，如可以通过支付宝、网上银行进行支付。

购后评价。网上购物的客户收到产品后，会对产品进行试用，之后会对体验后的感受做出评价。评价高则其他准备购买的客户就可能因此选择此产品，评价低则可能会使其他准备购买的客户放弃购买。

网上购物环境中，电商企业提供的产品或服务不能让客户亲眼见到，这让客户对于产品或服务的质量、交易的安全、信息的保密都不是很放心，只能依靠对电商企业的主观判断做出决策。在这种情况下，客户一旦有比较失败的交易经历，可能就不会再信任该电商企业，更不用提客户忠诚了。

四、购买决策

客户购买决策是指客户在受到内、外部因素刺激，产生需求，形成购买动机，并且经过信息收集、评估方案后，在众多方案中挑选出最为符合自己标准的产品、服务或品牌，以此来完成满足自身需要的特定过程。为此，企业应当了解购买决策阶段的特点，以及哪些因素会对客户的购买决策产生影响，从而采取相应的措施。

（一）购买决策的影响因素

通常情况下，客户在做出购买决策的时候，需要经过三个层面的思考：技术层面，这个产品是否能满足我特定的需求？经济层面，这个产品能满足我的特定需求，但是我有足够的钱来购买吗？实惠层面，这个产品能满足我的特定需求，我也有足够的钱来购买，但是它在我的选择决策中，是实惠的吗？总体上说，影响客户做出购买决策的因素较为复杂，客户的购买决策受到多方面因素的影响和制约，具体包括以下内容。

1. 产品因素

在现实当中，由于产品的特点、用途及购买方式不同，制定购买决策的难易程度与程序也有所不同，并非所有的购买决策都必须经过以上全部程序。

一般来说，对日常生活用品如牙膏、洗衣粉等的购买，客户对所购产品的品牌、价格、档次比较熟悉，无须花费大量时间收集信息和比较选择，仅根据以往经验或习惯做出购买决策，购买后也无须进行评价。这类决策通常较为简单迅速，只经过第 1 阶段、第 4 阶段两个阶段即可。

对于服装、鞋帽、家具等种类款式繁多、选择性较强的产品，客户具有一定的购买经验，无须大量收集信息、反复比较选择，但受时尚流行、个人偏好等因素的影响，客户通常在式样、花色、质量、价格等方面进行比较选择，且会进行购后评价。这类以选择性购买为特征的决策相对复杂，仅可省略第 2 阶段。

对于高档耐用消费品如家用电器、汽车、住房等，由于产品价格昂贵，使用年限较长，规格、质量复杂且差异较大，客户大多缺乏专门知识，因此对这类产品的购买一般持审慎态度。在购买前，客户会通过各种途径广泛收集有关信息，对各种备选方案反复进行比较选择，在购买中要求当场试用体验，并详细询问使用、退换、售后服务等事宜，购买后还要进行购后评价。因此，这类决策较之其他决策复杂得多，通常依次经过 5 个阶段才可完成。

2. 客户自身因素

客户个人的性格、气质、兴趣、生活习惯、收入水平、购买传统、消费心理、家庭环境等主体相关因素存在着差异性，不同的客户对于同一种产品的购买决策也可能存在着差异。并且，由于影响决策的各种因素不是一成不变的，而是随着时间、地点、环境的变化不断发生变化，因此对于同一个客户来说，消费决策具有明显的情境性，其具体决策方式因所处情境不同而不同。

3. 他人态度

由于许多产品具有在他人面前自我表现的作用，因而客户在购买时会更加在意他人的看法。他人看法与客户意见相左，将会导致客户犹豫不决，很难在短期内做出购买决策，甚至会放弃购买。

他人态度的影响力取决于三个因素：他人态度的强度，态度越强烈，影响力越大；客户对遵从他人态度的强度，一般来说，他人与客户的关系越密切，其态度对客户的影响越大；他人的权威性，他人对产品的专业知识了解越多，对产品的鉴赏力越强，则其态度对客户的影响也越大。

4. 意外因素

客户购买意向是以一些预期条件为基础形成的，如预期收入、预期价格、预期质量、预期服务等。如果这些预期条件受到一些意外因素的影响而发生变化，则客户的购买意向就可能改变。例如，预期的奖金收入没有得到、原定产品价格突然提高、购买时销售人员态度恶劣等都有可能改变客户的购买意向。

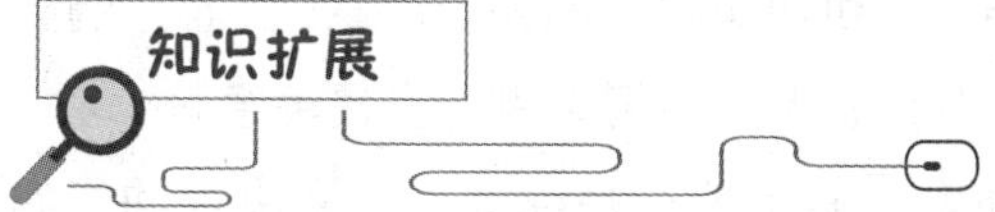

影响客户冲动购买的因素

客户特征。冲动型的人，心境变化剧烈，对新产品有浓厚兴趣，较多考虑产品外观和个人兴趣，易受广告宣传的影响；而想象型的人，活泼好动，注意力易转移，兴趣易变，审美意识强，易受产品外观和包装的影响。从客户的心理特征看，生活必需品最有可能成为冲动购买品。

产品因素。产品是满足客户需要的基础，是影响客户购买动机最主要的因素，冲动购买行为多发生在客户卷入购买程度较低、价值低、须频繁购买的便利品上，对日用品而言，客户对其一般性能、用途、特点都比较熟悉，且花费不多又是必需的开支，是否购买取决于个人偏好，做出冲动购买的情况特别多。另外，对于玩具、糖果、小食品、便服等休闲产品，外观、包装、广告促销、价格、销售点等对销售起着重要作用，客户冲动购买的可能性大。

设计因素。超市广泛地采用自选售货方式，在自由挑选产品的环境下，商家通过通道设计、陈列设计、灯光色彩设计、广告设计等营销手段，吸引客户的注意力，延长客户在店内的逗留时间，最大限度地诱发客户的冲动购买欲望。

促销因素。现场促销形式是影响客户冲动购买行为的直接诱因，现场营销推广活动和 POP 广告，有助于激发客户相应的心理反应，促使其产生冲动购买行为。

（二）购买决策的主要内容

客户购买决策的内容因人而异，但所有购买决策都离不开五个“W”和两个“H”。

第一个“W”——Who。即明确购买主体。在购买过程中，客户扮演的角色有所不同，有人充当决策者，有人具体实施购买，有人则是产品的使用者。

第二个“W”——Why。即明确购买动机。客户的购买动机多种多样。同样购买一台洗衣机，有人为了减轻家务劳动，有人则为了炫耀攀比。同样购买一束鲜花，有人为了装饰家居，自我欣赏；有人为了表达情感，献给爱人；有人则是为了沟通交流，看望朋友、同事。

第三个“W”——What。即明确购买对象，这是购买决策的核心问题。购买目标不只是停留在一般类别上，而是要确定具体的对象及内容，包括产品的品牌、性能、质量、款式、规格及价格等。

第四个“W”——When。即明确购买时间。它与主导性购买动机的迫切性有关。在客户的多种动机中，往往需求强度高的主导性动机决定购买的先后缓急；同时，购买时间也与市场供应状况、购物场所营业时间、节假日及消费习俗等有直接关系。

第五个“W”——Where。即明确购买地点。购买地点是由多种因素决定的，如购物场所的环境、商家信誉、交通便利程度、可挑选的品种数量、价格水平以及服务态度等。例如，客户走在路上口渴难耐，就会到路边小店买瓶矿泉水，但如果买水是为了家庭需要，往往会到超市或大卖场成箱购买。此外，这项决策既与客户的惠顾动机有关，也与求名、求速、求便等动机有关。例如，求便、求速的客户会光顾便利店，求名的客户会去高档百货店，喜欢物美价廉或追求时尚的客户还会到网上购物。

第一个“H”——How many。即明确购买数量。购买数量一般取决于实际需要、支付能力及市场供求情况。如果市场供应充裕，客户又不急于买，客户不会买太多；如果市场供应紧张，即使客户目前不急需或支付能力不足，客户也会大量购买。

第二个“H”——How。即明确购买方式。客户的购买方式是店购、网购、预购还是代购，是付现金、信用卡还是分期付款等。随着电视购物、直销、网上购物等新型销售方式不断涌现，现代客户的购买方式也趋于多样化。

（三）购买决策的参与者

客户的购买决策在许多情况下并不是由一个人单独做出的，而是有其他成员的参与和影响，往往是一种集体决策的过程。由于个人在选择和决定购买某种个人消费品时，常常会同他人商量或听取他人的意见。因此，了解哪些人参与了购买决策，他们各自在购买决策过程中扮演怎样的角色，对于企业的营销活动是很重要的。

一般来说，客户购买决策的参与者大体可分成五种主要角色——发起者，即首先想到或提议购买某种产品或服务的人；影响者，即其看法或意见对最终购买决策具有直接或间接影响的人；决定者，即能够对买不买、买什么、买多少、何时买、何处买等问题做出全部或部分决定的人；购买者，即实际采购的人，会对产品的价格、购买地点等内容进行选择，并同卖方进行谈判，达成交易；使用者，即直接消费或使用所购产品或服务的人，会对产品进行满意度评价，会影响再次购买决策。

上述五种角色有时候可能由客户一人担任，有时五种角色由不同成员分别担任。例如，一个家庭要购买一台英语学习机，发起者可能是孩子，孩子认为有助于提高自己学习英语的效率。影响者可能是爷爷奶奶，他们表示赞成，并鼓励孩子父母要给孩子买。决定者可能是母亲，她认为孩子确实需要，根据家庭目前经济状况也有条件购买。购买者可能是父亲，他更熟悉电器产品知识，去商场或网上购物平台选购。使用者是孩子。可以看出，他们共同参与了购买行为。

五、购后反应

客户购买产品以后，如果客户使用频率很高，说明该产品有较大的价值，客户再次购买的周期就越短，有的客户甚至为产品找到新用途，这些对企业都有利。如果客户将产品闲置甚至丢弃，则说明客户认为该产品无用或价值较低或不满意。如果客户把产品转卖他人或用于交换其他物品，将会影响企业产品的销量。因此，产品卖出后企业的工作并不能结束，还需要监测客户的购后使用情况和评价情况，并针对不同的情况采取相应的对策。

影响客户购后反应的因素就是客户购前对产品价值的预期、使用后对产品价值的感知。客户在完成实际购买后，会在产品的使用过程中，将产品的实际价值表现与之前的购买期望值进行比较，以此来决定客户对该产品的满意程度，形成购后评价。购后评价会对客户以后的态度和购买行为产生影响，还会通过口碑传播扩散至其他客户，影响他们的态度和行为。如果客户对自己购买的产品感到满意，则非常可能再次购买该产品，即形成忠诚，甚至会带动他人购买该品牌产品。如果客户对自己购买的产品感到不满意，则会尽量减少或消除失落感。客户消除失落感的方式各不相同：第一种方式是寻找能够表明该产品具有高价值的信息或避免能够表明该产品具有低价值的信息，证实自己原先的选择是正确的；第二种方式是讨回损失或补偿损失，如要求企业退货、调换、维修、补偿在购买和消费过程中造成的物质损失和精神损失等；第三种方式是可能向政府部门、法院、客户组织和舆论界投诉；第四种方式是可能采取各种抵制活动，如不再购买，即形成流失，甚至带动他人拒买等。

延伸阅读：基于客户购买决策过程的超市营销策略

在引起需要阶段，超市的首要任务是激发客户对产品潜在的购买欲望。例如，超市可通过价格促销、回扣或折扣、抽奖活动和竞赛活动、会员积分、奖品、奖券等对客户进行让利，强化产品的品牌效应，通过对产品形象的宣传，提高产品的知名度和美誉度，增加客户的回购次数，提高客户购买行为发生的概率。

在信息收集阶段，第一，超市要强化客户的信息经验来源。加强广告的投放力度，不再单纯地采用传单广告方式，而是综合利用受众较多、客户接受度较高的电视、电台、网络等大众传播媒体；第二，要注重公共信息来源。随着人们生活方式的改变，越来越多的客户加入各种公共组织，其中不乏种类繁多的购物论坛。由于购物论坛中对产品的评价来自其他使用者的用后感知，相对而言，其比广告、经销商推荐等商业信息来源更真实、更具说服力。

在评估方案阶段，第一，超市要不断改进进货渠道，提高进货产品的差异性，避免同类产品的同质化，满足不同消费观念客户的消费心理，以此助力客户的评价决策；第二，要在产品销售环节，强化超市销售人员的“服务意识”和“导购职责”，加强对超市员工职业道德修养方面的教育，让服务意识深入其心，同时开展专业技能培训，使超市员工专注于某一类产品的销售，实现销售岗位的专业细化。

在购买决策阶段，第一，超市要增加收银窗口，保证收银的有序进行，收银窗口的增加虽然会占据超市的更多空间资源，但其同样可以因客户排队的减少来增加超市的有效可用空间；第二，要鼓励客户采用现代化的付款方式，如微信支付等，节约付款找零的时间；第三，要在购物高峰时段，多安排收银员进行工作；第四，要安排专人协调，减少因客户选择就近收银台付款所导致的排队拥挤现象。

在购后反应阶段，第一，超市不能一味地为了追求销售额而夸大产品的功效，误导客户，导致客户对产品的心理预期远高于产品的实际价值。应该从诚信的角度出发，实事求是地向客户进行产品宣传，以此使客户对产品的预期处于一个科学、合理的水平，从而提高客户对产品使用后的满意度。第二，要提高超市售后服务的质量——一方面，可以建立基于客户的投诉处理体系，在保证客户投诉渠道畅通的同时，对于客户的投诉要积极响应、妥善处理，不懈怠、不推诿，同时，对客户的投诉进行分析，从中吸取经验，改善经营，杜绝同类投诉事件的发生；另一方面，扩大超市售后服务的范围，通过客户满意度调查，积极了解客户对售后服务的具体需求，并根据客户现实需求的不断增加与提高，及时调整售后服务的范围，满足客户的需求。

第三节　影响客户购买行为的因素

客户的购买行为作为一种有目的的活动，往往受性别因素、心理因素、背景因素、环境因素、情境因素的影响。

一、性别因素

客户的消费行为与其性别、年龄等生理因素紧密相关，不同性别、不同年龄的客户有着截然不同的消费心理和消费行为。性别因素是影响客户消费行为的重要因素，在大多数情况下，女性与男性有着截然不同的消费行为。

（一）女性消费行为的特点

1. 有专属的消费品及服务

女性的生理特点注定了其与男性购买不同的消费品及服务，如生理期的用品、女性特征鲜明的化妆品、口红、胸衣、裙子、旗袍、高跟鞋、手包、首饰、项链等用品，还有分娩服务、月子服务等。

2. 大多数购买活动的行为主体

据统计，中国社会购买力 70% 以上掌握在女性手中，在庞大的消费市场中 80% 的购买决策通常由女性做出，尤其随着电子商务的兴起，女性作为消费主力军的地位更加突出——有网络购物行为的女性客户不但在数量上多于男性，而且进行网络购物的频率也更高。女性客户在购买活动中也起着特殊的作用，她们不但为自己购买所需产品，而且由于在家庭中承担了母亲、妻子、主妇、女儿等多种角色，因此也是大多数儿童用品、男性用品、家庭用品、老人用品的主要购买者。因此有人说，在现代社会，谁抓住了女性，谁就抓住了赚钱的机会。要想快速赚钱，就应该将目光瞄准女性的口袋。

3. 追求美观时髦

俗话说："爱美之心，人皆有之。"对于女性客户来说，更是如此。不论是青年女性，还是中老年女性，她们都愿意将自己打扮得美丽一些，充分展现自己的女性魅力。尽管不同年龄层次的女性具有不同的消费心理，但是她们在购买某种产品时，首先想到的就是这种产品能否展现自己的美，能否增加自己的形象美，使自己显得更加年轻和富有魅力。女性客户还非常注重产品的外观，将外观与产品的质量、价格当成同样重要的因素来看待，因此在挑选产品时，她们会非常注重产品的色彩、式样，往往喜欢造型别致新颖、包装华丽、气味芬芳的产品。越来越多的女性在消费时更加注重对时尚的追求，购买服装、珠宝、箱包等产品时喜欢追逐潮流和时髦感。

4. 非理性消费比较多

女性客户需求比较广泛，购买欲、表现欲强，购物目的又往往不够明确，决策偏于感性和冲动，在商场里流连忘返，通常有更多的计划外购物。消费行为容易受到情感的驱动。同时，女性客户的购物行为也极容易受到外界刺激的影响。例如，促销、打折、赠送礼物、赚取积分等活动，经常导致女性购买一些没有很大用处的产品。从电子商务平台统计的高退货率可以看出，女性客户容易一时冲动购买产品，非理性消费比较多。

5. 精打细算

一般来说，女性客户不但对时尚的敏感程度高于男性，而且对价格的敏感程度也远远高于男性客户，在购买过程中比较细心、谨慎，对细节较为苛求，常常乐于货比三家，精打细算，左右权衡、反复对比，力求买的划算——付出较少金钱买到满意称心的产品。

6. 更乐于分享

近些年来出现的社交平台的分享功能满足了女性用户的炫耀心理和分享心理。知乎、小红书、淘宝、55 Style 等平台，都对女性穿搭推荐、居家消费分享等内容有涉及，并包括了图文、视频等分享方式，这些平台都受到了女性客户的喜爱。

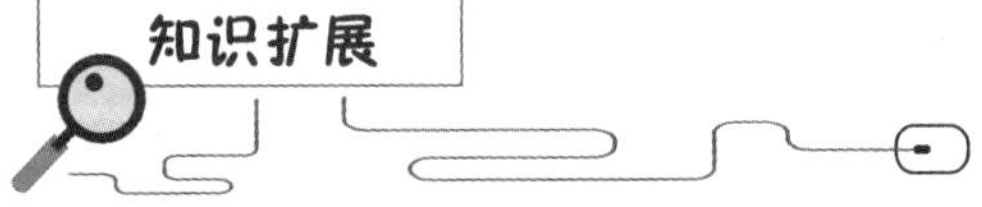

“她经济”

《2017 年中国女性消费调查报告》显示，有超过半数的女性认为自己的收入水平与配偶相当或相近，近半数女性个人消费金额占家庭收入的三分之一以上。

“她经济”指围绕女性理财、消费所形成的特有的经济圈和经济现象。随着现代女性的收入和社会地位的提高，女性坚持“追求更好的生活品质”的理念，喜欢“疯狂购物”，于是女性成为重要的消费群体，为企业带来了机遇。

女性消费群体不但在线下消费数量增多，而且在网上也占据着越来越大的比例，每一个使用互联网的女性，几乎都会网上购物，尤其是年轻女性，还会把网上购物作为一种享受。每逢重大节日，各大电商企业一般都会对女性用品加大推送力度和折扣率，女性化妆品、女装、珠宝配饰、母婴等产品交易额在活动期间增加明显。

鉴于女性经济市场的可观潜力，洞悉并掌握“她经济”大潮下的女性消费偏好与趋势，已经成为商家的要务。

（二）男性消费行为的特点

1. 有专属的消费品及服务

男性的生理特点也注定了其与女性购买不同的消费品及服务，最典型的是剃须用的刀具等。

2. 理性消费，较有主见

一般来说，男性客户善于控制自己的情绪，处理问题时能够冷静地权衡各种利弊因素，能够从大局着想，购物目的明确，决策比较理性，重视产品的性能和品质，购买决定较为迅速，有主见，一般不会考虑他人的看法。

3. 较少挑剔，习惯性购买多

男性客户购买产品时较少挑剔，只是询问大概情况，对某些细节不予追究，即使买到稍有毛病的产品，只要无关大局，也不愿“斤斤计较”。男性客户追求快捷、简单的购物过程，习惯性购买比较多，也不喜欢花较多的时间在同类产品之间反复比较和权衡，因此他们选购产品的范围较窄。

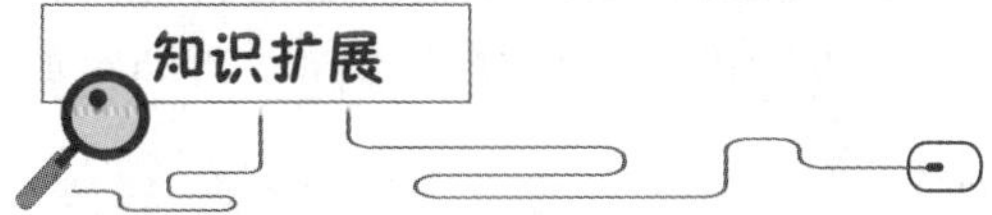

“他经济”

随着互联网的发展和电商的迅速普及，以及快递到家、移动支付的便捷性，男性客户追求效率和便捷性的购物需求得到很大程度的满足，这唤起了男性的购物欲望，促使男性客户在线上消费市场占据“强势”地位。

根据波士顿咨询公司发布的研究报告，男性消费的种类和额度都在增加，而在线上消费方面，男性每年的平均开支超越了女性。虽然男性消费频次低，但他们的消费项目的单价却不菲。根据《中国奢侈品网络消费白皮书》中的有关信息，网络奢侈品消费中，女性占比略高于男性，但男性的客单价比女性高6%，且奢侈品消费频次在3次及以上的男性比例也比女性高。

同时，蚂蚁花呗、苏宁任性付等互联网金融产品获得了男性客户的青睐，其原因除了互联网金融产品能快速、便捷地满足资金需求，还在于男性客户胆子更大，更具冒险心理，因而更容易接受借款消费、超前消费的理念。在互联网金融的刺激下，许多男性客户越来越多地使用各种消费金融产品满足自己对高质量生活的需求，尤其对于经济实力还比较薄弱的年轻男性客户，便捷的资金获取渠道为其超前消费创造了条件。

随着经济社会的发展，男性客户的经济实力持续提升，而对事业的追求也促使他们在社交领域不断拓展。此时，男性客户越来越意识到，他们的外在形象、服装搭配与个人品位已经成为职场不可或缺的部分。所以，许多男性客户渐渐开始通过购买护肤品、高档西装、时尚手表与轿车等方式来展现自己的魅力。

二、心理因素

客户的心理因素支配着客户的购买行为。影响客户行为的心理因素主要有需要、动机、知觉、学习、记忆、态度、个性、生活方式等。

（一）需要

需要是指客户生理和心理上的匮乏状态，即感到缺少些什么，从而想获得它们的状态，是人对某种目标的渴求或欲望，是人的行为的动力基础和源泉。心理学家也把促成客户各种行为动机的欲望称为需要。需要是客户一切行为活动的基础和原动力，也是客户购买与否的决定性因素。客户的购买行为，是客户解决需要问题的行为。只有符合并能够满足客户特定需要的产品，才能吸引客户购买。当然，不同客户的需要内容、需要程度千差万别，购买行为自然也各不相同。

（二）动机

一般认为，动机是激发和维持个体进行活动并导致该活动朝向某一目标的心理倾向或动力，是促使个体采取行动的力量，具有一定的指向性。动机在消费上的体现就是消费动机。消费动机是直接驱使客户进行某种购买活动的内在动力。客户购买某种产品，对企业的营销刺激有怎样的反应，在很大程度上和客户的购买动机有关。

（三）知觉

知觉是各种感觉在头脑中的综合反映，对客户行为有着较大的影响。所谓感觉，就是客户通过感官对外界的刺激物或情境的反应或印象。随着感觉的深入，各种感觉到的信息在头脑中被联系起来进行初步的分析综合，形成对刺激物或情境的整体反映，这就是知觉。

客户知觉是一个有选择的心理过程。例如，客户听到一个广告，或看到一个朋友，或触摸到一种产品的时候，虽然获得了大量的零碎的信息，但是客户往往无法在同一时间里去注意所有的信息，而会在选择一些信息的同时放弃其他大量的信息，那些被注意到的信息才能够成为知觉。假如客户接触的信息能满足其眼前的需要，就可能被客户注意到并且保留下来，也就是说被客户所知觉甚至上升为意识——知觉的高级阶段，这样就可能产生相应的消费行为。另外，信息输入强度的急剧变化也会影响知觉或意识的形成，从而影响客户行为。

（四）学习

客户学习，是客户在购买和使用产品的实践中，逐步获得和积累经验，并根据经验调整自己购买行为的过程，是通过驱策力、刺激物、提示物、反应和强化的相互影响、相互作用而进行的。

“驱策力”是诱发客户行动的内在刺激力量。例如，某客户重视身份地位，尊重需要就是一种驱策力，这种驱策力被引向某种“刺激物”——高级名牌领带时，驱策力就变为动机。在动机的支配下，购买行为的发生往往取决于周围的“提示物”的刺激，如看了有关电视广告、产品陈列，该客户就会完成购买。如果该高级品牌领带戴着很满意，他对这一品牌领带的“反应”就会加强，以后如果再遇到相同诱因，就会产生相同的反应，即再次购买。如反应被反复“强化”，久而久之，购买这一品牌的领带就成为购买习惯了。这就是客户的学习过程。

为此，企业在营销时要注重客户购买行为中“学习”这一因素的作用，通过各种途径给客户提供信息，如重复广告，目的是达到加强诱因，激发驱策力，将客户的驱策力激发到马上行动的地步。同时，企业的产品或提供的服务要始终保持优质，如此客户才有可能通过学习建立起对企业品牌的偏爱，形成其购买该企业产品的习惯。

（五）记忆

记忆是人脑对经历过的事物的反映，如过去感知过的事物、思考过的问题、体验过的情感等，都能以经验的形式在头脑中保存下来，并在一定条件下重现。正是有了记忆，客户才能把过去的经验作为表象保存起来，经验的逐渐积累推动了客户心理的发展和行为的复杂化。反之，客户离开记忆则无法积累和形成经验，也不可能有消费心理活动的高度发展，甚至连最简单的消费行为也难以实现。例如，如果丧失对产品外观、用途或功效的记忆，客户再次购买同一种产品时，将无法辨认并做出正确的判断和选择。

（六）态度

客户的态度是指客户在购买活动中，对所涉及的人、物、群体、观念等方面所持有的认知、情感和行为倾向。客户态度既影响客户对产品、品牌的判断和评价，也影响客户的学习兴趣和效果，还影响客户的消费意向和消费行动。

客户的态度对客户行为的影响重大，当客户对企业及其产品或服务持肯定态度时，他们会自觉成为企业的客户甚至忠诚的客户，也会影响他人成为企业的客户。而当客户对企业及其产品或服务持否定的态度时，他们不仅会自己停止使用，还会要求亲戚和朋友也这样。因此，企业应该重视客户的态度，要让客户充分地了解企业、了解产品或服务，帮助客户建立对企业及其产品或服务的正确认知，培养客户对企业及其产品或服务的情感，从而让企业及其产品或服务尽可能适应客户的购买倾向。

（七）个性

个性是个体对待社会、他人和自己的心理活动，并以一定的形式表现在自身行为活动中，构成了个人所特有的行为方式，在社会评价上有好坏之分。研究表明，客户越来越倾向于购买不同风格的产品以展示自己独特的个性。此外，客户的个性还直接影响客户对产品的接受程度与速度。

（八）生活方式

生活方式是个体在成长过程中，在与社会诸因素交互作用下表现出来的活动、兴趣和态度模式，是客户生活、花费时间和金钱的方式的统称。客户追求的生活方式往往各不相同：有的追求新潮时髦；有的追求恬静、简朴；有的追求刺激、冒险；有的追求稳定、安逸。不同的生活方式显然有着不同的购买需求、不同的购买行为。

三、背景因素

影响客户购买行为的因素，除了性别因素、心理因素，还有背景因素，如身份、经济状况，以及所拥有的消费时间等。

（一）身份

每个人都在一定的群体、组织、团体中占有一定的位置，和每个位置相联系的就是身份，即个体被社会或群体所认定的角色。不同社会身份的客户，承担并履行着不同的责任和义务，对产品的需求和兴趣也各不相同，客户往往结合自身的身份、地位做出购买选择。因此，许多产品、服务、品牌由此成为一种身份和地位的标志。

职业也反映一种社会身份，也是一个影响客户购买行为的因素，并且它的重要性被频繁地、戏剧性地在客户的消费行为中表现出来。特定职业可能具有接受某种相应产品或服务的可能性，如客户在购物时，会倾向于选择与其职业相对应的产品，客户在消费时，也会去与他们职业相称的场所，而这些产品或场所又在一定程度上体现着客户的职业特征。

（二）经济状况

收入作为购买力的主要来源无疑是决定客户购买行为的关键因素。在其他条件不变的情况下，消费随收入的变动而呈现同方向的变动，即收入增加，消费增加；收入减少，消费减少。对于一般的客户而言，收入决定其能否发生购买行为以及发生何种规模的购买行为，决定购买产品的种类、数量、频率和档次。另外，收入的多少还影响着客户的支出模式，如是现金消费还是按揭消费，也影响着客户的消费结构。

财产既包括住房、土地等不动产，也包括股票、债券、银行存款、汽车、古董及其他收藏品。财产是反映一个人富裕程度的重要指标。拥有较多财产的富裕家庭相对于拥有较少或很少财产的家庭，将会把更多的钱用在接受服务、旅游和投资上；富裕家庭一般处于家庭生命周期的较后阶段，由于特别珍惜时间，他们对产品的可获性、购买的方便性、产品的无故障性和售后服务等有很高的要求，并且愿意为此付费；富裕家庭的成员对仪表和健康十分关注，因此，他们是高档化妆品、护理产品、健康食品、维生素、美容美发服务、健身器材、减肥书籍和减肥服务项目的主要购买者；富裕家庭为了保证身体和财产的安全，还大量购买家庭保护系统、各种保险、防火与防盗器材、空气净化器等产品。

支出包括衣、食、住、行等日常开支，以及医疗保健、子女求学、意外事故等开支。显然，支出大、负担重，就可能影响消费的数量、频率和档次。当客户未来支出的不确定性上升时，客户会紧捂自己的“钱袋子”。即使当前的收入并未减少甚至还在增长，但客户只要认为未来住房、医疗、教育、养老等存在种种不确定的巨额消费支出，就会引起消费信心不足，于是会压缩不必要的消费而增加储蓄，而这一过程往往最先抑制的就是对奢侈品和服务的消费。在一定时期内收入水平不变的情况下，如果储蓄增加，购买力和消费支出便减少；如果储蓄减少，购买力和消费支出便增加。

（三）拥有的消费时间

消费需要时间，时间像收入和财富一样制约着客户对产品或服务的购买。很多消费，如看电影、溜冰、钓鱼、打网球、健身、旅游等均需要时间。客户是否购买这些产品或服务，在很大程度上取决于他们是否拥有可自由支配的时间。一般来说，越紧张、忙碌的客户对节约时间的产品或服务越感兴趣，越愿意为此付费，乐于花钱买时间，以获得自由享乐。

四、环境因素

客户购买行为也受环境因素的影响，包括政策与法律环境、经济与文化环境、自然与技术环境、社会环境等。

（一）政策与法律环境

一个国家的政策，如宏观调控政策、财政政策、税收政策、人口政策、社会保障政策、就业政策等都会对客户的购买行为产生影响。例如，税收政策对刺激消费或抑制消费也有重要的影响。又如，社会保障是一种预期性收入和资产，客户在得到保障后一般会增加当期消费，而减少当期储蓄。因此，完善社会保障的政策，保障劳动者在年老、失业、患病、工伤、生育时的基本生活不受影响，会使客户解除或缓解后顾之忧而提高消费水平。此外，提高养老保险水平，保证无收入、低收入以及遭受各种意外灾害公民能够体面生存等政策也会推动消费。同时，政府积极创造就业条件与岗位，提高就业机会，关注就业质量，提供职业培训机会，提高客户工作岗位能力，帮助客户对未来确定收入来源有一个乐观、积极的预期，这些都可以提升客户消费信心，有效促进消费。

此外，客户作为社会的一员，拥有自由选择产品或服务，获得安全的产品、获得正确的信息等一系列诉求，但伴随着经济的发展，各种损害客户权益的商业行为渐渐增多，保护客户权益正成为全社会关注的焦点，而法律的健全和完善有利于禁止欺诈、垄断、不守信用等损害客户权益行为的发生，保障客户权益，从而使客户放心消费、增加消费。例如，1994 年 1 月 1 日起生效的《中华人民共和国消费者权益保护法》，对保护客户的权益，规范经营者的行为，刺激消费，维护社会经济秩序，都具有十分重要的意义。

（二）经济与文化环境

一般来说，经济环境好，客户就业有保障，收入稳定甚至不断提高，有利于促进消费。相反，则会抑制消费。通货膨胀会造成货币的购买力下降，当客户预感到通货膨胀即将来临时，一般会减少非必需品的支出，增加生活必需品的支出。另外，通货膨胀使客户的消费观念趋于保守，且将在未来相当长的时间内对其消费行为产生深刻影响。通货膨胀率越高，其带来的影响越大。

另外，文化渗透于社会群体每个成员的意识之中，左右着客户对事物和活动的态度，从不同方面影响着客户对事物的认识与判断，影响社会成员的行为模式，使生活在同一文化圈内的社会成员的消费行为具有相同的倾向。文化对客户的影响一旦产生是根深蒂固的，它会影响客户的消费观念、消费内容和消费方式。客户因民族、宗教信仰、风俗习惯、价值观、审美观等的不同而具有不同的生活习惯、生活方式、价值取向和禁忌，这些因素都会对他们的消费行为产生影响。

（三）自然与技术环境

自然环境直接构成了客户的生存空间，在很大程度上促进或抑制了某些消费活动的开展与进行。首先，不同的地理条件会影响客户的消费习惯、消费内容等。例如，我国地域辽阔，不同地区在消费行为方面有着不同的方式。其次，自然资源是人类社会赖以生存的物质基础，为客户提供了最基本的生活条件，如大气、淡水等，缺乏这些条件，人类很难生存，更谈不上消费需要了，而新鲜的空气，纯净的淡水，能使人身心健康、精神舒爽。最后，不同气候地区的客户呈现诸多消费活动的差异。例如，炎热多雨的热带地区与寒冷干燥的寒带地区相比，客户在衣、食方面的消费明显不同，如热带地区的客户喜欢清爽解热型饮料，寒带地区的客户则偏爱能御寒的饮品。

技术是决定生产力最活跃的因素，它影响着人类的历史进程和社会生活的方方面面，当然也影响着客户的行为。这是因为客户的消费总是在一定的技术条件下进行的，技术发展到某个阶段催生了某种产品或服务后，客户才有可能进行相应的购买和消费。例如，客户在不同的年代、不同的技术环境下，先后消费过唱片机、录像机、VCD、DVD、传呼机、大哥大、模拟手机等，伴随着技术的进步，如今它们早已退出客户的视野。技术创新对消费需求的推动作用体现在，技术创新提供了新产品、新服务，从而创造消费动力，不断开创消费新领域。如今，互联网、虚拟现实、人工智能、App、移动支付等技术又给客户带来了更多更好的消费体验。

（四）社会环境

作为“社会人”，不管客户是否愿意承认，社会群体能够影响一个客户的价值观念，并影响客户对产品或服务的看法及其购买行为。此外，社会流行、公众的口碑都会对客户购买行为产生影响。

流行是指在一个时期内社会上流传很广、盛行一时的现象和行为。流行在一般情况下，体现为在某一特定时期人们选择一种趋同的行为——相当数量的人对特定观点、行为、言语、生活方式等产生了共同的崇尚与追求，并使之在短时间内成为整个社会到处可见的现象。流行促进了客户在购买上的从众行为，在一定程度上促进客户在某些产品的消费上与其他客户有共同偏好。

口碑传播是客户对厂商、品牌、产品、服务的认知、态度和评价，并在群体间非正式地相互传播，包括正面的和负面的所有内容。与其他传播方式相比，口碑传播较其他信息来源更具可信度。这是因为，客户的亲朋好友，周围熟识的人在介绍、推荐、评论产品时，一般是不含利益关系和商业意图的，因而从一定意义上讲，他们的意见与建议比较客观、可靠，值得信赖。研究表明，口碑传播的有效性是广播广告有效性的 3 倍，是人员推销的 4 倍，是报纸和杂志广告的 7 倍。因此，在天猫、淘宝、京东商城、亚马逊、苏宁易购等开店的商家，非常重视口碑传播，把它视为对客户最具影响力的信息源。

随着互联网的发展，口碑传播不再只局限于人与人之间面对面的交流，而是将意见、经验与评论等通过讨论区、聊天室、留言板等网络空间来发布和传播，形成新形态的网络口碑传播。网络口碑传播，指互联网用户借助互联网各种同步或异步网络沟通渠道发布、传播关于组织、品牌、产品或服务的信息，其表现为文字、图片、符号、视频等或是它们的组合。显然，客户对产品的态度，会受到网络口碑的影响，当好的网络口碑不断出现时，客户的消费冲动会不断地被强化，而当差的网络口碑不断出现时，客户的消费冲动就会减弱。

五、情境因素

情境是指消费或购买活动发生时，客户所面临的短暂的环境因素，由一些暂时性的事件和状态所构成，如购物时的天气、购物场所的拥挤程度等。贝克（Beck）认为，情境由五个变量或因素构成，它们是物质环境、人际环境、时间环境、任务环境和先行状态。

（一）物质环境

物质环境是指构成消费情境的物质因素，如消费场所的地理位置及外观、装饰布局与陈列、色彩、气味、声音、灯光、温度、湿度等，它们都对客户的情绪、行为具有重要影响。调查表明，客户的购买行为 70% 以上都是在物质环境中做出的，并且冲动性消费占了很大的一部分。物质环境对客户的感觉器官有着较强的刺激力，舒适、和谐的氛围能吸引客户光临并推荐给其他人，能令人长时间保持兴奋的情绪。相反，如果消费环境恶劣则商家很难吸引客户进店，或者即使客户进店了也会顿生逃遁之念。

（二）人际环境

客户的消费情境总是处在一定的社会环境当中，在消费过程中客户会与服务人员打交道，会与其他客户相逢。在消费或购买环境中所面临的关系，包含服务者与客户之间的关系、客户之间的关系。显然，不同的人际环境会使客户产生不同的消费行为，文明、舒适、轻松、愉快、亲切、友好的人际关系，能够吸引客户并且提高其消费欲望。

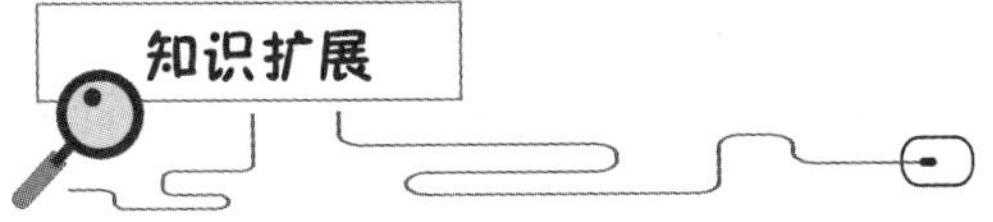

影响在线购物体验的主要因素

影响在线购物体验的主要因素包括：网站互动性、生动性、易用性、流畅性；网站的背景音乐、图形互动技术和隐私信息安全；等等。客户在购物平台浏览商品时，如果购物平台提供的商品信息翔实、分类目录明确、价格实惠，那么他们对购物平台的好感度就会增加，选择该购物平台的欲望就会增强。另外，如果购物网站美观且操作便捷，同时能够使用声音如商品展示音乐、特征展示音乐、背景音乐来介绍商品，那么也会在一定程度上吸引客户在该网站上购物。此外，售后阶段的物流派送、售后服务、争议处理以及主动要求客户给予售后好评的行为等也会影响在线购物体验。

（三）时间环境

这里的时间是指情境发生时客户可支配时间的充裕程度，也可以指消费活动发生的时机，如一天、一周或一月当中的某个时点等，还指客户消费服务前需要等待的时间长短，它们是构成情境的一个很重要的内容。不同的时间环境会对客户的行为产生不同的影响。例如，很多产品的消费具有季节性和节日性的特点，如六一儿童节前后是儿童玩具和儿童服装的消费高峰，中秋节前是月饼销售的黄金时段。在这些节点上客户的消费欲望比较强烈，而过了这些节点则客户的消费欲望会下降很多，甚至为零。

（四）任务环境

这里的任务是指客户购物的目的和理由。对同一种产品，购买的具体目的可以是多种多样的，在不同的购物目的和理由的支配下，客户对于消费何种档次和价位、何种品牌的产品会存在差异。例如，购买葡萄酒可以是自己喝，也可以是与朋友聚会时一起喝，还可以是作为礼品送人。在不同的购物目的支配下，客户对于购买何种档次和价位、何种品牌的葡萄酒均会存在差异。此外，与购买任务密切联系的还有使用情境，即产品使用在何种场合。不同的使用情境会使客户的行为不同。例如，同是作为礼物，生日礼物的购买和婚礼礼物的购买就会有较大的差别。

（五）先行状态

先行状态是指客户带入消费情境中的暂时性的情绪（如焦虑、高兴、兴奋等）或状态（如疲倦、饥饿、生病、得到一大笔钱或破产等）。客户的情绪或状态会影响客户的决策过程以及对不同产品的购买与消费，也就是说，客户当前的情绪或状态会对客户的行为产生影响。正面、积极的情绪与积极性购买、冲动性购买相联系，而负面的情绪则会减弱客户的消费欲望。

本章习题

1. 客户购买行为有哪些特点？
2. 根据客户的购买频率可将客户购买行为划分为哪几种类型？
3. 根据客户的购买态度与要求可将客户购买行为划分为哪几种类型？
4. 客户的购买过程包含了哪几个阶段？
5. 影响客户购买行为的因素有哪些？

本章实训

介绍自己的购买过程是怎样的？哪些因素会影响自己的购买行为？

第二篇

电商客户关系的建立

建立客户关系就是让目标客户和潜在客户成为现实客户的过程。

电商客户关系的建立包含两个根本问题，一个问题是电商企业跟谁建立关系，另一个问题是电商企业怎样才能与之建立关系。

客户关系的建立阶段好比电商企业对客户的“择偶”“求婚”阶段。

第三章

电商对客户的选择

电商对客户的选择是指电商企业对服务对象的选择，即究竟选择什么样的对象建立客户关系。

第一节　为什么要选择客户

在买方占主导地位的市场条件下，一般来说，客户可以自由选择电商企业，而电商企业是不能选择客户的，大多数时候电商企业只能将客户当作上帝来看待，祈求客户的光顾与购买。但是，我们从另外一个角度来看，即使在买方市场条件下，作为卖方的电商企业还是应当主动去选择自己的客户，原因如下。

一、不是所有的购买者都会是本电商企业的客户

一方面，每个客户都有不同的需求，需求的个性化决定了不同的客户会向不同的电商企业购买产品。另一方面，电商企业的资源是有限的，无论是人力、财力、物力，还是服务能力、时间，这就决定了电商企业不可能什么都做。没有哪家电商企业能提供市场上需要的所有产品或者服务，没有哪家电商企业能把全世界的钱都挣到。此外，竞争者的客观存在，也决定了任何一家电商企业不可能“通吃”所有的购买者，不可能为所有的购买者提供产品或服务。

总之，由于需求的差异性、电商企业资源的有限性以及竞争者的客观存在，每个电商企业能够有效地服务客户的类别和数量是有限的，市场中只有一部分购买者能成为购买本电商企业产品或者服务的实际客户，其余则是非客户。既然如此，在那些不愿意购买或者没有购买能力的非客户身上浪费时间、精力和金钱，无异于“对牛弹琴”。相反，电商企业如果准确选择属于自己的客户，就可以避免花费在非客户身上的成本，从而减少电商企业资源的浪费。

案例

马蜂窝专注于为旅游爱好者提供服务

马蜂窝是一个旅游社区网站，马蜂窝的创办宗旨就是为所有旅游爱好者提供信息交流的平台。在马蜂窝，旅游爱好者可以交换资讯，交流攻略、美食、摄影作品，分享旅行中的喜悦和感动。马蜂窝网站上出现的文章并没有编辑写手来撰写，每一个发起的话题都会出现在“我的马蜂窝”里，每一个成员都是马蜂窝的主人，马蜂窝的一切都由成员共同产生和决定。

马蜂窝的创始人是两个自由行爱好者——前新浪员工陈罡和前搜狐员工吕刚。马蜂窝创办之初并不是商业项目，而纯粹是出于喜好建立起来的业余平台。从2006年开始，这个简单的旅游社区网站并没有进行特意地宣传推广，仅仅依靠口碑就积累了最初的用户。

马蜂窝的核心产品是旅游攻略，旅游攻略中的信息和感受都来自真实旅行用户的反馈和评价。马蜂窝的旅游攻略覆盖了中国游客可能出行的全球90%以上的目的地，旅游攻略的内容涵盖了旅行中的吃、住、行等重要信息，还有旅行中的真实体验和评价。马蜂窝的优势在于其对旅游市场进行细分，专注于针对旅游攻略市场和追求个性化旅游的需求群体。由于定位准确，马蜂窝在同类网站中占据了领先地位。

二、不是所有的客户都能够给电商企业带来收益

有一种流行的观点认为“客户是上帝”“客户总是对的”“客户越多越好”。在特定的条件下，在强调客户的重要性时可以这么说，但是不等于所有客户都能带来价值，因为有些客户不仅没有带来收益，还可能会给电商企业带来损失。《财富》杂志中文版的封面上就曾印有“有的客户可能在让你丢钱，让你赔本”。如果一个客户拿了你的东西而不付钱，你还信守“客户是上帝”“客户总是对的”“客户越多越好”，那就可笑了。

事实上，客户天生就存在差异，有优劣之分，不是每个客户都能够带来同样的收益，都能给电商企业带来正价值；有的客户还可能是“麻烦的制造者”，他们或者侮辱、刁难员工，或者骚扰其他客户，或者破坏经营气氛，或者提出不合理的要求，不管电商企业做了多大的努力，都不能令他们满意。甚至，有的客户还会给电商企业带来负面的风险，如信用风险、资金风险、违约风险等，并且有时候这些风险可能超过其为电商企业带来的价值。

美国人威廉•谢登的“80/20/30”法则认为：在顶部的20%的客户创造了企业80%的利润，但其中一半的利润被底部30%不能带来赢利的客户消耗掉了。也就是说，一些优质客户给电商企业带来的超额价值，通常被许多“坏”客户给扼杀了。“坏”客户是“魔鬼”，他们不仅花费企业高额的服务费用，还可能会形成呆账、死账，使企业

"赔了夫人又折兵"——不但得不到利润，还要赔钱。可见，回避这样的客户对电商企业来说是万幸的，电商企业应将其找出来，并且一开始就将这些"魔鬼"淘汰、剔除。

总之，客户数量不是衡量电商企业获利能力的唯一指标，客户质量的重要性已经在一定程度上高过了客户数量的重要性，客户质量在很大程度上决定着电商企业赢利的多少。因此，电商企业应当放弃"任何客户对电商企业都是有价值的"想法，而注意去选择真正有价值的客户。

三、不选择客户可能造成电商企业定位的模糊

假如电商企业不选择客户，那么形形色色的客户共存于同一家电商企业，可能造成电商企业定位的模糊，导致客户对电商企业的印象比较混乱。相反，如果电商企业主动选择特定的客户，明确客户定位，就能够树立鲜明的电商企业形象。

Keep的目标客户

Keep于2015年2月4日上线，致力于提供健身教学、跑步、骑行、交友及健身饮食指导、装备购买等一站式运动解决方案。Keep的目标客户群集中在年轻的女性身上，特别是年轻的上班族和大学生群体，她们往往接受过高等教育，有经济基础，在压力大的城市中生活，健身意识觉醒较早，而且对健身的需求更大，愿意在健身上付费。

四、选择正确的客户是成功开发客户及实现客户忠诚的前提

我们知道，饥不择食可能会消化不良，还可能会中毒，甚至可能出现更严重的后果。我们还知道，要做成一件事，首先要选择做正确的事，然后再想办法去把它做成，否则就会越做越糟。

同样的道理，电商企业如果选错了客户，那么建立客户关系的难度可能就比较大、成本也可能比较高，而且在建立客户关系之后，维护客户关系的难度也比较大、成本也会比较高。一方面，电商企业会感到力不从心，另一方面，客户也不领情，不乐意为电商企业买单。

例如，一些小电商企业忽视了对自身的分析与定位，没有采取更适合自身发展的战略，如市场补缺战略等，而盲目采取进攻战略，与大电商企业直面争夺大客户，最终导致被动尴尬甚至危险的局面——既失去了小客户，又没有能力为大客户提供相应的服务。其结果是两手空空。

相反，电商企业如果经过认真选择，选对了目标客户，那么成功建立客户关系、维护客户关系的可能性就很大，成本也会很低。实践证明，客户忠诚度高的电商企业

往往更重视选择客户，它们非常清楚自己的目标客户是谁，在最初决定是否要开发一类客户时不是考虑一时一事的利益，而是从双方长远合作的角度去考虑，挑选自己称心如意的经营对象、合作伙伴。

五、选择正确的客户能增加电商企业的赢利

客户的稳定是电商企业销售稳定的前提，稳定的客户给电商企业带来的收益远大于经常变动的客户，而客户的每一次变动对电商企业来说还可能意味着风险。所以，不是万不得已，电商企业一般不考虑更换客户，这就要求电商企业根据自身的资源和客户的价值选择那些能为电商企业带来赢利的客户作为目标客户。例如，通过一系列的限制条件（如规模、资金、信誉、管理水平、技术实力）被选择入围的客户肯定会珍惜与电商企业的合作机会，电商企业也清楚这些客户是自己真正需要的客户，是电商企业的重要资源和财富。假如电商企业能够为这些有价值的客户提供满意的产品或服务，并且不断地满足这些客户的特定需求，那么电商企业就将得到长期、稳定、高额的回报，电商企业的业绩将稳步提高。

总而言之，不是所有的购买者都会是电商企业的客户，也不是所有的客户都能够给电商企业带来收益，不选择客户可能会造成电商企业定位模糊；相反，正确选择客户是成功开发客户、实现客户忠诚的前提，选择正确的客户还能提高电商企业的赢利能力。因此，电商企业应当在茫茫人（客）海中选择属于自己的客户，而不应当以服务天下客户为己任。对电商企业来说，所有好高骛远的想法、做法都应当尽快抛弃和停止。有所“舍”，才能够有所“得”，盲目求多求大，结果可能是失去所有的客户。选择客户是一种化被动为主动的思维方式，是电商企业在处理客户关系上争取主动的一种策略，既体现了电商企业的个性，也体现了电商企业的尊严，更决定了电商企业的命运。

第二节 “好客户”与“坏客户”

电商企业选择目标客户当然要尽量选择好的客户。那么，什么样的客户是“好客户”呢?

一、什么样的客户是“好客户”

“好客户”指的是给电商企业带来的利润多、价值高、贡献大，而占用电商企业的资源少、给电商企业带来的风险小的客户。菲利浦·科特勒将“好客户”定义为：能不断产生收入流的个人、家庭或公司，其为企业带来的长期收入应该超过企业长期吸引、销售和服务该客户所花费的可接受范围内的成本。

一般来说，“好客户”通常要满足以下几个方面的要求。

（一）能够保证电商企业赢利

“好客户”最起码的条件是能够给电商企业带来赢利，至少给电商企业带来的收入要比电商企业为其提供产品或者服务所花费的成本高，这样才基本上算是个“好客户”。此外，“好客户”对价格的敏感度低，付款及时，有良好的信誉。信誉是合作的基础，不讲信誉的客户，条件再好也不能合作。

（二）买得多、买得勤、买得贵

即购买欲望强烈、购买力强、购买频率高，有足够多的需求来购买电商企业提供的产品或者服务，特别是对电商企业的高利润产品购买得多。

（三）服务成本较低

“好客户”最好不需要多少服务或对服务的要求低。这里的服务成本是相对而言的，而不是绝对数据上的比较。例如，一个大客户的服务成本是 200 元，银行净收益是 10 万元，那这 200 元的服务成本就显得微不足道；而一个小客户的服务成本是 10 元，但银行的净收益只有 20 元，虽然 10 元的服务成本在绝对数值上比 200 元小了很多，但相对服务成本却多了很多。

（四）经营风险小，有良好的发展前景

客户的经营现状是否正常、是否具有成长性、是否具有核心竞争力、经营手段是否灵活、管理是否有章法、资金实力是否足够、分销能力是否强大、与下家的合作关系是否良好，以及国家的支持状况、法律条文的限制情况等都对客户的经营风险有很大的影响。电商企业只有对客户的发展背景与前景进行全面、客观、远景性的分析，才能对客户有一个准确的判断。

（五）愿意与电商企业建立长期的伙伴关系

“好客户”能够正确处理与电商企业的关系，合作意愿高，忠诚度高，让电商企业做擅长的事，通过提出新的要求友善地引导电商企业生产和提供更好的产品或服务，从而提高电商企业的服务水平。

（六）有市场号召力、影响力

还有一类“好客户”，虽然他们的订单量相对来说并不是很多，但由于他们有较好的市场影响力、知名度和龙头示范作用，能给电商企业带来非常好的市场形象，能提高电商企业的美誉度，毫无疑问，这样的客户也是“好客户”，因为他们是具有战略价值的客户。

二、大客户不等于“好客户”

通常，购买量大的客户被称为大客户，购买量小的客户则被称为小客户，显然，大客户往往是所有电商企业关注的重点。但是，如果认为所有的大客户都是“好客户”，而不惜一切代价吸引和保持大客户，电商企业就要为之承担风险了。这是因为许多大客户可能带来以下风险。

（一）财务风险

大客户在付款方式上通常要求赊销，这就容易使电商企业产生大量的应收账款，而较长的账期可能会给电商企业的经营带来财务风险，因而大客户往往也容易成为“欠款大户”，甚至使电商企业承担呆账、坏账、死账的风险。

（二）利润风险

大客户有大客户的通病——客户越大，脾气、架子可能就越大。另外，大客户所预期获得的利润也多，某些大客户还会凭借其强大的买方优势和砍价实力，或利用自身的特殊影响力与电商企业讨价还价，向电商企业提出诸如减价、价格折扣、强索回扣、提供超值服务甚至无偿占用资金等方面的额外要求。因此，这些订单量大的客户可能不仅没有给电商企业带来大的价值，没有为电商企业带来预期的赢利，反而减少了电商企业的获利，使电商企业陷于被动局面。

（三）管理风险

大客户往往容易滥用其强大的市场运作能力，扰乱市场秩序，如窜货、私自提价或降价等，给电商企业的正常管理造成负面影响，尤其对小客户的生存构成威胁，而电商企业却需要这些小客户起拾遗补阙的作用。

（四）流失风险

激烈的市场竞争往往使大客户成为众多电商企业尽力争夺的对象，大客户因而可能容易被腐蚀、被利诱而背叛。

（五）竞争风险

大客户往往拥有强大的实力，容易采取纵向一体化战略，另起炉灶，经营与电商企业相同的产品，从昔日的合作伙伴摇身变为竞争对手。

三、小客户可能是“好客户”

要衡量什么样的客户是“好客户”，要以客户的终生价值为标准。然而，许多电商企业缺乏战略思维，只追求短期利益和眼前利益，而不顾长远利益，对客户的认识只着眼于眼前能够给电商企业带来多少利润，很少去考虑客户在未来可能带来多少利润。因此，一些暂时不能带来利润甚至有些亏损，但长远来说很有发展潜力的小客户没有引起电商企业足够的重视，甚至往往被遗弃，更不要说得到电商企业的扶持了。

事实上，小客户不等于劣质客户，有些小客户能够给电商企业带来较多的利润、作出较大的贡献，而占用电商企业的资源较少、给电商企业带来的风险也较小。因此，过分强调当前客户给电商企业带来的利润，很可能会错失未来的大客户、“好客户”。

例如，家电经销商“国美”“苏宁”在初创时并不突出，但它们却有着与众不同的经营风格，如今已经成长为家电零售业的“巨鳄”。同样，腾讯、阿里巴巴也是从名不见经传的小客户成长为大客户的……它们都是从“蚂蚁式”客户成长为“大象式”客户的实例。

可见，小客户有可能是“好客户”。对客户的评判要科学，不能只看目前的表象，不能只根据某一时点的表现就轻易否定、盲目抛弃，而要用动态的眼光，看趋势，看潜力。

四、什么样的客户是“坏客户”

相对来说，“坏客户”就是：只向电商企业购买很少一部分产品或服务，但要求却很多，花费了电商企业高额的服务费用，使电商企业为其消耗的成本远远超过他们给电商企业带来的收益；不讲信誉，给电商企业带来呆账、坏账、死账以及诉讼等，给电商企业带来负效益，是一群时时刻刻在消耗电商企业资产的“蛀虫”，他们也许会让电商企业连本带利输个精光；让电商企业做不擅长或做不了的事，分散电商企业的注意力，使电商企业改变方向，与自身的战略和计划相脱离。

应当注意的是，“好客户”与“坏客户”是相对而言的，只要具备一定的条件，他们之间是有可能相互转化的，“好客户”可能会变成“坏客户”，“坏客户”也可能会变成“好客户”。因此，不要认为客户一时好就会永远好，电商企业要用动态的眼光来评价客户的好与坏。电商企业如果不注意及时全面地掌握、了解与追踪客户的动态，如客户的资金周转情况、资产负债情况、利润分配情况，等“好客户”变为“坏客户”时，将追悔莫及！

第三节　电商企业选择目标客户的指导思想

电商企业要在对客户细分的基础上，对各细分客户群的赢利水平、需求潜力及趋势等情况进行分析、预测，最后根据自身情况、竞争状况，选择和确定的一个或几个细分客户群作为自己的服务对象。一般来说，电商企业选择目标客户应遵循以下指导思想。

一、选择与电商企业定位一致的客户

电商企业选择目标客户要从实际出发，要根据电商企业自身的定位，如经营项目、经营目标来选择服务对象，选择与电商企业定位一致的目标客户。

例如，拼多多致力于将娱乐社交的元素融入电商运营，主打低价促销方式，从客户日常高频消费场景入手，采用“分享＋拼单”的方式开展病毒式营销，利用很低的成本获得商品很大的曝光率。拼多多通过“社交＋电商”的模式——用户通过发起和朋友、家人、邻居等拼单，通过机器算法进行精准推荐与匹配，让更多的用户带着乐趣分享实惠，享受全新的共享式购物体验。为此，拼多多选择的目标客户是三四线下沉城市人群，是长尾效应后 80% 的人群，其特点是对商品要求不高但对价格很敏感，愿意为了优惠而参与分享活动，倾向性价比折扣类购物，这与其品牌定位一致。

叮咚买菜的目标客户

叮咚买菜的目标客户以 25 ～ 45 岁的城市白领和三口之家为主，而不是以大爷大妈为主力客群。这个客群有以下几个特点：时间稀缺，更加看重便利性，更加看重产品品质的稳定性，一旦形成购买习惯很容易复购；这些人中的大多数比起他们的父辈，缺少生活经验，不会挑菜，也缺少与小商贩讨价还价的能力。

客户既可以下载叮咚买菜 App 进行下单，也可以通过微信绑定账号后在微信小程序平台下单，十分方便。在叮咚买菜 App 上，有蔬菜类产品 200 余种、豆制品四十余种、水果 100 余种、肉禽蛋 180 ～ 220 种、海鲜水产不到 100 种，其余均为调味品、零食干货、生活用品等非高频产品。在价格方面，叮咚买菜与周边菜场、超市持平，相对亲民，适合经常做饭的家庭使用。在不考虑补贴、满减等优惠活动的情况下，叮咚买菜的产品价格整体低于盒马鲜生，高于大润发和永辉生活。此外，0 元送菜，0 配送费，消除了客户对配送成本的顾虑。

二、选择“好客户”

既然我们已经知道客户有“优劣”之分，那么电商企业就应当选择“好客户”来经营，这样才能给电商企业带来赢利。

例如，完美日记的品牌理念倡导年轻一代不被外界标签束缚，积极地探索人生更多的可能性，遇见更优秀的自己，它主要通过微信群、小红书、微博等社区和种草类 App 进行社群营销。完美日记将目标客户定位为 18 ～ 28 岁的年轻女性，她们是刚刚走进大学或职场的美妆领域新人，其中大部分属于 Z 世代。Z 世代的特点是：追求时尚，爱好多元，对新事物的接受度很高；受教育程度高，受互联网、智能手机、平板电脑等科技产品的影响很大，可以说是与互联网一起成长的一代，是互联网的“原住民”；喜爱“种草”，乐于分享，她们使用完美日记的产品后，会在社交软件上分享使用感受，这就对完美日记进行了免费宣传，为完美日记带来了更多同类型用户。因此，Z 世代是完美日记的“好客户”。

又如，小红书是年轻人的生活方式平台以及自营保税仓直邮电商平台，定位为海外购物笔记分享社区。小红书也是分享文字、图片、视频笔记的平台，提供美妆、美食、旅行等各种类型的话题讨论内容，满足客户获得关注的社交需求。小红书选择的客户群体是“种草小姐姐”，她们的年龄集中在 20 ～ 35 岁，该年龄段人群处于学业、事业稳定期，包括大城市的白领、公务员，有良好的收入基础，追求生活品质，也更加乐意分享。所以说，“种草小姐姐”是小红书的“好客户”。

三、选择有潜力的客户

电商企业选择客户不应局限于客户当前对电商企业赢利的贡献，而要考虑客户的成长性及未来对电商企业的贡献。对于当前利润贡献低但是有潜力的小客户，电商企业要积极提供支持和援助。虽然满足这些小客户的需求可能会降低电商企业的当前利润，甚至可能会带来损失，但是电商企业应该而且必须接受眼前的暂时亏损，因为小客户是能够长成“大象”的“蚂蚁”！

支持客户在很大程度上是支持自己。客户只有发展了，才可能对电商企业的产品或服务产生越来越多的需求。所以，电商企业一旦发现了有潜力的客户，就应该给予重点支持和培养，甚至可以考虑与管理咨询公司合作，从而提升有潜力的小客户的“品质”。这样，潜力客户在电商企业的关照下成长壮大后，其对电商企业的产品或者服务的需求也将随之增多，而且会知恩图报，对培养其的电商企业有感情，有更高的忠诚度。在优质客户被各大电商企业瓜分殆尽的今天，这显然是培养优质客户的好途径。

四、选择“旗鼓相当”的客户

对于“低级别”的电商企业来说，“高级别”的客户尽管很好，但是可能不属于你，原因是双方的实力过于悬殊，你对其服务的能力不够。你看上他们，而他们未必看得上你——果真如此的话，这样的客户就不容易开发；即使最终开发成功，勉强建立了关系，电商企业也会出力不讨好，因为以后的服务成本也一定较高，维持关系的难度也较大。所以，这样的“好客户”看看可以，但“碰”不得。

现实中，有些电商企业一心想“攀高枝”，服务大客户，动辄宣称自己可以满足大客户的任何要求。但由于双方实力的不对等，而可能遭遇“客大欺店”——大客户不一定会“礼贤下士”“平易近人”。如此，电商企业只能降低标准或委曲求全，接受大客户提出的苛刻条件，或者放弃管理的主动权，从而对大客户的潜在风险无法进行有效的控制。结果是一旦这些大客户出事，电商企业只能干着急，什么都做不了。

当然，也有些“高级别”电商企业可能瞄上“低级别”客户，但往往出力不讨好——由于双方关注点“错位”，如一方财大气粗，另一方精打细算，双方不同步、不协调、不融洽，结果可能是不欢而散。

事实上，每个客户都有自己的价值判断，从而决定自己与哪家电商企业建立紧密的联系。然而，许多电商企业没有意识到这一点，总是把自己的意愿强加于客户，最终陷入尴尬的境地，当然不会有好的结果。

总之，客户并非越大越好，也不是越小越好，“旗鼓相当”显然十分重要——双方在各自的领域都有吸引对方的优势和魅力，实力相当，具有平等合作、互不轻视的基础。

那么，电商企业怎样寻找“旗鼓相当”的客户呢？

电商企业要想找到“旗鼓相当”的客户，就要结合客户的综合价值与电商企业对其服务的综合能力进行分析，然后找到两者的交叉点。具体步骤如下。

第一步，电商企业要判断目标客户是否有足够的吸引力，是否有较高的综合价值，是否能为电商企业带来收益。可以从以下几个方面进行分析。

（1）客户向电商企业购买产品或者服务的总金额。

（2）客户扩大需求而产生的增量购买和交叉购买等。

（3）客户的无形价值，包括规模效应价值、口碑价值和信息价值等。

（4）客户为电商企业带来的风险，如信用风险、资金风险、违约风险等。

（5）电商企业为客户提供产品或者服务需要耗费的总成本。

第二步，电商企业必须明确自己是否有足够的综合能力满足目标客户的需求。对电商企业综合能力的分析不应由电商企业从自己的角度进行分析，而应该从客户的角度进行分析，可借用客户让渡价值（指客户获得的总价值与客户为之付出的总成本之间的差额）来衡量电商企业的综合能力。也就是说，以电商企业能够为目标客户提供的产品价值、服务价值、人员价值及形象价值之和减去目标客户需要消耗的货币成本、时间成本、精力成本、体力成本的差额来衡量电商企业的综合能力。如果是正值，说明电商企业有较强的综合能力去满足目标客户的需求；如果是负值，说明电商企业满足目标客户需求的综合能力较弱。

第三步，寻找客户的综合价值与电商企业的综合能力两者的结合点。最好寻找那些客户综合价值高而电商企业对其服务的综合能力也高的客户作为目标客户。也就是说，要将价值足够大、值得电商企业去开发和维护，同时电商企业也有能力去开发和维护的客户，作为电商企业的目标客户。

价值 - 能力分析矩阵图如图 3-1 所示，在图中，A 区域客户是电商企业应该重点选择的目标客户。因为这类客户的综合价值较高，是优质的客户，此外电商企业对其服务的综合能力也较高，也就是说，电商企业的实力足以去赢得和维系这类客户。因此，这类客户值得电商企业花费大量的资源去争取和维护。

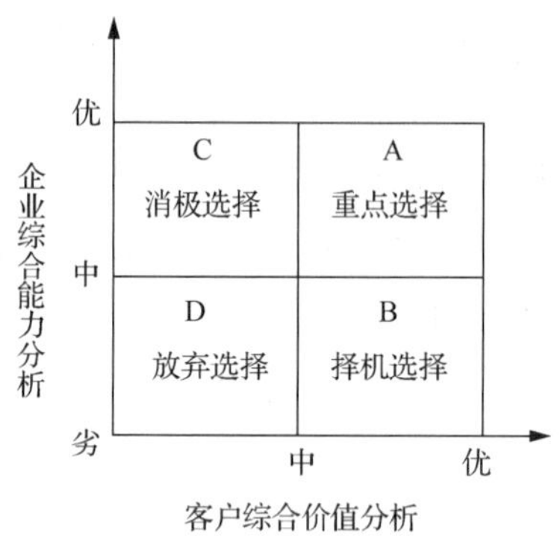

图 3-1　价值 - 能力分析矩阵图

B 区域客户是电商企业应该择机选择的目标客户。因为这类客户的综合价值高，具有非常高的开发与维护价值，但遗憾的是，电商企业对这类客户的综合服务能力实在有限，很难为客户提供满意的产品或服务。电商企业在开发这类客户时，将会面临很大的困难；即使开发成功了，如果电商企业对其服务的综合能力没有提高，最终也很难长期留住这类客户。因此，这类客户属于电商企业在适当的时机（当服务能力提高时）可以选择的客户。

C 区域客户是电商企业应该消极选择的客户。因为尽管电商企业对其服务的综合能力较强，但是这类客户的价值实在有限，电商企业很可能在这类客户身上得不到多少利润，甚至还有可能消耗电商企业的一部分利润。因此，这类客户属于电商企业应当消极选择的客户。

D 区域的客户是电商企业应该放弃选择的客户。因为，一方面这类客户的综合价值较低，很难给电商企业带来利润，电商企业若将过多的资源投入这类客户，是得不偿失的，甚至有时候这类客户还会吞噬电商企业的利润。另一方面，电商企业也很难为这类客户提供长期的具有较高让渡价值的产品或服务。因此，这类客户属于电商企业应该放弃选择的客户。

五、选择与现有“忠诚客户”具有相似特征的客户

世界上没有哪个电商企业能够满足所有客户的需求，有时候电商企业费尽心思，企图在市场上扮演某个角色，却偏偏吃力不讨好，没有得到市场的认同。

但是，幸运的是，总会有些客户认为电商企业提供的产品或服务比竞争对手的更好、更加“物有所值”而忠诚，他们也许就是电商企业的知音、伯乐、识货人。因此，选择与现有“忠诚客户”具有相似特征的客户是明智的。

本章习题

1. 电商企业为什么要选择客户?
2. 为什么大客户不等于“好客户”?
3. 为什么小客户可能是“好客户”?
4. 选择目标客户的指导思想是什么?

本章实训

介绍、分析 ×× 电商选择了什么样的目标客户?为什么选择这类客户为目标客户?

第四章
电商对客户的开发

对新创办的电商企业来说，首要的任务就是吸引和开发客户。

对有一定经营基础的电商企业来说，其也需要源源不断地吸引和开发新客户。因为根据一般经验，企业每年的客户流失率为 10% ～ 30%，所以，电商企业在努力培养客户忠诚度的同时，还要不断寻求机会开发新客户，尤其是对优质客户的开发。这样，一方面可以弥补客户流失的缺口，另一方面可以壮大电商企业的客户队伍，提高电商企业的综合竞争力，增强电商企业的赢利能力，实现电商企业的可持续发展。

电商对客户的开发，就是电商企业通过有吸引力的产品策略、价格策略、分销策略和促销策略，吸引目标客户和潜在客户产生购买行动的过程。

延伸阅读：别人为什么愿意跟你相处？

第一，可能因为你有德，对人真诚，为人厚道，心地善良，有规矩，有礼貌，有爱心，别人与你相处会感到温暖、放心。

第二，可能因为你有用，你能带给别人实用的价值。

第三，可能因为你有料，跟你相处能打开眼界，放大格局。

第四，可能因为你有量，你能倾听别人的想法并发表有价值的见解，为人慷慨、包容。

第五，可能因为你有趣，能带给别人愉快的心情，别人和你在一起会快乐。

第一节　有吸引力的产品策略

电商企业的产品就是电商企业满足客户需求的“解决方案”，是客户可以从电商企业中获得的利益。例如，阿里巴巴集团围绕客户需求，不断满足进而挖掘和引导客户需求，以极强的创新、服务和扩张能力，打造了强大的互联网商业生态圈，提供电子商务综合解决方案。

电商企业的产品策略就是为客户提供有吸引力的服务项目、有吸引力的服务特色、有吸引力的服务展示，从而实现对客户的开发。

一、有吸引力的服务项目

（一）服务项目的内涵

服务项目是指电商企业提供给客户的服务内容与服务功能，通俗地说，服务项目就是表明该电商企业主要是干什么的，能够为客户做什么。

例如，喜马拉雅 FM 作为专业的移动音频综合平台，汇集了有声小说、有声读物、有声书、儿童睡前故事、相声小品等数亿条音频。喜马拉雅不但能够满足客户学习成长的需求，而且能够满足其休闲娱乐需求。喜马拉雅 FM 已拥有 3000 位知识网红和超过 30 万条的付费内容，涵盖了商业、人文、外语、音乐等 16 个类目。目前喜马拉雅 FM 付费知识产品包括系列课程、书籍解读等，平台大多采取邀约制邀请优质内容生产者入驻，并全面参与其付费知识产品的生产。此外，喜马拉雅还将直播、社群、问答等与课程体系相结合，完善了知识服务的体系化运营。

案例

携程网的服务项目

携程网是大型旅游电子商务网站、商务及度假旅行服务公司，提供酒店、机票、度假产品的预订服务，以及国内、国际旅游实用信息的查询服务。

随着国内旅游者出游频率的逐年增加，旅游者的旅游经验日趋丰富，旅游者的旅游需求也在不断提高，传统旅行社组团在个性化、自由度方面已无法满足现代游客的出游需求。在此背景下，以“机票＋酒店”套餐为主的自助游产品应运而生，即旅游网站等给游客提供机票和酒店等旅游产品，由旅游者自行安排自己的行程。自由行的出游模式已逐渐成为人们出行的一个热门选择。面对旅游市场这一新的变化，国内许多旅游电商企业开始了新一轮排兵布阵，携程网也推出全新 360° 度假超市，超市“产品”涵盖境内外各大旅游风景点，旅游者可以根据自己的出游喜好自由选择搭配酒店、航班等组合套餐。

携程网依托与酒店、航空公司以及新加坡、马来西亚等当地旅游局的合作伙伴关系，通过强大的技术力量搭建了度假产品查询、预订界面的度假超市。整个“超市”包括香港、广西、云南，以及普吉岛、巴厘岛等几十个自由行的精品店，每个“精品店”内拥有不同产品组合线路至少 5 条以上。另外，度假超市还为旅游者提供了景点门票等增值服务以及众多的可选服务，旅游者可以根据时间、兴趣和经济情况自由选择希望游览的景点、入住的酒店以及出行的日期。目前携程网已把酒店、机票预订拓展到境外，可预订的境外酒店超过 600 家。携程网以高科技的运作手段、精细化的管理模式和先进的服务理念为旅游电商企业的超常规发展拓展了新路子。

服务项目还体现为可供客户挑选的服务内容与服务功能。

例如，从服务功能上看，相比于春雨医生、好大夫在线、微医、阿里健康、平安好医生等平台，京东健康的业务更加全面，包括挂号预约、线上问诊、药品零售、医药供应链、O2O 送药、家庭医生、消费医疗、互联网医院等。京东健康从医药电商起家，如今已经形成了相对完善的“互联网 + 医疗健康”生态体系。

当然，企业能够提供的服务项目越多，客户的选择余地就越多；但是服务项目越多，企业的服务成本与管理成本也会越多。

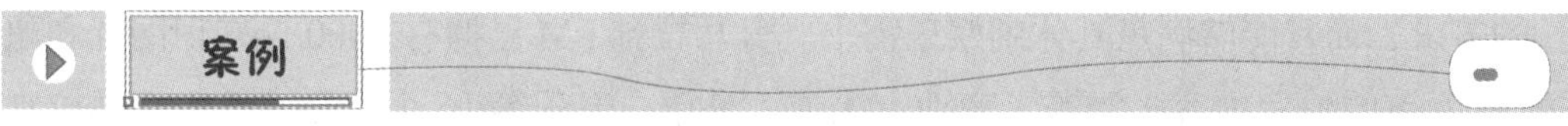

支付宝的服务项目

支付宝是国内领先的独立第三方支付平台，由阿里巴巴集团创办。支付宝提出“生活因支付宝而简单”的口号，其提供的服务可分为支付宝提供的服务和支付宝合作伙伴提供的服务。

支付宝提供的服务有：信用卡还款、手机充值、爱心捐赠、转账到银行卡、转账付款、水电燃气缴费、收交房租、教育缴费、固话宽带、校园一卡通、AA 收款、买彩票、物业缴费、有线电视缴费等。

支付宝合作伙伴提供的服务有：我要寄快递、医院挂号、游戏点卡、订酒店、淘宝网、买汽车票、网上营业厅、加油卡充值、买机票、买电影票、淘宝贷款、淘宝贷款还款。

从支付宝提供的服务可以看出，它确实涉及客户生活的方方面面，给客户带来了一站式的服务。客户只要通过“单击”“输入”“确认”这三个操作便能在计算机上完成自己想要完成的交易项目，支付宝实现了“简单、安全、快速”的支付。

（二）服务项目的分类

服务项目可具体分为核心服务、便利服务、配套服务。

1. 核心服务

核心服务是客户能够从电商企业中获得的最重要的服务利益，它体现了电商企业最基本的功能。

例如，新东方的核心服务项目，一是应试类的项目，包括英语四六级、雅思、托福、BEC 证书等；二是培训类的项目，包括职业英语、日语、法语、管理培训等。可见，新东方的服务项目是相当全面的，满足了客户外语培训等基本服务需求。

豆瓣网的核心服务

豆瓣网是以技术和产品为核心，以生活和文化为内容的网站，其提供的核心服务就是图书、电影和音乐，它们以兴趣为导向聚集人群，并且提供具有交互作用的互助社区。豆瓣网的核心服务项目如图 4-1 所示。

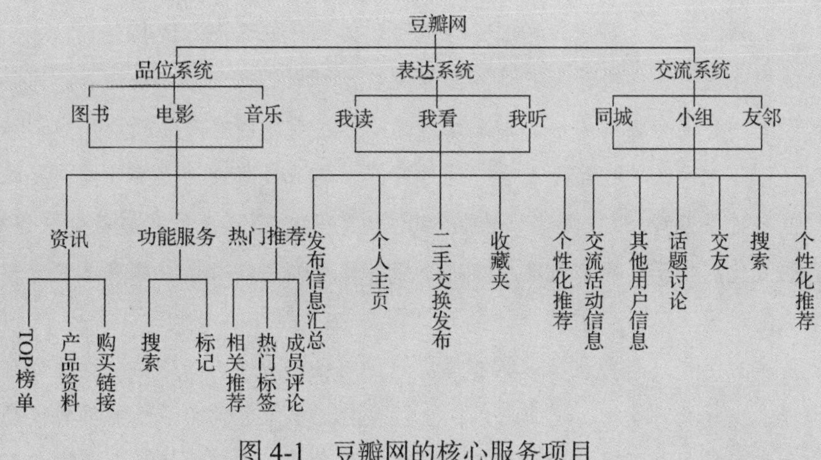

图 4-1　豆瓣网的核心服务项目

2. 便利服务

便利服务是客户在消费核心服务时能够得到便利的服务，是电商企业为传递核心服务而提供的相关辅助服务。

便利服务不但使核心服务易于消费，而且增加了核心服务的价值和吸引力。便利服务能有效地降低客户的购买成本，为客户创造良好的服务体验。没有一个客户不对便利产生好感。为此，电商企业应该尽最大努力去优化服务流程，增加更多的便利服务，如增加服务网点、提高服务效率、节约客户的时间和精力等。此外，电商平台应当精简界面，且使其具有易操作性；尽可能地简化选购、交易流程，如提供多种登录方式和结算方式。

延伸阅读：零售机构提供的便利服务

当零售机构出现服务供不应求时，就可能会怠慢客户，导致客户的反感，造成客户的流失。国外的研究成果表明，83% 的女性和 91% 的男性会因为需要排长队结账而停止购物。因此，零售商要为客户减少时间成本、体力成本、精力成本、心理成本，提供各种便利，从而创造美好的购物体验。零售电商企业至少可以为客户提供以下四个方面的便利。

第一是进入便利，即要让客户很方便地与电商企业往来。首先，零售电商企业的选址起着关键的作用，如果能够位于人口密集、交通便利的地段，就能够为客户提供进入便利，零售电商企业的营业收入和利润自然也比较高；其次，营业时间也影响客户的进入便利，所以零售电商企业可以尽可能延长营业时间（如24小时营业），也可以采取灵活的营业时间（如服务于高峰时间段的7-11便利店）；最后，通过提高服务效率，如电话订货、网上服务、特快专递服务等也可以为客户创造进入便利。

第二是搜寻便利，即要让客户很容易找到自己所需要的产品。浪费客户的时间和精力是零售经营中普遍存在的通病，造成这种通病的主要原因有产品陈列不当、结算不便等。所以，零售电商企业在产品布局、场地布置、通道线路设计上要合理，要根据客户的时间价值来进行设计，以方便客户选购和识别。“一站式”服务的实质就是服务的集成、整合，其最大优点在于，客户能集中在一个服务站点办完其所需服务事项，节省客户搜寻服务站点的时间。

第三是占有便利，即要让客户能够很快地得到自己所选购的产品。这就要求电商企业存货合理，交货及时快捷，送货上门、上门安装。零售电商企业还要努力提高服务人员的技能和积极性，必要时可增加服务人员或兼职雇员，或者通过外部合作与互助协议来应对不时之需。

第四是交易便利，即要让客户很快、很容易地完成交易。服务设施是影响服务质量的重要因素，假如收款机经常出故障，客户的满意度就会下降。因此，零售电商企业应该不断改善自己的服务设施，提高设施的完好率。此外，如今的便利店已经不是只提供食品零售服务了，其服务内容扩大至包括速食、鲜食、代收服务、电子商务、传真复印、彩扩冲印、销售书刊、代缴水电燃气费和有线电视费等。

3. 配套服务

配套服务是指电商企业通过整合服务能力，提供整体解决方案，甚至是“一条龙”式的服务，从而使客户能够在同一个电商企业得到尽可能多的服务。配套服务的作用在于强化服务组合的功能，主要用于竞争。

例如，电商平台应选择综合实力强的物流公司进行合作，提高发货送货的速度。同时，为了方便客户在第一时间了解商品的物流动态，还需及时更新客户购买商品的物流信息。

配套服务可以具体体现在售前、售中、售后等环节，无论哪个环节都要保证客户的优质体验。例如，在售前，电商企业在销售产品或服务之前可以为客户提供信息服务、咨询服务等，提供专业性的知识解答；在售中，电商企业可以为客户提供订单的跟踪、物流信息的及时反馈服务；在售后，电商企业要建立完善的售后服务系统及快速的售后响应机制，如退换货运费保险、无理由退货、以换代修等。

“超级物种”将餐饮与零售有机结合

“超级物种”以生鲜售卖和烹饪为主，产品种类丰富，80%的生鲜产品为进口。其产品款式均为通过内部竞争选取的爆款产品，并从采购源头进行管控，以保证采购的质量和效率。当然，“超级物种”不是一个单纯的超市，而是超市与餐厅的结合，提供“店内采购—店内加工—店内食用”的一站式服务。

“超级物种”的整个经营场所系餐饮与零售相结合的场所，其占地面积多为400～600平方米，客户既可选购产品，又可直接将选购的产品在现场进行制作并享用。店内分为零售区和餐饮区。店面前端是零售区，主要销售进口的鲜花、果蔬及部分日用品，店面后端是餐饮区，囊括波龙工坊（主营海鲜水产）、盒牛工坊（主营禽畜肉制品）、鲑鱼工坊（主营寿司产品）与麦子工坊（主营面包熟食）等，布局简约，装修时尚，让人很难辨别这是餐厅还是超市，从而改善了客户的消费体验。其中鲑鱼工坊、盒牛工坊、波龙工坊等食材工坊，将多种烹饪方式列出，并提供现场烹饪服务，让客户可以立刻吃到。

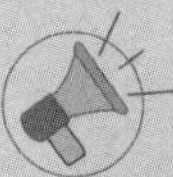

延伸阅读：智能技术引领外卖消费新时代

对于所有本地生活服务平台来说，配送调度一直都是行业的一大痛点。行业发展初期，配送主要采用骑手抢单和人工派单两种模式。骑手抢单模式存在较严重的挑单、拆单、乱抢单等问题，既不能保障商户、客户体验，又不能保障资源合理分配，造成运力浪费和效率低下；人工派单对调度员的个人能力要求高，既不利于业务快速扩展，又无法应付高单量，同时人力成本也很高，还极易出现混乱。

在这样的痛点下，就会造成这样的问题：客户下单之后，商家接单开始制作，然而久久等不到外卖员接单，或者接单之后前面还排着好几个要送的餐，这样一来，客户等待的时间变长，外卖的体验自然就很差。而对于商家来说，做好的食品不能得到及时的配送，口感与品质自然也会大打折扣。

外卖配送调度规模巨大、复杂程度高，而且每一单的生命周期十分有限，加上各种因素导致的订单配送调度的差异化要求高。这些都使得传统物流领域积累的相关技术无法直接应用到实时配送调度场景，会造成巨大的浪费和产生不必要的管理成本。

如今，在大量历史数据的基础上，我们可以建立大数据分析和优化平台。针对配送调度精准建模所需要的多类参数，系统将根据骑手未配送订单信息、不同目的地信息、骑手实时位置和运动方向等海量大数据进行智能调度和派单。此外，“聪明”的系统还将自适应和自学习，合理压单、批量处理未派送的订单。还将把订单结构、配送员习惯、区域路况、天气、交通工具、取餐难度、出餐时间、交付难度、配送范围等多类外卖可能遇到的复杂因素考虑进来并进行精准画像，且同时存在多个优化目标，并将配送“最后一公里”中影响配送效率的路面障碍物加入地图的路网数据，有效规划导航路径。

看似简单的一份外卖，背后却是十分复杂的算法。终极目标就是帮助商家和客户节省时间，提高效率，提升外卖服务各方的体验。据悉，目前美团外卖平均配送时长已经缩短到了28分钟，已经将网络协同和数据智能双轮驱动的“黑科技”结合到了外卖领域。

案例

马蜂窝的产品

马蜂窝旅游网是一家基于个性化旅游攻略信息构建的自由行交易平台，该网站提供了旅游攻略、游客游记评论、网上旅游路线预订等多种业务。马蜂窝的产品主要有：旅游攻略，提供包括酒店、机票、住宿等旅游信息的查询服务，以及可供移动端客户使用的手机App。

首先，旅游攻略是马蜂窝的核心产品。打开马蜂窝网站的主页，可以看到一篇篇个性化的游记以及按照主题、地点等整理好的精美的旅游攻略。游记是旅游爱好者分享和交换旅游信息及心得的最方便的途径。每天、每时，甚至每一分钟都会出现大量最新更新的游记，每篇游记下面也都会有其他旅游爱好者的跟帖和评价，可以说游记是最具时效性、分享性的旅游信息分享渠道。相较于游记，旅游攻略则是马蜂窝网站精心编排和整理的综合性与指导性更强的专业旅游指导手册。马蜂窝旅游攻略除了包含旅行中基本的吃、住、行等信息，还包括了如何办理签证、如何退税以及当地民俗风情等信息。攻略中的所有信息都来自真实的客户、旅游达人的真实体验与原创总结分享。每天都有许多客户在马蜂窝分享旅行见闻，因此网站及攻略的信息也是实时更新的。马蜂窝的旅游攻略除了按目的地分类，还按不同的旅行主题进行了分类，如台湾美食攻略、亲子游攻略、北京郊区春游赏花攻略、音乐节攻略、啤酒节攻略等，为客户提供了方便的筛选方法与多种选择方式。在旅行之前，阅读旅游攻略可以帮助客户全方位、系统性地了解目的地，再辅之个性化强的游记，可以帮助客户在出游前建立起对目的地相对全面的认识。

其次，马蜂窝提供酒店、机票、签证办理等综合旅游信息查询服务。马蜂窝为了方便客户出行，也配套提供一系列旅游基本信息的查询业务。其中，旅游攻略、目的地、社区、酒店、机票和旅游服务放在首页，门票和线路隐藏在目的地中，保险、签证等则在旅游服务下拉栏中。马蜂窝与国内的同程、携程、艺龙、途牛等网站都已开展了合作，马蜂窝并不从事直接的在线交易，只是提供相应服务的链接和比价，如果旅行者需要订购，则会自动跳到与马蜂窝开展合作的其他旅游网站页面。

最后，马蜂窝提供“旅行翻译官”“旅游攻略”“旅行家游记”“旅游点评”等手机应用服务。“旅行翻译官”能够帮助出境游者解决语言障碍问题，该应用内含30多种真人发音语言，覆盖所有常用的外语语种，并且包含旅行中的所有应用场景，帮助旅行者轻松走遍世界每一个角落，“旅行翻译官”长期位居App Store旅行类排行榜的第一名。“旅游攻略”由马蜂窝网站原创打造，定期更新，客户将其免费下载到手机上后便不受网络的限制，旅游攻略覆盖国内外所有常见目的地，内有详细的吃、住、行、景点、线路及实用信息，还有网友提供的照片和感受，每天指导着20万人的旅行；“旅行家游记”是从马蜂窝网站数十万精彩的游记中精选出来的，由热爱旅行的“旅行家”们倾情分享，包括精美的旅行照片、在路上的旅行感受、翔实的旅行实用信息；“旅游点评”的点评范围包括目的地308个、景点79000个、住宿地98000个、餐厅48000个，有点评数300000个。

二、有吸引力的服务特色

服务特色指与同行比较电商企业可以向客户提供的独特服务。

例如，传统电商主要为以天猫为代表的“平台模式”和以京东为代表的“自营模式”，如今“新电商”形成了三大特色业态——以拼多多为代表的“拼购”模式；以云集、贝店、斑马会员、花生日记等为代表的“会员制”模式；以抖音、快手电商和淘宝直播为代表的直播电商模式。

如今，市场上同类同质的产品或服务越来越多，因此，电商企业要想在激烈的市场竞争中脱颖而出，必须有足够的特色。形成特色也是电商企业进行市场定位的有力工具，是与同行竞争的重要“武器”，是赢得回头客的重要手段。

例如，小红书App是行吟信息科技公司于2013年6月推出的一个社区化的跨境电商平台，它由两个模块组成：购物经验分享模块和电商模块。它不仅是一个电商平台，更重要的是它还为客户提供了一个交流的社区空间，让客户可以自由地交流和分享跨境购物及旅游的体验，使客户的信息需求得到了满足。

2020年新冠肺炎疫情期间，人们尽可能减少出门以及不必要的接触，无接触配送模式应运而生。京东、苏宁、阿里、美团买菜、每日优鲜等电商平台均开始提供无接触配送服务，以减少配送员与客户之间的接触。配送员在与客户电话联系后，会将货品放在双方约定的位置；如果客户有“送货上门”的需求，可以提前与配送员联络。

又如，“京东自营”是京东的一大特点，在自营模式下平台直接参与货源组织、物流仓储及买卖流程，有效地降低了供应链的成本，对商品售价具有控制权，在某些品类上更具价格优势。此外，京东根据对客户以往浏览历史的跟踪、汇总和分析，能大致判断出客户的消费偏好或需求，主动推荐物美价廉的产品。客户在搜索产品时，京东还额外提供了类似产品的推荐，帮助客户对不同产品进行对比分析，从而挑选出最为满意的产品。

一号店从创立之初，其定位就一直是“网上生活超市”，非常明确，由此吸引了大量工作或家务繁忙的年轻白领和家庭妇女。一号店不断开拓合作商家，同时开通“品牌直通车”，与全球消费品巨头国际品牌达成直通，为客户提供更安全可信、更具价格优势的产品或服务。为杜绝物流速度慢和运输过程中的损件问题，一号店自建了物流配送体系，目前除了西部部分地区无法送货上门外，中东部大部分地区都能够及时送货上门。同时，其对网站内部的服务人员和技术人员要求很高，不断完善优化页面设计，提高服务人员的业务水平。

案例

三家电商的特色

叮咚买菜是一个自营生鲜平台及提供配送服务的生活服务类App，以“品质确定、时间确定、品类确定”为核心原则，利用前置仓为用户提供新鲜、便捷的生鲜即时配送到家服务。叮咚买菜提供“线上运营+前置仓配货+即时配送+客户”的买菜送到家服务，围绕一日三餐的生活场景，以高频刚性的生鲜产品为主要品类，对标菜市场，致力于为一二线城市中没有时间或者懒得去菜市场的年轻客户提供高品质的到家产品和一站式服务。

唯品会是一家做特卖的网站，网站所卖的产品大多数都是按原价的70%左右售卖。另外，唯品会通过与品牌合作方或者一级经销商直接合作，保证了产品的质量。同时，唯品会里大多数是自营产品，这样既可以保证产品是正品，又可以让追求高品质生活的女性白领群体放心购物，同时还可以增加网站的复购率。唯品会还开创了“名牌折扣+限时抢购+正品保障”的创新电商模式，并持续深化为“精选品牌+深度折扣+限时抢购”的正品特卖模式。

近几年，Z世代年轻人逐渐成为互联网新消费的主力军，他们并不是一味追随大品牌，而是对新品牌、新产品、新体验更感兴趣，而且对价格也十分敏感，高性价比的产品更能满足他们的消费需求。完美日记通过绑定欧莱雅、香奈儿等国际一线美妆品牌同款代工厂，一方面塑造品牌形象，赋能产品大牌品质；另一方面压缩毛利率，通过节日营销提供大折扣优惠，打造Z世代年轻人心目中的“大牌平价替代”产品。完美日记正是靠着绝大多数产品的价格集中在100元以内的价格优势，吸引了一大批追求时尚但又不愿意花费太多的年轻女性客户。

电商企业如果能够不断地提供竞争对手难以模仿的特色服务，就能形成不可替代的优势，成功地与竞争对手的服务相区分，从而有效地抵制竞争对手对自己客户的诱惑。

案例

飞猪旅行与穷游网的服务特色

“飞猪旅行”是阿里巴巴旗下的旅行品牌，是一家主要提供机票、酒店、门票、签证等旅游服务的网络交易平台。飞猪旅行定位于年轻人的度假旅行。此外，飞猪旅行这一平台采取各旅行社直接开店模式，使旅行社能够直接与消费群体接触，深入了解客户的需求和偏好，处理客户的问题和投诉。

穷游网是中国成立最早的以用户原创内容（User Generated Content，UGC）起家的网站之一，UGC和攻略板块用户的活跃程度高于一般的在线旅游网站。穷游网的产品主要有穷游锦囊、行程助手、旅游周边产品、穷游App。穷游锦囊是穷游网的用户们基于自己在旅行中的经历撰写的出境旅行指南，具有极大的参考性。行程助手是一款智能推荐引擎，它能够帮助旅行者查找旅游心得，通过借鉴别人的经验，迅速制订自己的旅行计划，并且可以迅速导入移动设备中以方便随时查看。穷游网创建了“穷游生活实验室”，使产品带上穷游印记，成为穷游周边产品。例如，原创旅行服饰因为带有独特的旅行文化设计元素和故事而广受欢迎；旅行必备功能产品，包括背包、旅行插座、防水系列产品，让出境游更加轻松。此外，穷游网还和许多旅游相关产品联名推出跨界产品，如耳机、运动服饰等。穷游App是将穷游网上的内容以最精简的方式呈现在移动平台上的一个旅行类应用软件。穷游App里包含一些由穷游用户撰写的出境旅游指南、境外目的地等信息，并提供签证、保险、机票、酒店预订、租车等服务。

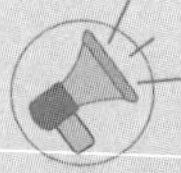

延伸阅读："这是一种信仰"

雷军说："进了 Costco，不用挑、不用看价钱，可以闭上眼睛买，这是一种信仰！"

在Costco，每一个品类只精选2～3个品牌，这使客户一眼就能找到自己需要的东西，这简直就是"选择困难症"患者的福音。同时，种类少代表每款商品都经过了严格筛选，性价比高。这意味着，在 Costco 每一款商品都是爆款。

低价高质，是成就 Costco 的法宝。一旦某品牌无法在 Costco 以最低的价格出售，Costco 就会立即着手找供应商生产同类的 Kirkland（Costco 自有品牌）产品，把前者挤出去。在将进销差价降到最低的同时，Costco 严把质量关，一旦供应商出现质量问题，至少三年都不会与其合作。由于 Costco 一直秉承低价高品质销售策略，其商品毛利率始终保持在 10% 左右，远低于其他零售企业。作为比较，普通超市的毛利率会在 15% ～ 25%。而在 Costco，一旦商品的毛利率高过 14%，相关人员就必须汇报给 CEO，再经董事会批准。如果商品在别的地方定的价格比在 Costco 的价格还低，该商品就会被下架。

此外，凡是在 Costco 购买任意商品（包括会员卡）的客户，均可享受 Costco 退货保证，而且不限定时间（电器类除外，退货时间限 3 个月）。通常，美国的零售企业是允许客户无理由退货的，有些企业提供七天之内无理由退货服务，有些企业提供一个月之内无理由退货服务，还有些企业提供三个月之内无理由退货服务。Costco 不但允许客户无理由退货，而且不限定退货的期限。换句话说，如果客户在半年甚至九个月之后去退货，Costco 也会同意。

案例

"货拉拉"的服务

"货拉拉"提供拉货和搬家服务。用户一键下单拉货或搬家服务，系统即可根据物体重量、体积及里程，选择车型（中小型面包车、小型厢货、小型平板、中型货车等）、预估价格，享受拆装保护、全程搬运、便捷运输、专属客服等一系列专业服务，完成运输，实现拉货搬家轻松无烦忧。

货拉拉的司机都必须是经过严格培训和考核的认证司机，能保证让用户满意。同时，平台整合社会运力资源，依托移动互联、大数据和人工智能技术，实现多种车型的即时智能调度，为服务的便捷做保障。在安全承诺方面，货拉拉建立起一整套完善的安全培训及预警机制，能为司机行车安全、货运运输安全、物品安全提供有效保障。

货拉拉的用户可通过微信公众号及货拉拉 App 下单。首先，用户进入货拉拉的主界面后，可先选择“搬家”或“货运”及“企业用车”。以“货运”为例，货拉拉提供多种车型，不同的车型起步价是不同的，用户可根据需要搬运的东西的大小来决定自己想使用的车型。接着，用户输入发货地址和收货地址，系统将自动测算出价格。如果用户需要马上用车可以单击“现在用车”，如果用户不需要马上用车则可以单击“预约”，选择预约发车时间，完成后跳转页面进行付款。用户可以根据个人情况选择是否需要“搬运服务”，明码标价，省时省力又省心。“搬运服务”包括人工搬货、卸载、拆装以及上下楼、出入库等服务，形成完整的拉货 & 搬家服务链。用户下单后一般两三分钟就会有司机接单，货拉拉司机在抢单成功后一分钟之内就会联系客户，跟客户确定地点以及货物类型、体积和数量并咨询是否需要跟车，同时告知用户多久到达约定起点。大概 10 分钟左右到达起点后会致电用户，告知用户车子的特征以方便用户寻找，同时货拉拉司机还会主动协助用户进行货物的搬运。在到达终点后司机会主动协助用户搬运货物，完成订单后司机还会主动与用户道别，感谢用户使用货拉拉，给予用户相对愉悦的服务体验。

货拉拉还落地与保险公司进行深度合作，全新推出特别针对“互联网 +”货运的定制化保险产品，如出现货损可迅速理赔，目前用户单票最高可获赔 4 万元。该保险业务切实保障了用户的货物安全，真正做到了“安全拉货，放心运输”。

三、有吸引力的服务展示

服务展示是指电商企业借助实物、数字、文字、音像、实景及其他可视方式，展示服务内容、服务特色等。客户在购买前，能看到网页界面等有形因素，因此服务展示可以影响客户对电商企业的第一印象。所以，电商企业在服务展示时应做到以下几点。

首先，电商企业网站的设计应当以客户的需求为导向，网站的设计应当美观、大方，网站的布局应该清晰明了，建立清晰的页面导航功能，满足客户操作界面的实际功能要求，便于网购客户在线搜寻与购买。

其次，进行网络交易，客户无法接触产品，只能通过电商平台的描述、图片显示等来选择判断。若产品或服务信息不完全公开，就容易使客户误解，甚至遭受欺诈。为此，电商企业网站应对产品或服务信息详细描述，使客户能对产品或服务信息有所了解，方便客户做出购买决策。有关产品或服务的真实信息内容应包括：生产者、产地；生产日期、有效期；价格、用途、性能、规格、等级、主要成分；检验合格证明、质量证明；使用说明书、售后服务；对可能危及人身或财产安全的产品或服务应特别加以说明。

再次，电商企业还可以通过服务理念、服务口号，来展示自己的服务宗旨，使客户看到电商企业的真诚态度，从而增强客户对电商企业的信心。服务理念是指电商企业用语言文字向社会公布和传达的自己的经营思想、管理哲学和服务文化，主要包含机构或公司的宗旨、精神、使命、原则、目标、方针、政策等。例如，京东商城推出“多快好省”的服务口号：多——品类齐全、轻松购物；快——多仓直发、极速配送；好——正品行货、精致服务；省——天天低价、畅选无忧。

最后，电商企业通过宣传品、图片、照片、题词可以展示自己的服务能力，加强客户对电商企业的信心。电商企业还可以通过已证实的成功的历史资料，或政府、行业协会等权威机构或第三方评审的结果，如行业排名、获奖证明、荣誉、被确定的等级，以及客户、领导或政府的表扬、奖励和重视等方面的信息来宣传服务规模、质量和水平。当然，电商企业还可用客户的消费经历或口碑来证实服务质量，通过宣传客户对服务体验的正面反馈（如客户赠送的锦旗、表扬信、感谢信等）来展示服务水平。

案例

美团外卖的服务展示

口号。美团外卖以“美团外卖，送啥都快”作为自己的口号，在站点集合时对骑手进行统一培训，使口号深入人心，并刊印在配送员的工作服上，时刻都在展示自己作为外卖平台的快速准时性与品类广泛性，从而增强顾客对美团外卖的信心。

主色调。美团外卖 App 界面以橘黄色为主色调，并贯穿整个产品设计。橘黄色是暖色系中最明亮温暖的颜色，具有刺激人的内分泌，增进食欲的生理作用，给人以健康、温暖、富足、幸福的生理作用。

图标。除了底色、文字，美团图标还配有可爱的袋鼠形象，使图标更加生动活泼，有亲和力，整套色系深入人心。美团用袋鼠作为图标，一方面是想表达他们送外卖的服务和袋鼠一样灵活，并且速度非常快；另一方面，袋鼠身上的育儿袋是用来装自己的孩子的，以此来比喻他们把自己送的外卖看成自己的孩子一样，会小心护送外卖。

人员着装。美团外卖对与商家、消费者直接接触的平台骑手采用统一着装要求，橘黄色的骑手服装配上橘黄色的头盔，在服装上刊印口号“美团外卖，送啥都快”，形成统一的对外形象，并对骑手的仪容仪表做出要求。

延伸阅读：网络购物体验管理

（1）感官体验。即给客户的视听体验，强调舒适性。例如，设计风格符合目标客户的审美习惯，并具有一定的引导性。网站在设计之前必须明确目标客户群体，并针对目标客户的审美喜好进行分析，从而确定网站的总体设计风格；网站标志要确保能清晰展示品牌而又不占据太多空间；在页面速度正常的情况下，尽量确保页面在5秒内打开；页面布局重点突出，主次分明，图文并茂，与机构的营销目标相结合，将目标客户最感兴趣的，最具有销售力的信息放置在最重要的位置。

（2）交互体验。即给客户的操作体验，强调易用性、可用性。例如，清楚介绍会员权责，并提示客户确认已阅读条款；会员注册流程清晰、简洁，待会员注册成功后，再详细完善资料；表单尽量采用下拉选择方式，在需要填写部分需注明要填写内容，并对必填字段做出限制；表单填写完成后要求输入验证码，防止“注水”。提交成功后，应显示感谢提示。

（3）情感体验。即给客户的心理体验，强调友好性。例如，将不同的浏览者进行划分（如客户、经销商、内部员工），为客户提供不同的服务；对于每一个操作进行友好提示，以增加浏览者的亲和度；提供便利的会员交流功能（如论坛），增进会员感情；售后反馈：定期进行售后的反馈跟踪，提高客户满意度；定期举办会员优惠活动，让会员感觉到实实在在的利益。

（4）浏览体验。即给客户的浏览体验，强调吸引性。例如，栏目内容准确相关，简洁清晰，不宜过于深奥；栏目的层级最多不超过三层，导航清晰，运用Java Script等技术使层级之间伸缩便利；在同一栏目下，不同分类区隔清晰，不要互相包含或混淆；确保每一个栏目应有足够的信息，避免栏目无内容情况出现。

（5）信任体验。即给客户的信任体验，强调可靠性。例如，发布真实可靠的信息，包括电商规模、发展状况、电商资质等；投资者关系，财务信息等；并且将电商的服务保障清晰列出，从而增强客户信任。

第二节　有吸引力的价格策略

价格对客户而言，不是利益的载体，而是代表一种付出、一种牺牲。一般来说，需求的变化与价格的高低成反比——价格越高，需求越少，反之，需求则增加。另外，客户常常把价格当作衡量品质的重要指标，依据价格来判断产品的档次和质量，一般认定价格高的产品才是质量好的产品，对于价格过低的产品，客户可能会因怀疑其质量不好而不购买。总之，价格太高、太低都不行，电商企业不仅要科学定价，还要艺术定价。

一、低价策略

既然需求对价格如此敏感，价格就不能定得过高，而要定得足够低，使其有足够的吸引力以鼓励和刺激客户的消费。

二、折扣定价策略

折扣定价策略是电商企业为了鼓励客户提早付款，或鼓励需求低谷时消费，而采取的酌情降低价格的策略。

常见的价格折扣形式有现金折扣、季节折扣、数量折扣。现金折扣是对以现金付账即不拖欠的客户给予的价格减让。季节折扣是对购买过季产品的客户提供的价格减让。数量折扣是给予大量消费的客户的价格减让，包括累计数量折扣和一次性数量折扣两种形式。累计数量折扣规定，若客户在一定时间内，购买产品达到一定数量或金额，则企业就按其总量给予一定折扣，其目的是鼓励客户经常向电商企业购买产品，成为长期客户。一次性数量折扣规定，若客户一次购买达到一定数量或达到一定金额，则企业会给予折扣优惠，其目的是鼓励客户大批量购买，促进产品多销、快销。例如，企业可通过“满减”——客户单笔消费满 500 元减 20 元，或者“满就送”——客户单笔消费满 500 元送 20 元抵用券的活动，来促使客户消费。

三、招徕定价策略

招徕定价策略是电商企业利用部分客户求廉的心理，特意将某些产品的价格定低，使得客户产生该电商企业的价格低的印象，从而吸引客户前来消费。客户在购买低价产品的同时很可能会购买其他高价的产品。一般而言，电商企业可将那些客户购买频率高、单价低的产品定成低价。

四、整数定价策略

整数定价策略下，电商企业利用客户的心理，将某些产品的价格以整数定价，这样不仅满足了客户对高价消费的心理需求，还可提升电商企业的利润与形象。

五、零头定价策略

零头定价策略下，电商企业利用客户的心理，将价格保留零头，这样不但给客户以便宜感，而且留下作风严谨的印象。

总而言之，电商企业要在对网上相关产品价格和竞争情况进行认真调研的基础上，合理估计本企业产品在客户心目中的形象和估值，进而确定产品的价格。这是因为客户会通过网络查询市场相关产品的价格，货比三家地购买。此外，电商企业应当建立调价系统，可以依季节变动、市场供求形势、竞争产品价格变动、促销活动等，自动进行调价。

第三节　有吸引力的分销策略

电商企业应当积极通过技术手段增强客户购买的可获得性和便利性。

受互联网等新技术的驱动，人们的生活和消费方式相较以往有了明显不同，客户通过手机 App、网站、社交媒体、电子通信设备等可以获得海量产品和服务信息，在网上完成购买。近年来，App 迅速发展，已经涵盖了网上购物、交通出行、旅游娱乐、教育文化等，涉及人们衣食住行的各个方面，客户可以通过 App 进行产品预览、购物等。例如，优衣库目前的分销渠道是“实体店 + 官网 + 天猫旗舰店 + 手机 App”等。

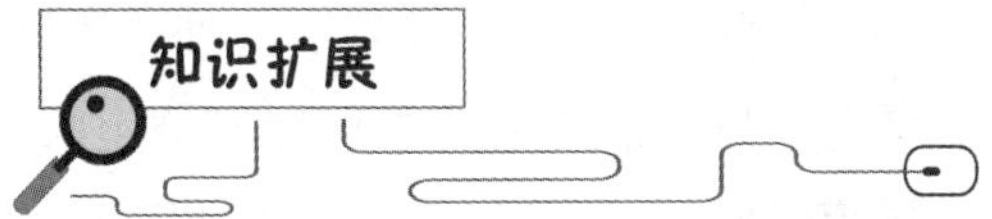

App 营销

App 营销代表的是应用程序（Application）。App 营销是指通过手机 App 的属性特征与客户建立连接进行互动的一种促销手段，它通过与客户的短距离接触，更容易到达客户的活动空间，并能精准了解客户的购买行为。

App 营销作为新时代的产物，作为客户与企业间的桥梁，包括以下八大特征。

（1）成本低。电商企业采用 App 营销，可使传播、沟通成本下降而效率提高，能够快速地将企业或产品的理念传递给客户。

（2）持续性，包括内容持续存储性和传播性两个方面。在 App 营销过程中，内容可以被无数次调用，无数次传播，因此 App 营销可以做到内容传播最大化，节约企业成本。

（3）富媒体性。传统媒体通过文字、表格、图形、图片来表达企业或产品的理念和价值。而 App 营销还可以是声音、动画、视频、3D 呈现等，表达企业或产品理念和价值内容。富媒体更为生动、清晰地表达产品理念或价值，让客户容易了解、容易记忆，并提升其消费刺激感。

（4）及时性。及时性主要体现在及时咨询、及时反馈和及时服务三个方面。App 营销将客户需求信息及时反馈给电商企业，电商企业收到客户需求信息后，可及时做出反馈和调整。

（5）跨时间性和地区性。传统服务一定是客户和企业处于同一时空进行交易、沟通；App 营销可以跨越不同时空，更省时省力。

(6)连接性。App 作为一种连接器，可以连接企业和客户，将不同属性或特征的群体聚合在一起，并产生某种商业价值。

(7)精准性。当手机成为终端，各类 App 成为连接器时，企业通过采集、提炼、分析可以精准定位具有一定属性或特征的人群，并对其实施二次营销，从而产生巨大的商业价值。

(8)灵活性。受益于信息科技进步，App 可以与任何科技进行接触，也可以配合使用多种技术，App 成了灵活的入口。

例如，永辉生活 App 是永辉新零售品质商品和全新消费体验的网上服务平台，整合永辉旗下超级物种、永辉生活、Bravo 等业态，为客户提供安全健康的新鲜食材和品质商品，创造线上线下一体化的惊喜消费体验。永辉生活 App 既能在旗下各业态门店内实现购买、支付等自助化、智能化消费，又能实现线上下单配送到家，且全场满 18 元包邮、最快 30 分钟送达、提供线上会员专享价。目前永辉生活 App 已开通上海、北京、深圳、福州、成都、南京、杭州、厦门等城市服务。

案例

盒马鲜生的分销

盒马鲜生是阿里巴巴旗下以 O2O 为经营模式、以大数据和技术为驱动的新零售平台，它是超市 + 餐饮 + 物流 +App 的复合功能体，被称为一店二仓五中心，即一个门店，前端为消费区，后端为仓储配送区，囊括超市、餐饮、物流、体验和粉丝运营五大中心。

盒马鲜生是阿里巴巴对线下超市完全重构的新零售业态，既是超市、餐饮店，也是菜市场，采用“线上外卖 + 线下门店”的经营模式。总的来说，它是“生鲜食品超市 + 餐饮 +App 电商 + 物流”的复合型商业综合体。

线上外卖业务端口为盒马 App，App 中分为盒马外卖与盒马鲜生两个模块。盒马外卖主打专业餐饮外卖，盒马鲜生主打生鲜配送。

线下门店集合了展示、餐饮、仓储、分拣等功能，集“生鲜超市 + 餐饮体验 + 线上业务仓储配送”为一体。客户可以在盒马鲜生线下门店购买商品，并将生鲜商品在线下餐饮体验区进行加工，即时享用或是打包带走。

此外，盒马鲜生用四大新业态来补足渗透率不高的区域，分别是盒马菜市、盒马 mini、盒马 F2、盒马小站，这四种业态分别以不同的形态在不同的商圈和城市展开布局。盒马菜市重点布局社区场景，主打更接地气的散称蔬菜，且不带有餐饮区。这是基于家庭消费最高频刚需的客观需求。盒马小站主要开在盒马鲜生无法布局的区域，只提供外送服务。盒马 F2 定位办公楼商圈，有点像便利店业态，更像一个速食餐厅。盒马 mini 业态最像盒马鲜生，是名副其实的缩小版盒马鲜生，面积在 500 平方米左右，盒马 mini 主打社区场景，提供社区居民一日三餐所需食材，主要开在城乡接合部或者城市核心地带。

总之，盒马鲜生在分销渠道上采用线上、线下相融合的全渠道模式，通过“线下门店超市＋餐饮”的形式带给顾客极致体验，同时吸引流量导入线上平台。2020 年 4 月 21 日，盒马鲜生天猫旗舰店正式开业。入驻天猫，一方面可帮助盒马鲜生实现全国范围最快可次日达，使盒马鲜生摆脱距离的限制，快速触达全国淘宝、天猫 7 亿用户；另一方面解决了盒马鲜生现在所面临的“无处开店”问题，降低了开店成本。

又如，宜家 App 中应用了虚拟现实技术，让客户在家就能看到家具摆放到自己家里的效果，或在商场工作人员的帮助下，在计算机上建立住宅的三维模型，并根据自己的喜好将宜家的各类家居商品布置在模型中，还能够动态展示，甚至直接生成系列图纸和购物清单，轻松实现了低风险购物。

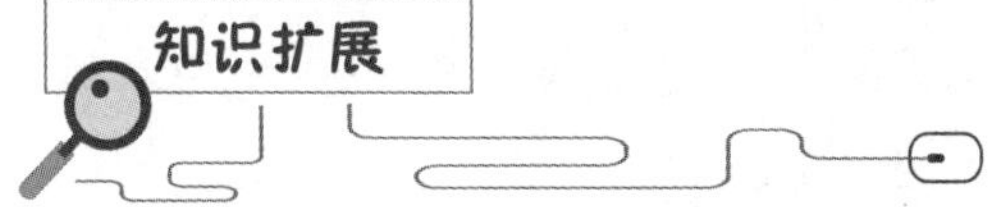

社群营销

社群营销是基于相同或相似的兴趣爱好，通过某种载体聚集人气，通过产品或服务满足群体需求，让客户对品牌产生认同感，最终将客户沉淀为忠实粉丝的活动。

社交网络具有三大特性：一是传播速度快；二是情感共鸣强，一则消息一旦抓住客户的痛点，引发其共鸣后便会实现如病毒般蔓延的传播，一个话题性事件引爆网络后很可能引起全民讨论，瞬间点燃整个网络；三是黏性强，以微信、微博、直播等主导的社交网络平台将目标客户群聚集在一起，通过互动运营、情感营销增加客户对企业的好感，而这种好感不仅影响社群成员本身，还会通过社交网络发散性影响社群成员周围的人。

例如，故宫在线下开设景点周边纪念店，在线上开设淘宝店，利用微信、微博等新媒体手段进行宣传，传播率高，互动性强，粉丝增长速度快，且宣传成本低。年糕妈妈是基于微信公众号营销的典型的“母婴类内容＋精选特卖”的平台，目前微信公众号总粉丝量已超 1000 万，年糕妈妈已成为优质母婴商品集合地。

案例

网易严选的分销

网易严选是网易旗下自营生活家居品牌，目前已覆盖十大品类，主打床品、日用品、厨具、食材等。网易严选秉承网易一贯的严谨态度，深度贯彻“好的生活，没那么贵”的品牌理念，与全球最优质的供应商进行合作，打破传统大牌垄断模式，深入一流品牌制造商源头，严格把控生产环节，商品达到出口品质。另外，所有在网易严选 App 上购买的商品，都支持 30 天无理由退货，做到为消费者带来最好的购物体验。

网易严选的线下分销渠道——线下直营店，目前网易严选的线下直营店一般在一线城市的繁华地段开店，店铺内拥有完整的场景化体验区，体验区占据了店铺约二分之一的空间面积。此外，线下直营店还配有超过 1000 款商品、10 个重新设计的零售台以及智能导购大屏等，线下直营店的消费者可以亲手体验到许多在线上无法感知的商品，带来了直观、直接的购物享受；网易严选 + 屈臣氏，即网易严选与屈臣氏合作，网易严选希望能借助屈臣氏在全国有超过 3000 家的线下直营店，以及屈臣氏在渠道和线下运营方面的经验，将网易严选的商品输出到更多地方。

网易严选的线上分销渠道——自建 App 将服务提供给顾客；入驻天猫、京东、拼多多等电商平台；入驻海外平台，如入驻北美最大的亚洲商品购物平台——亚米网，网易严选负责提供优质的商品及物流，亚米网负责销售及售后服务。

延伸阅读：网上保险

保险公司为了吸引和方便客户购买保险，面对新的市场情况和技术情况，开通了网上保险等形式来提供服务。网上保险是指保险公司利用互联网和电子商务技术来支持保险营销行为，实现网上投保，因此也称为保险电子商务。网上保险的优势主要表现在以下几个方面。

首先，网上保险不受时间和空间的限制，不但拓宽了保险业务的展业时间和展业空间，而且使保险公司有可能全天候地与全球任意一个营销对象联系。

其次，保险公司可以在网上向全球宣传、介绍本公司以提高知名度，投保人则可以浏览多家保险公司及产品，从而进行多角度、多层面的比较和选择。

再次，网上保险可以简化交易过程——客户只需动动鼠标和键盘就可轻松完成投保；客户可使用信用卡转账交付保费，免去了去银行交现金之苦，省时省力。而对保险公司而言，网站后期的维护成本也远远低于设立营业网点的销售成本和广告宣传成本。

最后，网上保险可拉近投保人与保险公司的距离，免除投保人与代理人打交道的烦恼，有效地避免了由于信息缺失或失真造成的盲目性投保和易受误导的现象，使投保人能够在无外力影响的情况下自主选择保险，避免了人情投保、从众投保等不成熟消费现象的发生，另外，网上保险还最大限度地避免了第三者的知悉和传播，加强了隐秘性。

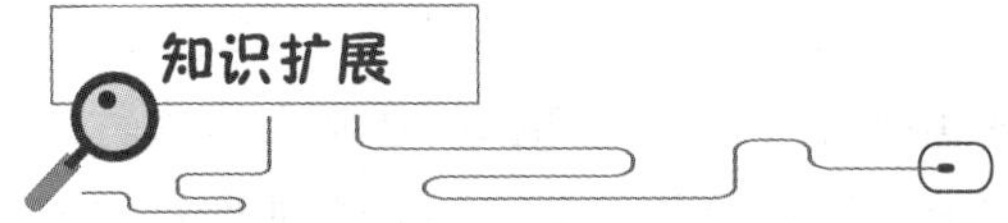

私域流量

公域流量是指一个公共区域的流量，是大家共享的流量，不属于企业和个人。

私域流量是相对于公域流量来说的概念，一般是指品牌、商家或个人构建的私人流量池。私域流量不用付费，可以在任意时间、任意频次，直接触达客户，是一个社交电商领域的概念。

社交电商是基于移动互联网和在线社交网络发展起来的新兴电子商务模式，其主要特点为，基于客户在线社交关系的网络口碑传播。拼多多、云集等社交电商的商业模式，是将商务活动嵌入客户的在线社交网络，通过促销活动激励客户转发、邀请、砍价、拼团等网络口碑传播行为，不但达到品牌传播和促进销售的目的，而且这种依靠熟人关系的网络口碑传播信任度更高。

公域流量平台代表主要有小红书、淘宝、百度、抖音等，私域流量平台代表主要有微博、微信群、微信公众号、小程序、App、个人微信号等。商家在淘宝、京东等诸多人平台通过搜索、推荐等方式获取的流量是公域流量，而通过收藏店铺、小程序、粉丝群等方式获得的流量便是私域流量。

相对于日益昂贵又稀缺的公域流量，私域流量具有低成本、高黏性、自由触达等优点。私域流量的运营核心是建立社群平台，由于微信平台的用户体量大，用户活跃度较高，因此也深受企业青睐。当下，微信生态矩阵有微信公众号、小程序、微信社群以及视频号。例如，拼多多就是依靠微信社交裂变，吸引了一大批客户，从而逆袭成为互联网电商巨头。

第四节　有吸引力的促销策略

电商企业的促销策略是指电商企业通过人员推销、广告、公共关系和营销推广等促销方式，向客户传递服务的有关信息，引起他们的注意和兴趣，激发他们的购买欲望和购买行为。

一、人员推销与直播带货

（一）人员推销

人员推销是电商企业的人员向客户传递有关信息，刺激其产生购买欲望的活动。

客户在购买产品之前一般都会收集尽可能多的产品信息和资料，在此基础上权衡得失，从而做出购买决策。因此，向客户介绍产品的性能、质量、用途，回答客户提出的疑难问题就显得尤为重要。因此，电商企业应有具备专业知识的客服人员为客户提供各种咨询服务。客服人员必须全面而熟练地掌握相关的行业知识及服务知识，通过专业的服务技能和素养，充分了解客户的心理，关心其需求，热情为客户提供服务，甚至顾问式服务。

顾问式服务是指客服人员以顾问的形式帮助客户解决相关问题，其核心是摒弃传统的、以产品推介为中心的“说服式”销售，以最大限度地满足客户消费的理性需求和特殊需求，当好客户参谋，提高客户的满意度。

那么，如何说服客户呢?

第一，介绍到位。大大方方地介绍自己，介绍自己的公司，让客户感觉你专业及可信赖。要向客户介绍电商企业的情况和产品的优点、价格及服务方式等信息，及时解答和解决客户提出的问题，消除客户的疑虑，并且根据客户的特点和反应，及时调整策略和方法。在介绍时还可以运用富兰克林式的表达，即向客户说明，如果客户购买了产品，能够得到的第一个好处是什么，能够得到的第二个好处是什么，能够得到的第三个好处是什么，能够得到的第四个好处是什么……同时也向客户说明不购买我们的产品，蒙受的第一个损失是什么，蒙受的第二个损失是什么，蒙受的第三个损失是什么，蒙受的第四个损失是什么……这样，客户权衡利弊得失之后，就会做出选择。

第二，善于倾听。要想鼓励客户参与，了解更多的信息，还要善于倾听。倾听不但有助于了解客户，而且也显示了对客户的尊重。

第三，换位思考。一般来说，客户只关心自己的事，只关心自己能够从电商企业那里得到什么，因此，电商企业应当站在客户的立场去想问题。

第四，投其所好。每个人都有自己的爱好，客服人员应当积极发现客户的爱好和兴趣，投其所好，这样客户会把你当成“知音”，甚至成为好朋友，那么，接下来的说服工作就容易得多了。

第五，说服客户要有恒心。《荀子·劝学》告诫我们：“锲而舍之，朽木不折；锲而不舍，金石可镂。”有一个古老的故事：一个人试图用锤子锤烂一块巨石，他锤了十几下，巨石纹丝不动，又锤了几十下，巨石如故，他又连续锤了两百下，还是没有任何变化。但是这个人毫不灰心，接着锤啊锤……突然，一锤砸下后，巨石一下就裂开了。这则故事启发我们：做事要持之以恒，“只要功夫深，铁杵磨成针”“滴水可以穿石”，说服客户也是同样的道理。

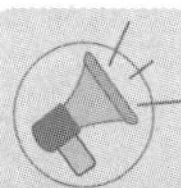

延伸阅读：针对不同类型客户的说服策略

客户由于学识、修养、个性、习惯、兴趣及信仰等不同，自然对于各种人、事、物的反应及感受有相当大的差异，因此企业必须区别对待不同类型的客户，才能事半功倍。以下介绍针对十种不同类型客户的说服策略。

（1）理智型的客户

这类客户是最成熟的客户，较理性，不冲动，客观明智，考虑周详，决策谨慎。对待这类客户要按部就班，按照正常的方式，规规矩矩、不卑不亢、坦诚细心地向他们介绍产品的有关情况，耐心解答疑问，并尽可能提供有关证据，而不能投机取巧。

（2）冲动型的客户

这类客户个性冲动，情绪不稳定，易激动，且反复无常，对自己所做的决策容易反悔。对待这类客户一开始就应该大力强调所推销产品的特色和实惠，促使其尽快购买，但是要注意把握对方的情绪变动，要有足够的耐心，不能急躁。

（3）顽固型的客户

这类客户多为老年客户，他们在消费上具有特别偏好，对新产品往往不乐意接受，不愿意轻易改变原有的消费模式与结构。对这类客户不要试图在短时间内改变他，否则容易引起对方强烈的反应以及抵触情绪和逆反心理，要善于利用权威、有力的资料和数据来说服对方。

（4）好斗型的客户

这类客户争强好胜，征服欲强，喜欢将自己的想法强加于别人，尤其喜欢在细节上与人争个明白。对待这类客户要做好被他步步紧逼的心理准备，切不可意气用事，贪图一时痛快，与之争斗；相反，以柔克刚，必要时丢点面子，适当做些让步也许会使事情好办得多。

（5）优柔寡断型的客户

这类客户缺乏决策能力，没主见，不敢下决心，胆小怯懦，畏首畏尾。对待这类客户应以忠实、诚恳的态度，主动、热情、耐心地介绍并解答这类客户提出的问题，要让这类客户觉得你是可信赖的人，然后帮助他们做出购买决策。

（6）孤芳自赏型的客户

这类客户喜欢表现自己，突出自己，不喜欢听别人劝说，任性且嫉妒心较重。

对待这类客户，首先，在维护这类客户自尊的前提下向其客观地介绍情况；其次，要讲这类客户熟悉并且感兴趣的话题，为这类客户提供发表高见的机会，不轻易反驳或打断其谈话；最后，推销人员不能表现太突出，不要给对方造成对他极力劝说的印象。

（7）盛气凌人型的客户

这类客户常摆出一副趾高气扬的样子，不通情达理，高傲顽固，自以为是。对待对这类客户应该不卑不亢，先有礼貌地充当他的忠实听众，给予喝彩、附和，表现出诚恳、羡慕及钦佩的态度，并提出一些问题，向对方请教，让其尽情畅谈，以满足其发表欲，博取对方的好感。如仍被拒绝时，可用激将法，寻找突破口。但也不能言词太过激烈，以免刺激对方，引起冲突。

（8）生性多疑型的客户

这类客户多疑多虑，不相信别人，无论是对产品还是销售人员都会疑心重重。对待这类客户要充满信心，要以端庄、严肃的外表与谨慎的态度说明产品的特点和客户将获得的实惠。某些专业数据、专家评论对建立这类客户对你的信任会有帮助，但切记不要轻易在价格上让步，否则会使对方对你的产品或服务产生疑虑，从而使交易失败。

（9）沉默寡言型的客户

这类客户生活比较封闭，性格内向，平时极少言语，对外界事物表现冷淡，与陌生人保持距离。对待这类客户应主动向其介绍情况，要设法了解其对产品的真正需要，注意要投其所好，耐心引导。

（10）斤斤计较型的客户

这类客户爱贪小便宜，爱讨价还价，精打细算，且不知足，但精明能干。对待这类客户应避免与其计较，一方面要强调产品的优惠和好处，且事先提高一些价格，让客户有讨价还价的余地；另一方面可先赠予小礼物，让他觉得占了便宜，一旦他有了兴趣，接下来就跟定你了。

案例

陌陌的客户开发

陌陌在推广初期资金有限，所以在渠道选择上需要在用户基数大、花费比较少的社区进行推广。符合条件的有QQ空间和新浪微博。由于QQ空间用户年龄偏小，所以，陌陌将运营重心放在了新浪微博上。

一开始，陌陌只在微博上发传统信息，说有产品上线啦，让亲朋好友帮忙给推一下。结果做了些推广之后，每小时的下载量居然最高能达到几百。这让他们觉得，这条路子是对的，但是形式肯定要继续优化。所以，陌陌开始把产品放在场景里去讲故事，让用户置身那个场景的时候，会想起来去用。

在运营过程中，陌陌认为一个社区的活跃度取决于女性用户的活跃度，而女性用户的活跃度取决于女性用户的需求是否被满足、是否有安全感。所以，陌陌在新浪微博上针对女性用户做了很多推广，用一些她们喜欢的情感方面的文案获取好感，并且组建了一个团队，每天处理举报信息，保证女性用户的使用体验。同时增加了群组功能，做基于地理位置的关系沉淀，如基于小区的业主群，使你利用它可以找到自己的邻居，并慢慢转化成熟人关系，构建城市的社区文化。至此，陌陌完成了场景的转变，从一对一的网上社交场景，慢慢向社交、本地化方向转变，从线上走向了线下。

（二）直播带货

网络直播是基于流媒体技术，通过互联网平台传播，整合视频、音频、弹幕、图片、表情包和打赏等传播和反馈形式，在 PC 端或手机客户端呈现，基于用户兴趣和直播内容的实时的网络视音频传播和互动的传播媒介。网络主播实时对用户传播信息、与用户互动沟通，用户实时对信息做出反馈。网络直播具有以下几个传播特征：准入门槛低，全民可参与直播；去“把关人”，直播内容繁杂，传播具有实时性、互动性。

例如，美宝莲纽约就在新品发布会中请来了某艺人助阵，并配合全程淘宝视频直播。从堵车在途与粉丝闲聊、到后台补妆时与观众分享自己的美妆小技巧，该艺人的每个赶场细节都被收录进了直播镜头，营造了一种与名人亲密接触的氛围。同时，还有另外 50 位美妆网红与该艺人同步直播，从 50 个视角、以自己不同的解说方式向观众展示后台化妆师为模特化妆的全过程。这场直播带来了超过 500 万人次的观看和超过 1 万支口红的销售额。

直播本质上是一种媒体形式，作为连接商家与客户的关键通道，电商平台要与商家默契配合，使用数据为客户画像，抓住流量、内容、形式三大直播要素，从选择直播内容到选择直播形式，团队化运营，创新直播内容，打破流量瓶颈。打破流量瓶颈最重要的是突出直播内容的创新性，针对客户消费心理和需求设计具有辨识度和独特性的直播内容，创新直播的展示形式，重点增加产品功能和实用性，增加互动，构建消费场景，针对客户的真实需求和疑问进行解答，通过分发优惠券等方式调动直播间气氛，提升购物体验，培养和巩固客户忠诚，实现电商平台直播的可持续健康发展。

二、广告

如今“酒香不怕巷子深”的年代已过去，企业想要提高产品的知名度离不开做广告。

广告就是广而告之，是大众传播的一种形式，它可以大范围地进行信息传播和造势，起到提高产品或服务的知名度、吸引客户及激发客户产生购买欲望的作用。广告宣传是通过向客户传送有关产品的功能、质量、价格、用途、使用方法和效果的信息，及说明售后服务与质量保证措施等，使客户了解产品或服务并诱发客户的购买欲望。电商企业还可以宣传自己的服务理念、服务宗旨，使客户了解电商企业的真诚，从而增强客户对电商企业的信心。

例如，明星衣橱将目标用户锁定为城市时尚女性，并斥巨资在爱奇艺投放大量广告，就是想向年轻、爱美、“追星”的女性传达品牌信息。

又如，“三只松鼠”的广告语：“五香手撕牛肉，够辣够劲道。”“非常美味的牛肉干，让爱吃的你随时尽享大口吃肉的快感。”“好肉，牛后腿肉，嚼劲十足；好吃，肉中藏筋，硬度适中；好色，秉承原色，货真价实。”“内蒙古传统工艺风干，精心烘烤，原汁原味；精心秘制卤料，久火慢炖而成，味道香浓，闻之让人想流口水的好味道。”

传统媒体是自上而下的单向信息输出源，而融入互联网后的媒体形态则是以双向、多渠道、跨屏等形式，进行内容的传播与扩散，此时的客户参与到内容传播中，并且成为内容传播的介质。伴随着信息技术及移动互联网的发展，以搜索引擎、社交网络、微博、微信、团购等形式出现的网络广告媒体层出不穷，这些新型传播媒体具有传播迅速、反馈及时、目标对象明确、影响面较广等优点。在移动互联网时代，每个人都变成了媒体，既可以传播信息，也可以发布信息，这种媒体以个人博客、微博、微信、空间主页、群组等形式展现出来。

案例

站在新消费风口上的抖音

消费换代往往伴随着媒体形态的演进，短视频一方面用动态、立体的影像方式将内容直接呈现给客户，形成丰富的互动体验；另一方面帮助客户制造、分享内容，形成更多互动与对话，进入或建立属于自己的圈层。根据《2019 中国网络视听发展研究报告》，中国短视频用户在网络视频总用户中的占比接近 90%，人数则近 6.5 亿。而据 QuestMobile 2019 年 7 月数据，国内短视频日活跃用户排名领先的抖音，日活跃用户已经超 3.2 亿。以社交化、强体验为特色，抖音已经捧红了众多“新消费品牌”。抖音通过大流量广告产品、名人生态、IP 营销、内容共创等多元玩法，成为众多品牌正在进入“新消费”模式下的增长快车道。

OPPO 与伊利味可滋在 2019 年“抖音美好奇妙夜”前后的做法当属典型。为抓住新消费时代中圈层的客户，OPPO 选择音乐作为纵贯线，邀请知名抖音创作者结合新品 Reno2 防抖的特点，定制单曲《给你一个稳》，并以此为核心，展开音乐内容共创、音乐游戏植入等营销活动，首先打通音乐、游戏、短视频创作等圈层。而在千万人观看直播，卫视直播收视率超 1.4% 的抖音美好奇妙夜上，这首广告歌还被名人现场演绎，获得更广泛的覆盖以及渗透效果。而伊利味可滋则紧扣客户追求“潮美”的心态，从产品设计到 IP 植入的各个环节，吸引客户关注。伊利味可滋从高颜值的包装设计、代言人选择到成为抖音美好奇妙夜的“潮美态度官”，在外场设置潮美体验馆，在植入环节打造潮美女孩聚集的场景，都让品牌深深绑定“潮美”概念，持续影响追逐潮流与美好的客户。而在体验与互动层面，该品牌则充分调用抖音的强大互动能力，通过内容共创形式激发客户主动参与。

例如，豆瓣网的线上推广策略主要有线上主题活动、搜索引擎、网站联盟、微博等其他社交网站传播和电子邮件；线下的推广方式则主要是客户口碑宣传、代理商推广、杂志推广、公益活动、同城活动、移动应用等。到到网的推广手段同样分为线上推广手段和线下推广手段。其线上推广手段包括争取合作伙伴如当当、豆瓣，以及新浪微博等，在搜索引擎上投放广告，如百度、谷歌；其线下推广手段包括线下拦截，如派人专门赴酒店、机场、景点等地，通过访问、问卷等方式收集相关的点评等。穷游网则与其他社交网站保持密切的联系。客户可以使用腾讯 QQ、新浪微博账号登录穷游网，同时穷游网在人人网、豆瓣等社交网站上都有自己的主页或社区。此外，穷游网在最初几年，为吸引客户分享游记，曾努力培养“榜样”，依靠榜样的力量召集更多人来了解网站。同时，穷游网更多地开始发力线下活动。例如，通过召集同城客户开展线下交流、组织廉价航空机票预订经验交流会等吸引网友们参加。此外，穷游网还相继推出了第一套中文出境游免费旅行指南《穷游锦囊》、免费杂志《穷游天下》等吸引客户。

案例

马蜂窝旅游网的推广策略

马蜂窝旅游网的推广策略分为线上推广策略和线下推广策略。线上推广策略主要有其他社交网站传播、微电影和电子邮件的推广；线下的推广策略则主要有前期地铁广告、口碑相传、各项活动的举办和移动应用等。具体如下。

首先，在早期提高马蜂窝的知名度时，其主要通过地铁车窗大面积广告覆盖来推广。地铁的使用者包括大部分学生和年轻白领，广告的内容主要是易于辨识的马蜂窝 Logo 以及网站性质介绍，这种大面积、高频度的户外广告覆盖，对于提高马蜂窝的知名度和影响力非常有效。此外，马蜂窝也与其他社交群体网站合作，使得其他社交网站的客户可以方便直接地使用马蜂窝。例如，注册马蜂窝账号时，客户可以通过合作网站进行，免去了填写复杂的个人资料步骤。合作网站包括新浪微博、人人网、QQ、MSN、开心网和腾讯微博，覆盖了年轻上网群体使用的主流社交网站。

其次，在提高马蜂窝的接受度和认可度时，马蜂窝在线下渠道并没有花费过多资源和精力，主要是通过自身产品的特性让使用过的人满意，再通过口碑相传让更多的人接受。在线上渠道，马蜂窝通过其微博主页、人人分享、豆瓣小站的平台发布最新的旅游攻略等新鲜事，让微博、人人、豆瓣的使用群体可以关注这些信息，引发兴趣而成为马蜂窝的使用者。

最后，在提高马蜂窝使用者的忠诚度和黏着度时，马蜂窝通过在线下渠道举办客户交流活动，如马蜂窝与美国大使馆举办的“这里是美国”的文化沙龙，请马蜂窝社区客户做“搭车去旅行”的分享等，使原本分散的马蜂窝使用者互相认识，形成一个更为交错复杂的马蜂窝社交网络，加强他们对线上社交平台的依赖。在线上渠道，马蜂窝营造了一种创意和友爱的氛围，让马蜂窝的使用者认可和接受马蜂窝的理念，提高对马蜂窝的忠诚度。例如，马蜂窝曾拍摄过一个关于明信片环球旅行求婚记的微电影，背景是一对热爱旅行的年轻情侣要结婚，于是在马蜂窝上发布了一个帖子希望收集到世界各地的朋友寄来的明信片。马蜂窝很重视这个帖子，并将其顶上了主页头条，许多人看到了纷纷响应，而这对情侣也由此收到了200多张世界各地的祝福明信片。该微电影在网上发布后，被观看分享上万次，使得更多人对马蜂窝印象深刻。

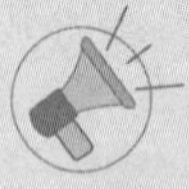

延伸阅读：新媒体营销

随着互联网技术的发展和社交网络的兴起，移动互联网的应用层出不穷，如即时通信、移动搜索、手机支付、手机阅读、手机游戏、手机视频等。电商企业通过移动互联网的终端以在线营销的手段服务客户，使客户享受到更加便利、快捷、满意的服务。

新媒体是以新技术为基础，通过计算机、手机等用户终端，借由数字网络传播来提供信息的一种媒体形态，具有明显的互动性特征。它包括了网络媒体、移动媒体，以及数字化的传统媒体。

基于新媒体平台进行营销的活动被称为新媒体营销，包括新媒体的营销渠道和新媒体的营销方式。新媒体营销渠道包括但不限于：门户网站、搜索引擎、社会化媒体、SNS、微博、微信等。

例如，汽车行业的新媒体传播途径有：社交媒体平台，如微博、微信、微信朋友圈等；问答和搜索平台，如百度、知乎、悟空问答等；自媒体平台，如今日头条、BBS论坛、百度贴吧、虎扑等；视频平台，如爱奇艺、优酷、B站、映客直播、一直播、抖音、快手、秒拍短视频等；电商平台，如京东、淘宝、拼多多、苏宁等；汽车品牌官方网站、门户网站和汽车类垂直网站，如新浪网、腾讯网、汽车之家、易车网等。

三、公共关系

公共关系是电商企业采用各种公关宣传、公关赞助等形式来加强与社会公众沟通的一种活动，其目的是树立或维护电商企业的良好形象，建立或改善电商企业与社会公众的关系，控制和纠正对电商企业不利的舆论，并且引导各种舆论朝着有利于电商企业的方向发展。

与广告相比，公共关系更客观、更可信，对客户的影响更深远，其主要类型有：服务性公关、公益性公关、宣传性公关、名人公关等。

例如，新东方通过面向全国英语学习者举办“新东方英语美文背诵大赛”“新东方15周年大学生口语文化节——跨文化交际全国巡讲活动”，万圣节“魔幻恐怖狂欢夜”“客服之星”风采大赛、“市民外语游园会”，以及新东方与北京广播电视台合作播出的“新东方英语谈天说地”节目等，引起广大师生的关注，让师生更直接、更形象地感受到了英语的魅力及新东方英语培训的模式，对宣传新东方起了不小的作用。

电商企业可采用公益活动、赞助活动、捐赠活动，以及主办晚会、游园活动，还可冠名各类研讨会、演讲会、论坛、高峰会、博览会、晚会等，吸引媒体关注，使媒体主动宣传，这既是免费宣传，又具有较高的可信度，容易被公众接受。此外，电商企业的重大纪念活动也是宣传品牌的绝佳机会，电商企业可以充分利用各种形式，将电商企业发展历史、庆典活动等制成录像、照片或光盘加以宣传，从而起到树立品牌形象、提高品牌知名度和美誉度的作用。

电商企业还可以邀请名人参与相关的活动以产生“名人效应”，提高市场吸引力。随着网络信息化和产业升级的进程加快，微博、微信等社会化媒体的出现也为电商企业的促销提供了丰富的手段。例如，旅游电商企业可邀请旅游达人、旅游意见领袖等一起参加不同的主题旅游路线试玩活动，并将其相关意见以视频、漫画的形式创作成软文，发布在自己的微信公众号、官方微博上。借助旅游达人、旅游意见领袖的知名度，吸引客户。

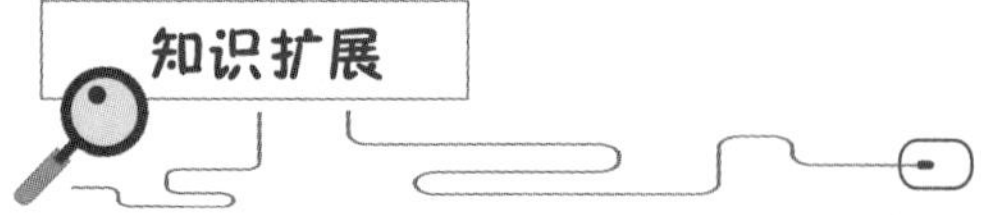

意见领袖

意见领袖的概念最早是由拉扎斯菲尔德提出的，是指在人际传播网络中为他人提供信息的同时对他人产生影响的“活跃分子”，他们在大众传播过程中起着过滤或中介作用，将信息扩散给受众，形成信息的两级传播。

通俗地说，意见领袖是一些经常能影响他人态度或意见的人。意见领袖积极地从大众媒体和其他来源收集相关的消费信息，并对消费信息进行加工，再把经过加工的信息解释、传达给群体中需要这类信息的客户，从而对客户的购买行为产生重要的影响。

意见领袖通常是最早出于纯粹的好奇心而试用新产品或服务的人，他们通常是社区的活跃分子，不甘寂寞，而且，一般具有公开的、独特的特性，这让他们更可能以与众不同的方式去尝试那些未知的而又让人感兴趣的产品或服务。

意见领袖最大的也是最明显的特征，就是对某一类产品或服务比群体中的其他人有着更为长期和深入的介入。意见领袖对某类产品或服务有更多的知识和经验，因而在其他客户看来，他们在这方面更有权威。

四、口碑传播与线上评论

在没有亲身经历的情况下，客户认为有亲身经历的其他客户传递的信息被认为是客观和独立的，比广告更可靠，因此，客户乐意接受人们口头传播的信息。

作为一种传播方式，口碑传播最大的特点就是交流性强，信息反馈直接、快速、及时、集中，同时易于在较短的时间内改变接受者的态度和行为。

那么，电商企业如何树立和传播口碑呢？一方面，电商企业要努力实现和保持客户满意；另一方面，电商企业要说服、鼓励、奖励满意的客户在线评论，让其他人都知道他们的满意。

例如，由大众点评网开发的移动互联网应用“大众点评”，结合地理位置及客户的个性化需求，不仅为客户提供全国的商户信息、消费点评及消费优惠等信息服务，还提供团购、电子会员卡及餐厅预订等交易服务。由于移动互联网的客户量大，所以很多商家都通过大众点评做促销活动，特别在销售淡季的时候取得了非常好的效果。客户也可以在大众点评的应用里查找团购信息和各种优惠活动。

五、营销推广

营销推广是指电商企业运用各种短期诱因，促使客户加快购买、增加购买而采取的一系列鼓励性的措施。营销推广的主要手段如下。

（一）免费试用（服务）

为消除客户的顾虑或怀疑，电商企业可以采取免费试用的方式，为客户提供无须付费的服务，如免费试看、试听，目的是使客户对电商企业的其他服务产生购买兴趣。例如，新东方通过举办免费讲座，让客户更加了解新东方。一系列的免费讲座拉近了新东方与客户的距离，起到了很好的促销作用。在买方市场条件下，“上帝”变得精明、挑剔，免费试用是“欲擒故纵，先予后取”。

（二）奖金或礼品

这是指与购买服务相关联的馈赠奖金或礼品的活动，目的也是使客户产生购买兴趣。

案例

飞猪旅行启动“百亿补贴”计划

2020 年 9 月 8 日，飞猪旅行宣布启动“百亿补贴”计划，首期从酒店产品开始，覆盖全国百城十万家酒店，国庆节前将进一步覆盖交通出行、景区、乐园等，以刺激旅游市场复苏，增强大众出游信心、帮助商家积累用户资产。客户在飞猪旅行预订酒店时，就可看到标有“百亿补贴”的酒店及价格，这些酒店主要集中在一二线城市。不少一线城市核心商圈的五星级酒店价格，甚至在原有折扣基础上再打对折。飞猪旅行实现了不同星级、不同类型的酒店、民宿、公寓的全面覆盖。

（三）优惠券

优惠券是指电商企业印发的给予持有人购买产品时一定减价的凭证。由于能够得到减价优惠，所以优惠券对价格敏感的客户有很强的吸引力。

例如，“双 11”电商盛宴期间，喜临门为吸引线上流量，在天猫旗舰店发起针对“双 11”的预售。客户在天猫上可以花 99 元购买“试睡护照”，客户收到“试睡护照”之后，可以凭这个“试睡护照”去线下实体店免费领价值 500 多元的乳胶枕。这样线上的流量被引到了线下，客户在线下，既可以只领取乳胶枕，也可以购买其他产品，参与线下活动。

案例

大众点评网针对消费者的促销策略

团购策略。大众点评为吸引大量的客户流量，采用团购方式，根据薄利多销的原理，给出低于零售价格的团购折扣和单独购买得不到的优质服务，在降低消费尝试门槛的同时用高性价比刺激消费者，有效吸引流量。消费者可以在大众点评上通过团购的方式，买到比单独购买价格更低的产品，使得消费者可以获得更高的价格优惠。

积分抵现策略。当消费者注册账号即默认成为大众点评会员后，会员可通过写点评和分享获取积分。消费者可以用一定数量的积分参与积分商城的抽奖，奖品有吹风机、口红、杯子等，用户可选择喜欢的产品参与抽奖，也可选择在购买产品时用积分抵扣一部分的现金。

（四）其他促销方式

买赠促销：对购买某产品或符合某些条件的客户送赠品，如买一赠一、买二赠一、买三赠二、买 A 产品赠 B 产品、买产品赠送服务等。

满赠促销：指购买金额或数量达到一定额度后送赠品，如购满 200 元赠送 A 产品或 B 服务等。

满减促销：指购买金额或数量达到一定额度后给予价格折扣，如购满 200 元减 30 元等。

特价或抢购促销：特价或抢购促销是指在某个特定时间段内对特定产品或特定客户的打折促销，这种促销通常有时间限制（指定时段），即限时特卖，如 5 月 1 日 18:00—20:00，服装全场 8 折等。

京东客户关系的建立

京东是一个以科技为驱动的电商平台，京东的客户除了买方客户，还有卖方客户。

一、买方客户的选择与开发

京东选择的买方客户为经常性网络购物的网民，一般为 3C 产品的主流消费群体，主要是白领阶层、公务人员、事业单位员工、在校大学生和其他有稳定收入的网购爱好者但又没有时间上街购物的消费人群。

京东为目标客户提供了品类丰富的产品，且拥有高效的、高度标准化的后台支撑系统，能够严格掌控从生产需求、产品选购到购买决策，再到支付、配送和售后服务的各个环节，带给客户专业的一体化购物体验。此外，京东的价格只是在产品的采购价之上加上5%的毛利。这个价格要比3C实体渠道之王的国美、苏宁低10%～20%，比厂商指导价低10%～30%。京东没有实体门店，可以节省相当于销售额10%的费用，没有批发环节，可以节省相当于销售额20%的费用，没有中间商，可以节省相当于销售额20%的费用，而节省下来的费用体现在产品价格上，毫无疑问比传统零售企业的产品更具有竞争力。

除了线上，京东还在线下一二线城市的核心商圈建设了多家3C零售体验店“京东之家”和“京东专卖店”。京东之家中不仅有各个品牌的热卖爆品，还有一些线上难以抢购的首发爆品、专供线上的产品，可以让客户一次体验过瘾。这里的所有产品均来自有品质保障的京东自营商城，并与京东线上实时同价，客户不论看中哪个产品，都可以当场下单提货，也可以选择京东配送到家，省时又省力。

二、卖方客户的选择与开发

京东选择的卖方客户涉及IT数码、消费电子、日用百货、图书音像等多个产品领域，并包含自营合作与开放平台的联营品牌。在最具优势的3C领域，京东与宏基、戴尔、富士通等主流计算机品牌厂商分别签署了独家首发、旗舰店计划，并与包括索尼、TCL、三星等在内的家电、通信厂商达成了采购协议。

和很多家电电商企业一样，在格力“触网”之前，董明珠对鱼龙混杂的互联网心存顾虑，担心以次充好、以假乱真的网络销售会使格力的产品品质受到伤害，损害格力的品牌形象。“我们跟京东合作以后，感受最深的，就是京东不是和我们谈条件，而是谈产品、服务和技术，这一点打动了我。”董明珠说，她很赞成刘强东“宁可自己吃亏，也要实现自己对客户的承诺”的观点。

京东还具有持续优化供应链的能力，能够聚拢更多品牌商、供应商形成规模效应，让产业链的各方获取更大价值，实现多方共赢。蒙牛乳业（集团）股份有限公司总裁孙伊萍深有体会，她说：“与京东合作后，蒙牛的销量激增，如果说京东的品质‘背书’为蒙牛赢得了品牌美誉度和销量，那么京东创新的营销技术则为蒙牛的品牌带来更多的价值，提高了客户的黏性。此前，蒙牛根据京东的大数据，推出了一款独特产品，在京东上一下就卖出去了几万件。”孙伊萍说：“我们期待未来与京东一起创新，一起拓展品牌价值，而不想做网上的低价卖场。”

本章习题

1. 电商企业如何通过产品策略进行客户开发?
2. 电商企业如何通过价格策略进行客户开发?
3. 电商企业如何通过促销策略进行客户开发?

本章实训

介绍、分析 ×× 电商是如何成功开发目标客户的?

第三篇

电商客户关系的维护

管理大师德鲁克告诫我们："衡量一个企业是否兴旺发达，只要回头看看其身后的客户队伍有多长就一清二楚了。"

当前许多电商企业把工作重心放在建立客户关系上，放在不断开发新客户上，消耗了电商企业大部分的人力、物力和财力，但是却没有维护或者不善于维护客户关系，或者缺乏维护客户关系和实现客户忠诚的策略。于是伴随着新客户的到来，老客户却流失了，这就是西方营销界所称的"漏桶"现象——一方面电商企业开发新客户就像是往桶里添水，另一方面老客户不断流失就像桶里的水因为漏洞而不断流失，漏洞的大小实际上代表着电商企业客户流失的速度，出现这些情况实际上表明了客户对电商企业的不忠诚——这给电商企业带来很大的损失。

可见，电商企业固然要努力争取新客户，但维护老客户比争取新客户更加重要。电商企业既要不断建立新的客户关系，不断争取新客户，开辟新市场，又要努力维护已经建立的客户关系。

客户关系维护是电商企业巩固及进一步发展与客户长期、稳定关系的过程。为此，电商企业要全面掌握客户的信息，注意对不同价值的客户进行分级管理，还要与客户进行有效沟通，同时努力让客户满意，争取实现客户的忠诚。

客户关系的维护阶段就像电商企业与客户的"婚姻"阶段，电商企业应当争取从"纸婚"到"银婚""金婚""钻石婚"……

第五章 电商对客户信息的管理

第一节　客户信息的重要性

一、客户信息是电商企业决策的基础

信息是决策的基础，如果电商企业想做“事前诸葛亮”，想要维护好不容易与客户建立起来的关系，就必须充分掌握客户的信息，就必须像了解自己的产品或服务那样了解客户，像了解库存的变化那样了解客户的变化。

任何一个电商企业总是在特定的客户环境中经营发展，如果电商企业对客户的信息掌握不全、不准，判断就会失误，决策就会有偏差，就可能失去好不容易积累的客户。所以，电商企业必须全面、准确、及时地掌握客户的信息。

零售业的龙头沃尔玛在20世纪80年代建立客户数据库，用于记载客户的交易数据和背景信息，时至今日，该数据库容量已经超过100TB，成为世界上最大的客户数据库。利用客户数据库，沃尔玛对商品购买的相关性进行分析，意外发现：跟尿布一起购买最多的商品竟然是啤酒。原来美国的太太们常叮嘱她们的丈夫下班后为小孩买尿布，而丈夫们在买尿布后又随手带回两瓶啤酒。既然尿布与啤酒一起购买的机会最多，沃尔玛就干脆在它的一个个商店里将它们并排摆放在一起，结果是尿布与啤酒的销售量双双增长。

二、客户信息是客户分级的基础

电商企业只有收集全面的客户信息，特别是客户与电商企业的交易信息，才能够知道自己有哪些客户，才能知道客户创造了多少价值，才能识别哪些是优质客户，哪些是劣质客户，才能识别哪些是贡献大的客户，哪些是贡献小的客户，才能根据客户带给电商企业价值的大小和贡献的不同，对客户进行分级管理。

三、客户信息是客户沟通的基础

随着市场竞争的日趋激烈，客户信息愈显珍贵，拥有准确、完整的客户信息，既

有利于了解客户、接近客户、说服客户，也有利于客户沟通。如果电商企业能够掌握详尽的客户信息，就可以做到“因人而异”地进行沟通。

四、客户信息是客户满意的基础

电商企业要满足客户的需求、期待和偏好，就必须掌握客户的需求特征、交易习惯、行为偏好和预期愿望等信息。

如果电商企业能够掌握详尽的客户信息，就可以有针对性地为客户提供个性化的产品或者服务，满足客户的特殊需要，从而提高客户的满意度。如果电商企业能够及时掌握客户对电商企业的产品或服务的抱怨信息，就可以立即派出得力的人员妥善处理和解决，从而消除客户的不满。

例如，京东根据对顾客以往浏览历史的跟踪、汇总和分析，能大概判断出顾客的消费偏好或需求，主动推荐物美价廉的产品。顾客在搜索产品时，京东还额外提供了类似产品的推荐信息，帮助顾客对不同产品进行对比分析，挑选出最为满意的产品。

如果电商企业知道客户的某个纪念日，就可以在这个特殊的日子送上适当的礼物、折扣券、贺卡或电影票，或在知道客户正为失眠困扰时，寄一份“如何治疗失眠”的资料给客户，这些都会给客户带来意外的惊喜，从而使客户对电商企业产生依赖感。如果电商企业能够及时发现客户订货持续减少，就可以赶在竞争对手之前去拜访该客户，同时采取必要的措施进行补救，从而防止客户的流失。

总而言之，客户信息是电商企业决策的基础，是对客户进行分级管理的基础，是与客户沟通的基础，也是实现客户满意的基础，因此，电商企业应当重视和掌握客户的信息，这对于保持良好的客户关系，实现客户忠诚将起到十分重要的作用。

第二节　应当掌握的客户信息

一、个人客户的信息

个人客户的信息应当包括以下几个方面的内容。

（一）基本信息

基本信息包括姓名、户籍、籍贯、血型、身高、体重、年龄、家庭住址、电子邮箱、手机号码等。

（二）消费情况

消费情况包括消费的金额、消费的频率、消费的档次、消费的偏好、购买渠道与购买方式的偏好、消费高峰时点、消费低峰时点、最近一次的消费时间等。

（三）事业情况

事业情况包括以往就业单位名称、职务，在目前单位的职务、年收入等。

（四）家庭情况

家庭情况包括已婚或未婚、结婚纪念日，如何庆祝结婚纪念日；配偶姓名、生日及血型、教育情况、兴趣专长及嗜好；有无子女，子女的姓名、年龄、生日、教育程度，对子女教育的看法等。

（五）生活情况

生活情况包括过去的医疗病史、目前的健康状况，是否喝酒（种类、数量）、对喝酒的看法，是否吸烟（种类、数量）、对吸烟的看法，喜欢在何处用餐、喜欢吃什么菜，对生活的态度、有没有座右铭，休闲习惯是什么、度假习惯是什么，喜欢哪种运动、喜欢聊的话题是什么，最喜欢哪类媒体等。

（六）教育情况

教育情况包括上高中、大学等的起止时间，最高学历、所修专业、主要课程，在校期间所获奖励、参加的社团、最喜欢的运动项目等。

（七）个性情况

个性情况包括曾参加什么俱乐部或社团、目前所在的俱乐部或社团，是否热衷于政治活动，对宗教的信仰或态度，喜欢看哪些类型的书，忌讳哪些事、重视哪些事，是否固执、重视别人的意见，待人处事的风格等。

（八）人际情况

人际情况包括亲戚情况、与亲戚相处的情况、最要好的亲戚，朋友情况、与朋友相处的情况、最要好的朋友，邻居情况、与邻居相处的情况、最要好的邻居，对人际关系的看法等。

例如，房地产电商企业在收集客户信息时，通常关注客户目前拥有房地产的数量、品牌、购买时间等，而将这些结合家庭人口、职业、年龄和收入等数据进行分析后，往往能够得出该客户是否具有购买或持续购买的需求、购买的时间和数量、购买的档次等结论。

二、企业客户的信息

企业客户的信息应当包括以下几个方面的内容。

（一）基本信息

基本信息包括企业的名称、地址、电话、创立时间、组织方式、资产规模等。

（二）客户特征

客户特征包括服务区域、经营观念、经营方向、经营特点、企业形象、声誉等。

（三）业务状况

业务状况包括销售能力、销售业绩、发展潜力与优势、存在的问题及未来的对策等。

（四）交易状况

交易状况包括订单记录、交易条件、信用状况及出现过的信用问题、与客户的关系及合作态度、客户的评价与意见等。

（五）负责人信息

负责人信息包括法定代表人、经营管理者及其姓名、年龄、学历、个性、兴趣、爱好、家庭、能力、素质等。

第三节　收集客户信息的渠道

收集客户的信息只能从一点一滴做起，可通过直接渠道和间接渠道来完成。

一、直接渠道

直接渠道主要是指客户与电商企业直接接触的各种机会，如从客户购买前的咨询开始到售后服务，包括处理投诉或退换产品，这些都是收集客户信息的直接渠道。

具体来说，收集客户信息的直接渠道如下。

（一）在服务过程中获取客户信息

对客户的服务过程是电商企业深入了解客户、联系客户、收集客户信息的最佳时机。在服务过程中，客户通常能够直接并且毫不避讳地讲述自己对产品的看法和预期，对服务的评价和要求，对竞争对手的认识，以及其他客户的意愿和销售机会，其信息量之大、准确性之高是在其他条件下难以实现的。电商企业通过服务记录、客户服务部的热线电话记录以及其他客户服务系统能够收集到客户信息。此外，客户投诉也是电商企业了解客户信息的重要渠道，电商企业可将客户的投诉意见进行分析整理，同时建立客户投诉的档案资料，从而为改进服务、开发新产品提供基础数据资料。

（二）在经营活动中获取客户信息

电商企业与客户的业务往来函电可以反映客户的经营品质、经营作风和经营能力，也可以反映客户关注的问题及其交易态度等。因此，往来函电也可以帮助电商企业获取客户信息，是收集客户信息的极好来源。此外，在与客户的谈判中，客户的经营作风、经营能力及对本电商企业的态度都会得到体现，谈判中还往往会涉及客户的资本、信用、目前的经营状况等资料，所以，谈判也是收集客户信息的极好机会。另外，启动频繁营销方案，或者实行会员制度，或者成立客户联谊会、俱乐部等，也可以收集到有效的客户信息。

（三）客服中心、呼叫中心、网站留言、电子邮箱、微信公众号等也是收集客户信息的渠道

客户拨打客服电话后，呼叫中心可以自动将客户的来电记录在计算机数据库内。另外，信息技术及互联网技术的广泛使用为电商企业开拓了新的获得客户信息的渠道，如网站注册、网上留言、电子邮箱、微信公众平台等已经成为电商企业收集客户信息的重要渠道。

二、间接渠道

收集客户信息的间接渠道一般如下。

（一）各种媒介

国内外各种权威媒体、图书和国内外各大通讯社、互联网、电视台发布的有关信息，这些往往都会涉及客户的信息。

（二）市场管理部门及驻外机构

市场管理部门一般掌握客户的注册情况、资金情况、经营范围、经营历史等，是可靠的信息来源。对国外客户，市场管理部门可委托我国驻各国大使馆、领事馆的商务参赞帮助了解，另外，市场管理部门也可以通过我国一些大公司的驻外业务机构帮助了解客户的资信情况、经营范围、经营能力等。

（三）国内外金融机构及其分支机构

一般来说，客户均与各种金融机构有业务往来，通过金融机构调查的客户的信息，尤其是资金状况是比较准确的。

（四）国内外咨询公司及市场研究公司

国内外咨询公司及市场研究公司具有业务范围较广、速度较快、信息准确的优势，

电商企业可以充分利用这个渠道对指定的客户进行全面调查，从而获取客户的相关信息。

（五）其他渠道

例如，电商企业从战略合作伙伴或者老客户，以及行业协会、商会等也可以获取相关的客户信息。

总之，客户信息的收集渠道有许多，电商企业在具体运用时要根据实际情况灵活选择，有时也可以把不同的渠道结合在一起综合使用。

第四节　运用数据库管理客户信息

一、什么是数据库

你的客户有多少？你的客户是谁？你的重要客户是谁？主要客户又是谁？他们买了多少产品或服务？每隔多长时间购买一次？他们怎样购买？他们去哪里购买？他们通过什么途径了解你的电商企业？他们对你的产品或者服务有什么意见或建议？他们想要你提供什么样的产品或服务……要回答这些问题，电商企业就需要花费大量的时间、精力和财力去调查，且结果往往不尽如人意。因为即使调查方式是科学的，但只经过一两次调查得到的结论往往也会有偏差。

数据库是信息的中心存储库，由一条条记录所构成，记载着有相互联系的一组信息，许多条记录连在一起就是一个基本的数据库。数据库是面向主题的、集成的、相对稳定的、与时间相关的数据集合，数据库能够及时反映市场的实际状况，是电商企业掌握市场的重要途径。

客户数据库是电商企业运用数据库技术，收集现有客户、目标客户的综合数据资料，追踪和掌握他们的情况、需求和偏好，并且进行深入的统计、分析和数据挖掘，使电商企业的营销工作更有针对性的一项技术措施。客户数据库是电商企业维护客户关系、获取竞争优势的重要手段和有效工具。

二、客户数据库中的重要指标

根据美国数据库营销研究所Arthur Hughes的研究，客户数据库中有三个重要指标：最近一次消费、消费频率、消费金额。

（一）最近一次消费

最近一次消费是指客户上一次购买的时间，它是维系客户的一个重要指标，可以反映客户的忠诚度。一般来说，上一次消费时间越近是越理想的，因为最近才购买本电商企业的产品或服务的客户是最有可能再购买的客户。吸引一位几个月前购买本电商企业的产品或服务的客户，比吸引一位几年前购买本电商企业的产品或服务的客户要容易得多。如果最近一次消费时间离现在很远，说明客户长期没有光顾，此时电商企业就要调查客户是否已经流失。最近一次消费还可用于监督电商企业目前业务的进展情况——如果最近一次消费的客户人数增加，则表示电商企业发展稳健。如果最近一次消费的客户人数减少，则表明电商企业的业绩可能下滑了。

（二）消费频率

消费频率是指客户在限定的时间内购买本电商企业的产品或服务的次数。一般来说，频繁购买的客户，可能是满意度高、忠诚度高的客户，也可能是较有价值的客户。

（三）消费金额

消费金额是指客户购买本电商企业的产品或服务金额的多少。通过比较客户在一定期限内购买本电商企业的产品或服务的数量，可以知道客户购买态度的变化，如果购买量下降，则要引起足够的重视。

综合分析上述指标可帮助电商企业识别最有价值的客户、忠诚客户和即将流失的客户。将最近一次消费、消费频率结合起来分析，可判断客户下一次交易的时间离现在还有多久。将消费频率、消费金额结合起来分析，可计算出在一段时间内客户为电商企业创造的利润，从而帮助电商企业明确谁才是自己最有价值的客户。当客户最近一次消费时间离现在很远、而消费频率或消费金额也显著减少时，表明这些客户很可能即将流失或者已经流失，此时电商企业应做出相应的对策，如对其重点拜访或联系等。

三、数据库在客户关系管理中的运用

（一）运用数据库可以深入分析客户消费行为

由于客户数据库是电商企业经过长时间对客户信息（客户的基本资料和历史交易行为）的积累和跟踪建立起来的，剔除了一些偶然因素，因而对客户行为的判断是客观的。

此外，通过客户数据库对客户过去的购买行为和习惯进行分析，电商企业还可以了解客户是被产品所吸引还是被服务所吸引，或是被价格所吸引，从而有根据、有针对性地开发新产品，或者向客户推荐相应的服务，或者调整价格。

（二）运用客户数据库可以对客户开展精准营销

客户数据库是电商企业内部最容易收集到的营销信息。电商企业通过对客户基础信息和交易信息进行加工、提炼、挖掘、分析、处理和对比，可以在海量数据中探求客户现有及潜在的需求、模式、机会，从而直接针对目标客户进行精准营销，而无须借助大众宣传的方式，因而减少了竞争对手的关注度，有效地避免了“促销战”“价格战”等公开的对抗行为。难怪有营销专家说：“没有数据库，就像在沙漠中迷失了方向一样会付出惨痛的代价。”

精准营销是依托信息技术手段，对客户的相关数据进行搜集，然后对这些数据运用技术平台进行统计和分析，掌握每一个客户的消费倾向，再通过微信、邮件等传播方式进行的营销，根据客户反应和市场效果不断进行修改和完善。精准营销非常适合个性化、分散化的小客户，是对小客户进行管理的一种非常好的方法。

客户数据库可以帮助电商企业了解客户信息、了解客户过去的消费行为，而客户过去的购买行为是未来购买模式的最好指示器，因此，电商企业可通过客户数据库来推测客户未来的购买行为。客户数据库还能反映每个客户的购买频率、购买量等重要信息，并保存每次交易的记录及客户的反馈情况，通过对客户进行定期跟踪，可使电商企业对客户的资料有详细且全面的了解，利用“数据挖掘技术”和“智能分析”发现赢利机会，继而采取相应的营销策略。

（三）运用客户数据库可以实现客户服务及管理的自动化

客户数据库还能强化电商企业跟踪服务和自动服务的能力，使客户得到更快捷和更周到的服务，从而有利于电商企业更好地保持客户。例如，通过对客户历史交易行为的监控、分析，当某一客户购买价值累计达到一定金额后，客户数据库可以提示电商企业向该客户提供优惠或个性化服务。

另外，电商企业建立客户数据库后，任何业务员都能在其他业务员的基础上继续发展与客户的亲密关系，而不会出现由于某一业务员的离开造成业务中断的情况。

（四）运用客户数据库可以实现对客户的动态管理

运用客户数据库的电商企业不仅可以了解和掌握客户的需求及其变化，还可以知道哪些客户何时应该更换产品。

由于客户的情况总是不断地发生变化，所以客户的资料也应随之不断地进行调整。电商企业如果有一个好的客户数据库，就可以对客户进行长期跟踪，通过调整，剔除陈旧的或已经变化的资料，及时补充新的资料，就可以使电商企业对客户的管理保持动态性。

此外，客户数据库还可以帮助电商企业进行客户预警管理，从而提前发现问题客户。尤其要注意以下几种情况。

外欠款预警。电商企业在客户资信管理方面给不同的客户设定一个不同的授信额度，当客户的欠款超过授信额度时，客户数据库就会发出警告，并对此客户进行调查分析，及时回款，以避免出现真正的风险。

销售进度预警。客户数据库根据记录的销售资料，当客户的进货进度和计划进度相比有下降时，客户数据库就会发出警告，并对此情况进行调查，提出相应的解决办法，防止问题扩大。

销售费用预警。电商企业在客户数据库中记录每笔销售费用，当销售费用攀升或超出费用预算时，客户数据库就会发出警告，并及时中止销售，防止电商企业陷入费用陷阱。

客户流失预警。客户数据库根据记录的销售资料，当客户不再进货时，客户数据库就会发出预警，使电商企业及时进行调查，并采取对策，防止客户流失。

四、客户数据库的管理

客户是电商企业最宝贵的资产，是电商企业的命脉，客户信息的泄露势必影响电商企业的生命。因此，电商企业对客户数据库的管理要慎之又慎。

对客户数据库的管理应当由专人负责，并且要选择在电商企业工作时间较长、对电商企业满意度高、归属感强、忠诚度高、有一定的调查分析能力的老员工作为客户数据库的管理人员，要避免低工资人员、新聘用人员、临时人员做这方面的工作。此外，电商企业必须抱着对客户负责的态度，对客户的信息严格保密，避免客户信息外泄。

需要说清楚的是，搞好客户关系并不一定要建立客户数据库，没有客户数据库同样可以搞好客户关系，只不过有客户数据库可以更方便地搞好客户关系。

建立和维护一个客户数据库需要投入较多的资金，因此，在以下几种情形下，可以考虑不建立客户数据库——首先，客户在一生当中对电商企业的产品或者服务（如丧葬品、婚礼用品、天价别墅等）的购买次数非常有限，或者重复购买的可能性没有或者很小；其次，电商企业对没有品牌忠诚度的客户也没有必要建立客户数据库；最后，考虑成本核算，如果建立客户数据库的代价远远高于从中得到的收益，那么电商企业也不用考虑建立客户数据库。

第五节　大数据在电商客户信息管理中的应用

一、数据挖掘的流程及数据挖掘技术的应用

数据挖掘是指从大型数据库中提取人们感兴趣的知识。这些知识是隐含的、未知的、有用的信息，提取的知识表示为概念、规则、规律、模式等。

（一）数据挖掘的流程

首先，掌握电商企业内部各部门各自负责的业务和各业务的特点，并把这些特点归纳为对现有数据进行分析的必要条件和参数。

其次，对现有数据进行详细归类整理和系统分析，对同类数据进行转换，对不符合条件和参数的数据进行清理，有时还要从数据库的多个数据源中抽取相关联的数据并加以组合。

再次，建立数据挖掘的模型，为数据挖掘打造良好的基础框架。数据库在客户关系管理系统中起到了技术支撑平台的作用，客户关系管理系统在以数据库为代表的信息技术集成作用下，基本摒弃了市场营销领域靠经验决策的做法，极大地提高了决策的科学性和准确性。

最后，对数据挖掘进行评估，在不同的时段让系统对已发生的情况进行预测，然后比较预测结果和实际情况以验证模型的正确性。

（二）数据挖掘技术的应用

首先，客户画像。交互设计之父阿兰•库珀（Alan Cooper）最早提出了用户画像的概念，用户画像又称人群画像，是根据用户人口统计学信息、社交关系、偏好习惯和消费行为等信息而抽象出来的标签化画像，包括客户基本属性、购买能力、行为特征、兴趣爱好、心理特征、社交网络等信息的画像。电商企业可以基于客户终端信息、位置信息、消费等丰富的数据，为每个客户打上人口统计学特征、消费行为和兴趣爱好标签，并借助数据挖掘技术（如分类、聚类、RFM 等）进行客户分群，完善客户的 360° 画像，深入了解客户行为偏好和需求特征。

其次，精准营销和个性化推荐。电商企业在客户画像的基础上对客户特征进行深入理解，实现精准营销，为客户提供定制化的服务，优化产品和定价机制，实现个性化营销和服务，提升客户体验与感知。通过对客户数据库的数据挖掘，电商企业可以发现购买某一产品的客户的特征，从而向那些同样具有这些特征却还没有购买的客户推销这个产品。

最后，客户关系生命周期管理。客户生命周期管理包括新客户获取、客户成长、客户成熟、客户衰退和客户离开五个阶段的管理。电商企业在新客户获取阶段，可以通过算法挖掘并发现高潜客户；电商企业在客户成长阶段，通过关联规则等算法进行交叉销售，提高客户人均消费额；电商企业在客户成熟期，可以通过大数据方法进行客户分群（RFM、聚类等）并进行精准推荐，同时对不同客户实施忠诚计划；电商企业在客户衰退阶段，需要进行流失预警，提前发现高流失风险客户，并进行相应的客户关怀；电商企业在客户离开阶段，可以通过大数据挖掘高潜回流客户。

二、大数据技术及其应用

大数据，具有“5V”特点：大量（Volume）、高速（Velocity）、多样（Variety）、低价值密度（Value）、真实性（Veracity）。大数据分析指的是在数据密集型环境下，对数据科学的再思考和进行新模式探索的产物。随着大数据技术的发展，电商企业可以得到关于客户的各种数据，如年龄、性别、住址、收入、购物习惯……可从众多的数据中勾勒客户的虚拟画像。

大数据的计算和运用，可以帮助电商企业搜集并对消费数据进行分析，可用于推断客户的个人偏好、需求等，进一步预测客户将来的购物行为和需求，从而将相对应的产品信息精准地推送到客户面前，最大限度地挖掘市场机会。

在大数据时代，基于大数据分析，提取背后的数据逻辑，从而准确地预测、分析市场，在此基础上制定相应的服务策略将更准确、更有针对性，也更实用。基于大数据分析平台，电商企业还可通过购买集中度分析等，集中更多的促销资源回馈高价值、高贡献的客户。

随着大数据、云计算等新兴网络信息技术的蓬勃发展，电商企业可以通过移动通信、物联网、数据分析等技术，及时了解客户购买偏好、购买习惯、购买频率、品牌忠诚等消费行为，精准把握客户的需求，提供相应的产品或服务，有利于实现个性化的定制营销。

大数据、云计算等不仅是技术的变革，也改变了人们的思维方式，即从以前的因果关系的挖掘转变为如今对相关关系的挖掘。因此，管理者通过对客户的所有数据进行相关性分析、聚类分析，可对客户群体进行偏好分类、年龄层分类、消费习惯分类等，根据类别做出相应的销售策略、服务策略，以期满足客户的个性化需求。

以马蜂窝提供的旅游服务为例，当客户通过马蜂窝的网站、应用软件进行在线搜索、购买旅行服务时，线上相关的浏览数据，如目的地、旅游时间段、航班、酒店、游玩项目等数据都会传到云端。结合其他客户的个人数据，马蜂窝可对该客户的行为偏好进行聚类分析，从而为该客户推荐相应的旅游服务项目，贴合客户的旅游服务需求。

总而言之，大数据技术的发展赋予了我们更先进的手段。例如，过去电商企业必须以昂贵的用户调研、焦点小组等方式去了解客户的需求，而且由于种种偏差，结果往往令人不满意。如今，电商企业和客户之间的触点越来越丰富：用户论坛、社交网络、网页浏览记录、智能硬件交互等。这些触点帮助电商企业更好地把握客户的需求，提高产品的定制化水平。通过无处不在的数字化触点，电商企业得以与客户展开信息互动，对需求做出快速响应。客户通过各类触点了解电商企业文化、试用新产品、进行实时咨询或投诉，这将极大地提升客户体验。

延伸阅读：大数据技术助力外卖配送[1]

对于所有本地生活服务平台来说，配送调度一直都是行业的一大痛点。行业发展初期，配送主要使用骑手抢单和人工派单两种模式。骑手抢单模式存在较严重的挑单、拆单、乱抢单等问题，既不能保障商户、用户体验，又不能保障资源合理分配，造成运力浪费和效率低下；人工派单模式对调度员个人能力要求高，既不利于业务快速扩展，又无法应付高单量，同时人力成本也很高，还极易出现混乱局面。这样一来，用户等待的时间变长，外卖的体验自然就很差。而对于商家来说，做好的食品不能得到及时的配送，口感与品质自然也会大打折扣。

外卖配送调度规模巨大、复杂程度高，而且每一单的生命周期十分有限，加上各种因素导致的订单配送调度的差异化要求高，这些都是传统物流领域积累的相关技术无法直接应用到实时配送调度场景的问题，会造成巨大的浪费和不必要的管理成本的出现。

在大量的历史数据基础上，相关企业可以建立大数据分析和优化平台。针对配送调度精准建模所需要的多类参数后，系统将根据骑手未配送订单信息、不同目的地信息、骑手实时位置和运动方向等海量大数据进行智能调度和派单。此外，“聪明”的系统不仅将自适应和自学习，合理压单，批量处理未派送的订单，还把许多可能遇到的问题考虑进来，如订单结构、配送员习惯、区域路况、天气、交通工具、取餐难度、出餐时间、交付难度、配送范围等。并将配送“最后一公里”中影响配送效率的路面障碍物加入地图的路网数据，有效规划导航路径。

本章习题

1. 客户信息的重要性体现在哪些方面？
2. 对个人客户应掌握哪些信息？
3. 对企业客户应掌握哪些信息？
4. 收集客户信息的渠道有哪些？
5. 如何运用客户数据库管理客户信息？
6. 数据库在客户关系管理中怎样运用？

本章实训

介绍、分析 ×× 电商如何收集客户信息？收集了哪些客户信息？如何管理客户信息？

1 根据网络资料整理。

第六章

电商对客户的分级管理

电商对客户的分级是指电商企业依据客户的不同价值，将客户区分为不同的层级，这可为电商企业针对不同级别的客户进行区别服务与管理提供依据。

第一节　为什么要对客户分级

一、不同客户带来的价值不同

虽然每个客户的重要性不容低估，但是由于购买力、购买欲望、服务（维系）成本等差异，每个客户能给电商企业创造的收益是不同的，对电商企业来说，有一些客户就是比另一些客户更有价值。

国外的一份统计资料证明，23% 的成年男性购买了 81% 的啤酒，16% 的家庭购买了 62% 的蛋糕，17% 的家庭购买了 79% 的即溶咖啡。也就是说，大约 20% 的客户购买了 80% 的产品，其余 80% 的客户的消费量只占该种产品总量的 20%。

1897 年，意大利经济学家维弗雷多 • 帕累托发现经济及社会生活中无所不在的二八法则，即关键的少数和次要的多数，比率约为 2:8，也就是说，80% 的结果往往源于 20% 的原因，这就是帕累托定律。对于电商企业来说，电商企业 80% 的收益往往来自于 20% 的高贡献度的客户，即少量的客户为电商企业创造了大量的利润，其余 80% 的客户是微利、无利，甚至是负利润的。

根据美国学者雷奇汉的研究，电商企业从 10% 最重要的客户那里获得的利润，往往比电商企业从 10% 次要的客户那里获得的利润多 5 ～ 10 倍。

布莱恩 • 沃尔夫（Brian Woolf）曾针对某个超市的连锁店进行过调查，通过收集该店 15000 名客户年度消费额的数据，他发现在最上面 20% 的客户（黄金客户）的年保持率为 96%，销售额接近全部销售额的 84%。

Meridien Research 研究机构指出，一个企业的客户群中，前 20% 的客户产生约 150% 的总利润，而后 30% 的客户消耗了50% 的总利润——“他们一般是喜欢买便宜货的人，或被特别优惠的计划所吸引，而当企业开始试图从他们身上赚钱时他们便离去”。

以上的研究结果虽然不尽相同，但是都表明了一个真理，那就是“客户有大小，贡献有差异”。每个客户的价值是不同的，有的客户提供的利润可能比其他客户高 10 倍、100 倍，甚至更多，而有的客户则不能给电商企业带来利润甚至还会吞噬其他客户带来的利润。

二、电商企业有限的资源不能平均分配

任何一家电商企业的资源都是有限的，因此把电商企业有限的资源平均分配给价值不同的客户的做法既不经济也会引起大客户、好客户的不满。

现实中有些电商企业对所有的客户一视同仁，无论是大客户，还是小客户，无论是能带来赢利的好客户，还是根本无法带来赢利，甚至造成亏损的差客户都平等对待，从而导致电商企业成本增加，利润降低，效益下降。

例如，IBM 公司原先以为所有的客户都可能成为大宗产品和主机的购买者，所以即便是对小客户也提供专家销售服务和上门服务，即便是对赢利能力差的客户也为其免费修理旧机器。IBM 公司因此赢得了很高的美誉度，然而这是以牺牲利润为代价的……后来，IBM 公司意识到这种不计成本的策略从长远来说并不可行，于是果断地区别对待不同层级的客户，降低服务小客户的成本，并且向非营利客户适当地收取维修费，从而使公司利润大幅上扬。

小客户、差客户享受大客户、好客户的待遇，自然没有意见，而大客户、好客户就会心理不平衡，因为不受重视，他们轻则满腹牢骚，重则叛离，如果这个时候竞争对手乘虚而入，为这些最能赢利的大客户提供更多的实惠，竞争对手就可以轻而易举地将他们“挖”走，毕竟买方市场下大客户的选择面很宽。

三、客户分级是客户沟通、客户满意的基础

电商企业应当根据客户价值的不同采取不同的客户沟通策略，因此，区分不同客户的价值是进行客户沟通的前提。

实现客户满意也要根据客户的不同采取不同的策略，因为每个客户给电商企业带来的价值不同，他们对电商企业的预期也就会有差别，满意标准也会不一样。为电商企业创造主要利润、为电商企业带来较大价值的关键客户会希望得到有别于普通客户的待遇，如更贴心的产品或服务以及更优惠的条件等。

一般来说，处于顶端的约 20% 的客户为电商企业创造了 80% 的利润，支撑着电商企业的运营，已经成为众多竞争者锁定的稀缺资源。如果电商企业能够找出这些能为企业带来丰厚利润的、有价值的客户，并且把更多的资源用在为他们提供优质的产品和针对性的服务上，就很可能提高他们的满意度。

总之，电商企业的资源是有限的，而客户分级是客户沟通、客户满意的基础，所以，电商企业只有对客户进行分级管理，才能强化与高价值客户的关系，降低为低价值客户服务的成本，也才能在实现客户满意的同时实现电商企业利润的最大化。

第二节　怎样对客户分级

电商企业对客户的选择是在开发新客户之前，对客户的“好”与“坏”只能是用科学的理论或经验去主观判断、推测。电商企业对客户的分级则是在开发客户之后，对客户价值的高低要用事实、用数据，如消费金额、消费频率、消费档次、信用状况、利润贡献等来衡量。

电商企业根据客户为电商企业创造价值的大小可以得到一个客户金字塔，给电商企业创造价值最大的客户位于客户金字塔的顶部，给电商企业创造价值最小的客户位于客户金字塔的底部。

我们将客户金字塔进行三层级划分，这三层是：关键客户、普通客户和小客户，客户金字塔如图 6-1 所示。

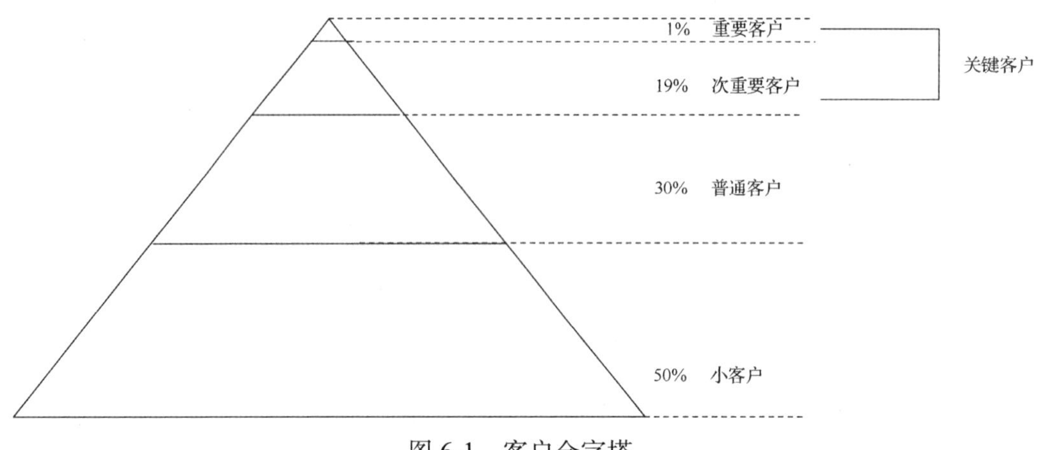

图 6-1　客户金字塔

（百分比不是绝对的而是相对的，可根据实际情况进行调整）

一、关键客户

关键客户是电商企业的核心客户，一般占电商企业客户总数的 20%，是电商企业的重点保护对象，电商企业 80% 的利润靠他们贡献。关键客户由重要客户和次重要客户构成。

（一）重要客户

重要客户是客户金字塔中最高层的客户，是能够给电商企业带来最大价值的前 1% 的客户。

重要客户往往是产品的重度用户，是电商企业客户资产中最稳定的部分，他们为电商企业创造了绝大部分的利润，而电商企业却只需支付较低的服务成本；他们对价格不敏感，也乐意试用新产品，还可帮助电商企业介绍客户，为电商企业节省开发新客户的成本；他们不但有很高的当前价值，而且有巨大的增值潜力，其业务总量在不断增大，未来在增量销售、交叉销售等方面仍有潜力可挖。

重要客户是最有吸引力的一类客户，可以说，电商企业拥有重要客户的多少，决定了其在市场上的竞争地位。

（二）次重要客户

次重要客户是重要客户以外给电商企业带来最大价值的前 20% 的客户，一般占客户总数的 19%。

次重要客户，也许是电商企业产品或者服务的大量使用者，也许是中度使用者，他们对价格的敏感度比较高，因而为电商企业创造的利润和价值没有重要客户那么高；他们为了降低风险会同时与多家同类型的电商企业保持长期关系；他们也在真诚、积极地为电商企业介绍新客户，但在增量销售、交叉销售方面可能已经没有多少潜力可供进一步挖掘。

二、普通客户

普通客户是关键客户之外的为电商企业创造最大价值的前 50% 的客户，一般占客户总数的 30%。普通客户数量较多，但他们单个带来的价值比不上单个关键客户带来的价值，不值得电商企业去特殊对待。

三、小客户

小客户是客户金字塔中最底层的客户，指关键客户、普通客户之外，剩下的后 50% 的客户。虽然小客户数量多，但其单个带来的价值远远比不上单个关键客户和普通客户带来的价值。

图 6-2 所示是客户数量金字塔和客户利润金字塔对应关系示意图，体现了客户类型、数量分布和创造利润能力之间的关系。

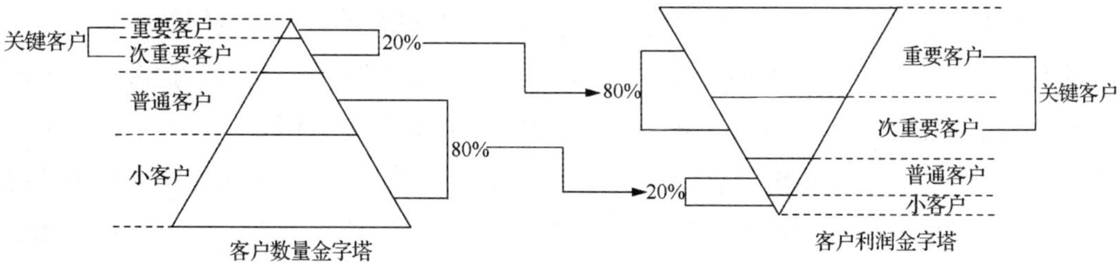

图 6-2　客户数量金字塔和客户利润金字塔对应关系示意图

"客户金字塔"包含着重要的思想，那就是：电商企业应为对本电商企业的利润贡献最大的关键客户提供最优质的服务，配置最强大的资源，并加强与这类客户的关系，从而使电商企业的赢利能力最大化。

案例

携程旅行的客户分级

携程旅行作为中国领先的综合性旅行服务公司，整合了高科技产业与传统旅游业，向超过3亿会员提供集无线应用、酒店预订、机票预订、旅游度假、商旅管理及旅游信息在内的全方位旅行服务，被誉为互联网和传统旅游无缝结合的典范。

携程旅行按照等级分的不同来划分客户等级，等级分是根据客户在携程的个人账户近12个月内的订单消费情况、任务活动完成情况及信誉记录，来综合计算得出的相应分值。携程旅行将客户分为：钻石会员，综合计算等级分≥10000；白金会员，综合计算等级分在3000～9999；黄金会员，综合计算等级分在300～2999；普通会员，综合计算等级分≤300（携程旅行会员还有超级会员，此处不加以介绍）。特点是：其由普通会员升级为黄金会员的门槛较低，以"门槛低+权益多"为吸引点，培养更多的黄金会员；此外，会员等级的有效期限为60天，到期后，系统会根据客户当前的等级分重新划分会员等级。

第三节　怎样管理各级客户

客户分级管理是指电商企业依据客户带来价值的多少对客户进行分级，区别对待不同级别的客户；同时，积极提高各级客户在客户金字塔中的级别。

一、关键客户的管理

关键客户是电商企业可持续发展的最重要的保障之一，因此关键客户的管理在电商企业管理中处于重要的地位。关键客户管理的成功与否，对整个电商企业的经营业绩具有决定性的影响。

一般来说，电商企业花了很大的代价才与关键客户有了稳定、良好的关系，但竞争对手总是瞄准这些客户并伺机发动"进攻"或"招安"，而一旦失去关键客户，电商企业就会受到很大伤害。因此，电商企业必须认真维护好与关键客户的关系，牢牢地抓住关键客户，才能保证电商企业持续稳定发展，才能使电商企业保持竞争优势及对竞争对手的顽强抵御力，才能在市场竞争日益激烈的今天，屹立潮头，稳操胜券。为此，电商企业应做到以下几点。

（一）成立专门机构服务于关键客户

首先，关键客户服务机构要为电商企业高层提供准确的关键客户信息，协调技术、生产、企划、销售、运输等部门，根据关键客户的要求设计不同的产品或服务方案。

其次，关键客户服务机构要负责联系关键客户，要利用客户数据库分析每位关键客户的交易历史，注意了解关键客户的需求和采购情况，及时与关键客户就市场趋势、合理的库存量进行商讨。

最后，关键客户服务机构要关注关键客户的动态，并强化对关键客户的跟踪管理，对出现衰退和困难的关键客户要进行深入分析，必要时伸出援手。当然，也要密切注意其经营状况、财务状况、人事状况的异常动向等，以避免出现倒账的风险。

对关键客户服务是一项涉及部门多、要求非常多的工作，需要电商企业各部门协同，各个部门和员工都要以整体利益为重，主动承担责任，追求协同效率和效果的最大化。

（二）集中优势资源服务于关键客户

为了进一步提高电商企业的赢利水平，电商企业应按帕累托定律进行反向操作：要为 20% 的客户付出 80% 的努力。即电商企业要将有限的资源用在前 20% 的、能为电商企业创造 80% 利润的关键客户上。

第一，电商企业应该准确预测关键客户的需求，主动提供售前、售中、售后的全程、全面、高档次的服务，包括专门定制的、精细化的服务，甚至邀请关键客户参与电商企业的研发，从而更好地满足关键客户的需要。

第二，电商企业要增加给关键客户的财务利益，为他们提供优惠的价格和折扣，以及为关键客户提供灵活的支付条件和安全便利的支付方式，并且适当放宽付款时间限制，甚至允许关键客户在一定时间内赊账。如此做的目的是奖励关键客户的忠诚，提高其流失成本。

当然，也许有些关键客户并不看重优惠，而看重电商企业带给他们的超值服务，他们更需要的是对其地位和身份的“特别关心”。为此，电商企业可实行 VIP 制，创建 VIP 客户服务通道，更好地为关键客户服务，这对巩固电商企业与关键客户的关系，提高关键客户的忠诚度将起到很好的作用。

（三）通过沟通和感情交流，密切双方的关系

电商企业应利用一切机会加强与关键客户的沟通和交流，让关键客户感觉到双方之间不仅是一种买卖关系，还是合作关系、双赢关系。

1. 有计划地拜访关键客户

对关键客户的定期拜访，有利于熟悉关键客户的经营动态，并且能够及时发现问题和有效解决问题，有利于与关键客户搞好关系。在与客户的沟通中，电商企业要根据客户给电商企业带来价值的不同进行“分级沟通”，即针对客户的不同级别实施不同级别的沟通——如对重要客户，每个月打一次电话，每季度拜访一次；对次重要客户，每季度打一次电话，每半年拜访一次。

2. 经常性地征求关键客户的意见

电商企业高层经常性地征求关键客户的意见将有助于增加关键客户的信任度。例如，每年组织一次电商企业高层与关键客户之间的座谈会，听取关键客户对电商企业的产品、服务、营销、产品开发等方面的意见和建议，以及对电商企业下一步的发展计划进行研讨等，这些都有益于电商企业与关键客户建立长期、稳定的战略合作伙伴关系。为了随时了解关键客户的意见和问题，电商企业应适当增加与关键客户沟通的次数和时间，并且提高沟通的有效性。

3. 及时有效地处理关键客户的投诉或者抱怨

客户的问题体现了客户的需求，无论是投诉还是抱怨，都是寻求答案的标志。处理投诉或者抱怨是电商企业向关键客户提供售后服务必不可少的环节之一，电商企业要积极建立有效的机制，优先、认真、迅速、有效及专业地处理关键客户的投诉或者抱怨。

4. 充分利用多种手段与关键客户沟通

电商企业要充分利用包括移动互联网在内的各种手段与关键客户建立快速、双向的沟通渠道，不断地、主动地与关键客户进行有效沟通，真正地了解他们的需求，甚至了解他们的客户的需求或能影响他们购买决策的群体的偏好，只有这样才能够密切与关键客户的关系，促使关键客户成为电商企业的忠诚客户。电商企业还应利用一切机会，如在关键客户周年庆典，或者关键客户获得特别荣誉之时，或者关键客户有重大商业举措时，表示祝贺与支持，这些都能加深电商企业与关键客户之间的感情。

应当注意的是，电商企业与关键客户之间的关系是动态的，电商企业识别关键客户也应该是一个动态的过程。一方面，现有的关键客户可能因为自身或电商企业的问题而流失，另一方面，又会有新的关键客户与电商企业建立关系。因此，电商企业应对关键客户的动向做出及时反应，既要避免现有关键客户的流失，又要及时对新出现的关键客户采取积极的行动。

二、普通客户的管理

（一）针对有升级潜力的普通客户，要努力培养其成为关键客户

对于有潜力升级为关键客户的普通客户，电商企业可以通过引导、创造、增加普通客户的需求，鼓励普通客户购买更高价值的产品或者服务，如饭店鼓励客户吃更贵的菜等，来提升普通客户创造的价值，提高他们的贡献度。

为此，电商企业要设计鼓励普通客户增加消费的项目，如常客奖励计划，对一次性或累计购买达到一定标准的客户给予相应级别的奖励，或者让其参加相应级别的抽奖活动等，以鼓励普通客户购买更多的产品或服务。

电商企业还可根据普通客户的需要扩充相关的产品线，或者为普通客户提供“一条龙”服务，以充分满足他们的潜在需求，这样就可以增加普通客户的购买量，提高他们的层级，使电商企业进一步获利。

此外，为了使普通客户能够顺利地升级为关键客户，电商企业还有必要伸出援手，以帮助普通客户提升实力，进而增加对电商企业的需求和贡献。例如，电商企业可以成为普通客户的经营管理顾问，帮助他们评估机会、威胁、优势与劣势，制订现在与未来的市场发展规划，包括经营定位、网点布局、价格策略、促销策略等，同时，通过咨询、培训、指导，以“传、帮、带”等方式帮助普通客户提高经营管理水平。

总之，对于有升级潜力的普通客户，电商企业要制订周密、可行的升级计划，通过自己的一系列努力，成人达己，使普通客户为电商企业创造更多的价值。

（二）针对没有升级潜力的普通客户，可降低服务成本

针对没有升级潜力的普通客户，电商企业可以采取“维持”战略，在人力、财力、物力等方面，不增加投入，甚至减少促销努力，以及要求普通客户以现款支付甚至提前预付。另外，还可以缩减对普通客户的服务时间、服务项目、服务内容，甚至不提供任何附加服务，以降低服务成本。

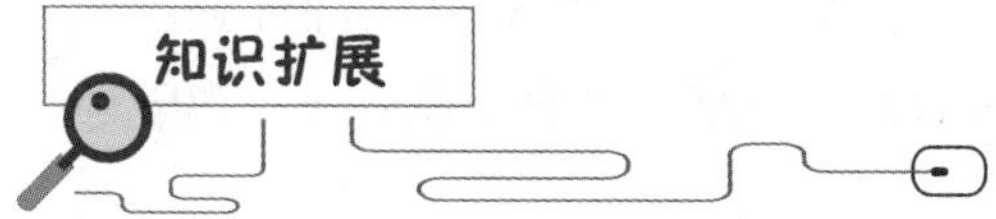

客户价值矩阵

马库斯（Marcus）用消费频率与平均消费金额构造了客户价值矩阵，图 6-3 所示为客户价值矩阵。

对于“最好的客户”，电商企业要全力维护，因为他们是电商企业利润的基础。

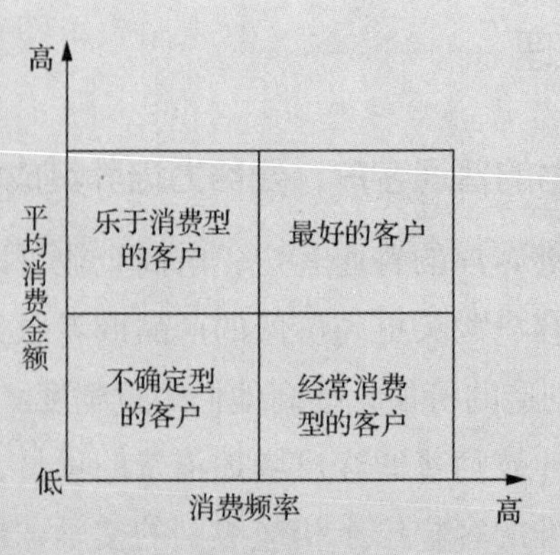

图 6-3　客户价值矩阵

对于“乐于消费型的客户”和“经常消费型的客户”，由于他们是电商企业发展壮大的保证，电商企业应该想办法提高“乐于消费型的客户”的购买频率，同时还要通过交叉购买和增量购买来提高“经常消费型的客户”的平均消费金额。

对于“不确定型的客户”，电商企业需要找出有价值的客户，并促使其向另外三类客户转化。

三、小客户的管理

2004 年 10 月，美国《连线》杂志主编克里斯·安德森（Chris Anderson）在一篇文章中首次提出“长尾”这个概念，后来进一步延伸出长尾理论——只要存储和流通的空间足够大，需求量小的、非主流的产品所共同占据的市场份额可以和那些需求量大的主流产品所占据的市场份额相匹敌，甚至更大。如果能够把大量市场价值相对较小的部分都汇聚起来，将可能创造更大的经济价值。例如，Google 是一个典型的“长尾”公司，其成长历程就是把广告商和出版商的“长尾”商业化的过程。Google 通过为数以百万计的中小型网站和个人提供个性化定制的广告服务，将这些数量众多的群体汇集起来，形成了非常可观的利润。

“二八定律”强调重视“抓大放小”，重视作为单个个体的大客户的价值；而“长尾理论”告诉我们，不要忽视众多小客户的集体力量和贡献，电商企业应该重视管理小客户，从而为电商企业带来更大的利润。

（一）针对有升级潜力的小客户，要努力培养其成为“普通客户”甚至“关键客户”

电商企业应该给予有升级潜力的小客户更多的关心和照顾，帮助其成长，挖掘其升级的潜力，从而将其培养成“普通客户”甚至“关键客户”。如此伴随着小客户的成长，电商企业的利润就可以不断增加。

例如，目前还是小客户的大学生，可能在就业后会成为关键客户。招商银行就是看到了这一点，其信用卡业务部一直把在校大学生作为业务推广的重点对象之一，尽管在校大学生当前的消费能力有限，信贷消费的愿望不强烈，但招商银行还是频繁进驻大学校园进行大规模的宣传促销活动，运用各种优惠手段刺激大学生开卡，并承诺每年只要进行六次刷卡消费，无论金额大小，都可以免除信用卡的年费，甚至还推出了各种时尚、炫彩版本的信用卡，赢得了广大年轻客户群体的青睐。通过前期的开发和提升，当大学生毕业以后，紧随而来的购房、购车、结婚、生子、教育等大项消费需要分期付款和超前消费时，招商银行巨大的利润空间开始显现。

（二）针对没有升级潜力的小客户，可提高服务价格，降低服务成本

即便是没有升级潜力，“小客户”也不等于“坏客户”。对于没有升级潜力的“小客户”，有的电商企业的做法是拒绝为其提供服务，不与他们联系和交易。这种做法过于极端，不可取，这是因为如果电商企业直接、生硬地把小客户“扫地出门”或“拒之门外”，可能会引发“小客户”向其他客户或者亲戚朋友表达他们的不满，从而给电商企业形象造成不良的影响。被“裁减”的小客户还可能投诉电商企业，增加媒体、行业协会等社会力量介入的可能性，如此电商企业很容易背上“歧视弱者”这个“黑锅”。

此外，小客户帮助电商企业创造和形成了规模优势，在降低电商企业成本方面功不可没。聚沙可以成塔，集腋可以成裘，保持一定数量的小客户是电商企业实现规模经济的重要保证，是电商企业保住市场份额、保持成本优势、遏制竞争对手的重要手段。如果电商企业放弃这些低价值的小客户，听任其流失到竞争对手那边，就可能会失去成本优势，同时可能壮大了竞争对手的客户队伍和规模。而竞争对手由于客户多了、生产服务规模大了，成本得以下降，就会对电商企业不利。

总而言之，针对没有升级潜力的小客户，电商企业也不能简单地把他们淘汰，但可以通过提高服务价格，降低服务成本的办法来“榨取”小客户的价值。

1. 对小客户提高服务价格或收取以前属于免费服务的服务费用或推销高利润的产品

这样就会增加电商企业的收入，从而将其变成使电商企业“有利可图”的客户。

2. 降低为小客户服务的成本

（1）适当限制为小客户提供服务的内容和范围，压缩、减少为小客户提供服务的时间。例如，从原来的天天服务改为每周只提供一天服务，从而降低成本，节约电商企业的资源。

（2）运用更经济、更省钱的方式提供服务。例如，从原来提供的人工服务改为自助服务，这样不但保证了销售收入，而且也减少了成本，提高了利润水平。

延伸阅读：管理你的低价值客户

在区别对待不同价值的客户上，很多公司开始冷淡对待低价值客户。当航班发生延误时，美国大陆航空公司（Continental Airlines）只会向高价值客户发送邮件表示道歉，并为他们提供常客里程累计作为赔偿。在拉斯维加斯著名的哈拉斯（Harrah's）赌场酒店，房间费用根据客户（赌客）的价值而从免费到 199 美元每晚不等。

但是，沃顿商学院教授的研究警示说，淘汰低价值客户实际上可能会损害公司的利润，而尝试提高这些客户的价值可能会产生反作用，因为这的确会迫使公司投入无谓的资金。在某种程度上说，如果你因为淘汰低价值客户而让自己的客户基础暴露，竞争对手可能就会沉重打击你，甚至钻你的空子，让这些人变成他的客户。

美国的 ING Direct 就是依靠为传统银行眼中的"低价值客户"提供服务而迅速崛起的。这些人没有太多的钱，也不需要太多服务，却被迫在大银行中浪费了太多排队时间，所以当 ING Direct 开始为他们量身打造服务时，这些占美国社会绝大多数的人群立即成了 ING Direct 的客户。

无疑，当公司淘汰低价值客户的时候，也很有可能在同时为自己培养强大的竞争对手。所以，比淘汰低价值客户更好的方法，就是在改善高端客户质量的同时，找到其他成本消耗更低的方法来管理低价值客户，这样才能避免竞争对手挖你的墙脚。要知道，金字塔底部的业务和客户虽然不是公司的主要利润来源，但却是一道屏蔽竞争对手的有效防火墙。

当然，处于客户金字塔较低层的小客户察觉到自己所受的待遇不如较高层的客户时有可能被激怒。为了避免出现这种不愉快的局面，电商企业可把为不同级别客户提供的服务从时间上或空间上分割开来。例如，在飞机和客轮上，不同层次的客户因票价不同而分别处于不同等级的舱位，分别接受不同等级的服务，彼此互不干扰。电商企业分别提高他们的感知价值，这样就能够使头等舱客户、商务舱客户和经济舱客户各得其所。

四、坚决淘汰劣质客户

实践证明，并非目前所有的客户关系都值得保留——劣质客户吞噬、蚕食着电商企业的利润，与其让他们消耗电商企业的利润，还不如及早终止与他们的关系，压缩、减少或终止与其的业务往来，以减少利润损失，使电商企业的资源能够投入其他客户群体。

适时终止与没有价值、负价值或者前景不好的客户的关系，电商企业才能节省有限的资源去寻找和服务于能够更好地与电商企业的利润、成长和定位目标相匹配的新客户和老客户。

电商企业对于赖账的客户，可以“先礼后兵”，动员各种力量对其施加压力，还可以“还以颜色”，直至“对簿公堂”。

总之，电商企业针对不同级别的客户采取分级管理和差异化的激励措施，可以使关键客户自豪地享受电商企业提供的特殊待遇，并激励他们努力保持这种尊贵地位；同时，刺激有潜力的普通客户向关键客户看齐，鞭策有潜力的小客户向普通客户甚至关键客户看齐，坚决淘汰劣质客户……这样就可以让不同级别的客户分别为电商企业创造更多的价值，这就是对客户进行分级管理的理想境界。

本章习题

1. 为什么要对客户进行分级？
2. 如何对客户分级？
3. 如何管理各级客户？
4. 什么是客户分级管理的理想境界？

本章实训

介绍、分析 ×× 电商是通过哪些指标、数据、规则对客户进行分级的？将客户分为了哪几级？如何管理各级客户？

第七章 电商对客户的沟通管理

所谓沟通，就是信息的交流与互换。

电商企业通过与客户进行信息交流与互换，从而为赢得客户满意与客户忠诚打下基础。

第一节 客户沟通概述

一、客户沟通的作用

（一）客户沟通是实现客户满意的基础

根据美国营销协会的研究，客户不满意的原因有三分之一是产品或服务本身有毛病，其余三分之二是因为电商企业与客户的沟通不良。可见，客户沟通是使客户满意的一个重要环节，电商企业只有加强与客户的联系和沟通，才能了解客户的实际需求，才能理解他们的预期，特别是当电商企业出现失误时，有效的沟通有助于更多地获得客户的谅解，减少或消除客户的不满。一般来说，电商企业与客户进行售后沟通可减少退货情况的发生。电商企业通过与客户沟通，可把电商企业的产品或服务的信息传递给客户，把电商企业的宗旨、理念介绍给客户，把有关的政策向客户传达、宣传，使客户知晓电商企业的经营意图，还可以主动向客户征求对电商企业产品或服务及其他方面的意见和建议，提高他们的满意度。

（二）客户沟通是实现客户忠诚的基础

电商企业经常与客户进行沟通，才能向客户灌输双方长远合作的意义，描绘合作的远景，才能在沟通中加深与客户的感情，才能稳定客户关系。如果电商企业与客户缺少沟通，那么好不容易建立起来的客户关系，可能会因为一些不必要的误会没有得到及时消除而土崩瓦解。因此，电商企业要及时、主动地与客户保持沟通，并且要建立顺畅的沟通渠道，这样才可能实现客户忠诚，才可能赢得一大批稳定的老客户。

总之，有效的客户沟通，有助于拉近电商企业与客户的距离，加深电商企业与客户的感情，有利于电商企业巩固、提升和发展与客户的关系。

二、客户沟通的内容

客户沟通的内容主要有信息沟通、情感沟通、理念沟通、意见沟通，有时还要有政策沟通。

所谓信息沟通，就是电商企业把产品或服务的信息传递给客户，也包括客户将其需求或者要求的信息反映给电商企业。

所谓情感沟通，主要是指电商企业主动采取相关措施，加强与客户的情感交流，加深客户对电商企业的感情依恋所采取的行动。

所谓理念沟通，主要是指电商企业把其宗旨、理念介绍给客户，并使客户认同和接受所采取的行动。

所谓意见沟通，主要是指电商企业主动向客户征求意见，或者客户主动将对电商企业的意见（包括投诉）反映给电商企业的行动。

所谓政策沟通，主要是指电商企业把有关的政策、规定、制度等向客户传达、宣传所采取的行动。

三、客户沟通的形式

电商企业与客户之间的沟通应当是双向沟通，既要让客户了解电商企业，也要让电商企业了解客户，这样，电商企业与客户之间才能增进了解和交流，才能够消除隔阂、化解误会、荣辱与共、利益相连。所以，电商企业与客户之间的沟通形式应当包括以下两种。

第一，电商企业与客户的沟通指电商企业积极保持与客户的联系，把电商企业的产品或服务的信息及时传递给客户，使客户了解并且理解和认同电商企业及其产品或服务。

第二，客户与电商企业的沟通指电商企业要为客户提供各种渠道，并保持渠道畅通，使客户可以随时随地与电商企业进行沟通。沟通内容包括客户向电商企业提出的意见、建议和投诉。

四、客户沟通的策略

（一）向客户表明诚意

由于沟通的成功有赖于双方的共同努力，因此电商企业与客户沟通时，要向客户表明自己是很有诚意的，必要时可进行拜访，通过真诚的交流和情感沟通，增进了解。如果电商企业没有诚意，就不要指望得到客户的响应，也不要指望与客户的沟通能够获得成功。

（二）站在客户的立场上与客户沟通

一方面，客户通常关心的是有关自己切身利益的事，另一方面，客户购买的不仅是产品或者服务，还包括电商企业对客户的关心以及客户对电商企业的信任。因此，电商企业只有站在客户的立场上，充分考虑客户的利益，才能获得沟通的成功。

（三）建立有利于客户与电商企业沟通的制度

电商企业要积极建立客户沟通制度、建议制度、投诉制度，清清楚楚、明明白白地告诉客户接访部门和接受投诉的部门及其联系方式和工作程序等。

第二节　客户沟通的途径

电商企业既可以通过客服人员与客户沟通，也可以通过线下活动、线上方式与客户沟通，还可以通过人工智能与客户沟通。

一、通过客服人员与客户沟通

电商企业客服人员可以向客户介绍电商企业及其产品或者服务的信息，及时答复和解决客户提出的问题，并对客户进行主动询问和典型调查，了解客户的意见及客户对投诉处理的意见和改进意见等。

为此，电商企业要加强对客服人员的培训，使客服人员充分理解企业的服务策略，理解优质服务和客户忠诚的关系，理解客户忠诚对企业生存的意义，理解服务质量的好坏与自己前途的密切关系，从而规范客服人员的心态和行为。

首先，沟通要“以客户为中心”。客服人员要理解、关心、爱护和尊重客户，形成“以客户为中心”的沟通环境。“以客户为中心”就是以客户及其需求作为行动的导向，想客户之所想，急客户之所急，主动了解客户，预见客户的需求，迅速回应客户的需求并采取行动满足客户的需求。“以客户为中心”就是要以人为本，要真诚地面对客户，重视客户的意见，充分考虑客户利益，鼓励客户参与服务的规划与设计，针对不同类型客户提供定制化的服务。“以客户为中心”要求电商企业要真正尊重客户，关怀客户，一切从客户出发，不断完善服务体系，最大限度地使客户满意。

其次，沟通时要换位思考。服务意识要求我们考虑问题不能仅仅从自己的角度出发，而是要从他人需要的角度出发，即换位思考。换位思考意味着电商企业要站在客户的角度去思考问题，理解客户，为客户提供良好的服务。应该看到，有血肉之躯的人是容易被伤害的，此外，大多数人还都爱“面子”，所以，电商企业应该设身处地为客户着想，千万不能让客户感到窘迫或出丑。

再次，沟通要以诚信为本。诚信是电商企业的无形资产，它有利于电商企业树立良好的形象，赢得商誉，为电商企业的长期发展奠定坚实的基础。客服人员应对客户忠诚，诚恳待之，不做假，不欺骗，有信誉，守承诺，表里如一，遵纪守法。

最后，客服人员是联系店铺和客户之间的桥梁，要熟悉店铺的产品信息，对于产品的特征、功能等基本信息要做到了如指掌，才能流利地解答客户提出的各种关于产品信息的问题。

二、通过线下活动与客户沟通

客户购买产品以后，电商企业应及时了解客户使用产品的情况，解答客户提出的问题，积极地与客户进行定期或不定期的沟通，拜访或者经常电话问候，了解他们的想法和意见，并邀请他们参与电商企业的各项决策，让客户觉得自己很受重视。

此外，通过定期或不定期地对客户进行拜访，与客户进行面对面的沟通，也可以收集他们的意见，倾听他们的想法，并消除电商企业与客户的隔阂。对于重要的客户，电商企业负责人要亲自接待和登门拜访，努力加深双方的情感联系，并且发展联盟式的客户关系。在客户的重要日子（如生日、结婚纪念日、职务升迁、乔迁之喜、子女上大学、厂庆日等），电商企业可采取恰当的方式予以祝贺，如寄节日贺卡、赠送鲜花或礼品等，让客户感觉到电商企业实实在在的关怀就在身边。

电商企业还可通过座谈会的形式，定期把客户请来进行直接的面对面的沟通，让每个客户畅所欲言，或者发放意见征询表，向客户征求对电商企业的投诉和意见。这种敞开心扉的交流，可使电商企业与客户的沟通不存在障碍，同时，这也为客户提供了广交同行朋友的机会——在座谈会上，客户们可以相互学习、相互取经。

另外，邀请客户联谊也是加深与客户感情的好方式，如一个可携带配偶出席的晚会将增进电商企业与客户的情谊。联谊活动有多种形式，如宴会、娱乐活动、健身活动、参观考察等。联谊的目的是拉近与客户的距离，与客户建立一种朋友式的关系。电商企业可以邀请客户参加娱乐活动，如打保龄球、观赏歌舞、参加高级晚会等，过年过节时举行客户游园会、客户团拜会、客户酒会、客户答谢会等显示客户尊贵地位的活动，喝喝茶、唱唱歌，再读一封热情洋溢的感谢信，也可以增进客户对电商企业的友情，强化关系。

三、通过线上方式与客户沟通

电商企业不能像传统零售企业一样与客户面对面交流沟通，这就要求电商企业要充分利用互联网的优势，加强与客户在线上的互动。现代通信手段的发展，使电商企业还可以通过电子邮件、微信、博客等形式与客户沟通，向客户提供产品及服务信息。

随着移动互联网的发展，网络社交购物市场越来越受到各平台和资本方的青睐，是未来发展的一片蓝海。社交网络具有三大特性：一是传播速度快，以微博、微信为代表；二是情感共鸣强，一则消息一旦抓住用户的痛点，引发其共鸣后便会产生如病毒般蔓延的传播效果，一个话题性事件“引爆”网络后很可能引起全民讨论，瞬间“点燃”

整个网络；三是黏性强，以微信、微博、直播等主导的社交网络平台将目标客户群聚集在一起，通过互动运营、情感营销增加客户对企业的好感，而这种好感不仅影响社群成员本身，还会通过社交网络的发散性影响社群成员周围的人。

（一）微博

微博，也就是微型博客，是一种通过关注机制分享简短实时信息的广播式的社交网络平台。客户能够利用 Web、WAP 等很多种类的客户端注册个人社区，以 140 字的文字更新信息，同时完成实时分享。一般的公众都非常喜欢充当“报道者”，喜欢在传统媒体播报与政府新闻公布之前，在微博上公布新消息或者对突然发生的事件进行“现场直播”。所以，微型博客被评为“杀伤力最强的舆论载体”。因为它吸收了手机短信、社交网站、博客与 IM 四个平台的优势。

由于微博目前大部分都是要实名制的，因此大部分网民对微博非常信任，有调查表明，近 80% 的网民会信任微博上发布的内容。所以，电商企业利用微博发布产品资料，能够使受众更加信任。并且微博能够和使用者交流互动，有助于客户知道关于产品的信息，这些都是传统媒体难以做到的。

此外，由于微博信息更新速度快，并且微博内容传播范围很广，所以大部分网民都会把微博当作知晓重大事件的消息获得通道。同时，微博的评论功能也可以使很多网民对事件表达意见，这便让微博变成了重大事件的舆论中心。而对电商企业而言，微博是一个非常好的帮其及时解决危机的平台。

总之，微博具有广泛的受众，是一种有效的营销方式，热门微博、微博头条具有较大的影响力。通过微博营销，电商企业可以利用受众感兴趣的话题、内容吸引受众，不必浪费大量的人力、物力进行传播，节约资源。另外，微博还具有较强的煽动性，可以容易地将消费群体与品牌相结合，为品牌传播贡献力量。

案例

戴尔直通车

戴尔直通车是戴尔公司的官方中文博客，博客采取文字、照片、视频等形式，介绍戴尔产品、服务、员工生活等各种信息，用户可以在博客上留言，分享对戴尔的评论、想法和意见，戴尔直通车的站长和其他工作人员代表戴尔在博客上回答大家的问题。通过戴尔博客，客户可以和戴尔进行信息交流，一起讨论 IT 技术、戴尔文化、戴尔产品、客户体验、公司战略、电商企业社会责任、戴尔人的生活等，戴尔员工和客户的对话和直接交流信息变得容易。博客开通的第一个月内，客户讨论最多的话题是希望戴尔预装操作系统，在客户投票后，戴尔迅速响应客户需要，很快就在产品中增加了这一项。

（二）微信

微信，英文名字为“WeChat”，是由腾讯公司推出的一款手机免费应用程序，它不仅能够快速发送文字、图片、表情、语音、视频，还能实现多人语音对讲和位置共享等，它可以跨通信运营商、跨操作系统平台，具有零话费、跨平台沟通、显示实时输入状态等特点。与传统的短信沟通方式相比，微信更灵活、更智能，且节省资费。微信自问世以来，紧紧围绕即时通信的核心功能，通过不断地丰富和完善，已经发展成为集沟通、社交、媒体、营销、工具五大功能于一身的平台化产品。

1. 电商企业运用微信进行客户沟通的优势

首先，受众精准。传统媒介以“一对多”的形式广而告之，信息的传播与扩散是单方面的，客户很难迅速接收有效信息。相对于微博这类开放式网络社交平台，微信账号只有客户自己搜索并关注了才会收到信息。他们对群发信息通常没有抵触情绪，而且往往客户关注的信息都是自己感兴趣的，所以微信在信息展示方面具备了亲和力，电商企业利用微信可以对某一客户进行有针对性的消息推送。

其次，客户体验性强。微信支持的传播材料形式不局限于文字，另外，微信还有微信朋友圈、微信公众号、建群等功能模块能够吸引客户参与其中，极大地提升了客户体验。

再次，沟通成本低。微信从推出之日起就强调它的免费，微信上的大部分功能是免费的，如发送即时消息、申请个人或电商企业微信公众号、发布微信朋友圈等；另外一些附加功能收费也是很低的，相对于电视广告每秒几十万元到几百万元的费用，微信沟通的运营成本极低。

最后，没有时间和空间的限制。在互联网平台下，利用网络的便利性，微信服务的时间不仅仅局限于每周五天每天八小时，而是在一天 24 小时内都能够进行沟通，使电商企业和客户之间在沟通上没有了时间的限制。互联网平台的存在极大地缩短了电商企业与客户之间的距离，使电商企业和客户之间在沟通上没有了空间的限制。通过互联网微信平台，客户能够快速搜索电商企业的产品信息，而电商企业也能够根据微信客户的使用习惯有针对性地提供服务。

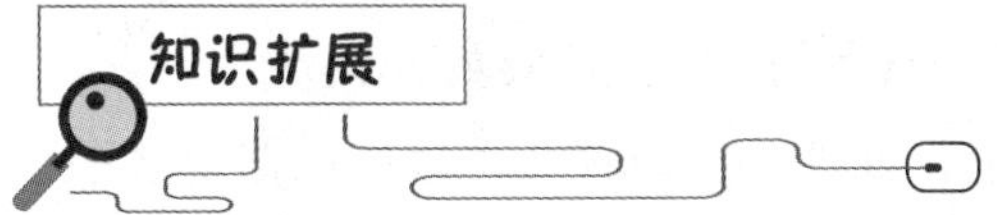

微信朋友圈的沟通功能

微信朋友圈是微信用户常用的一种功能，通过文字与图片等多种形式，实现分享互动，同时，微信还允许企业在开放平台上对自己的应用进行接入。这样，通过开放的平台与微信朋友圈的社会化媒体，客户对发布信息的内容进行评论和推荐，实现信息内容的分享与推广。微信朋友圈可以实现图片、文字、链接、视频在微信朋友圈内的传播，客户可以直接通过自己的微信朋友圈查看相关产品营销的信息。

在微信朋友圈上发产品常识方面的内容可给对方带来一种专业的感觉；发布销售业绩或荣誉方面的内容可以给对方你生意红火、专业可信、被客户认可的感觉；发布服务经历，如帮客户处理问题的经过以及结果（最好配上图片），可给对方带来你很有服务精神的形象；发布客户的感谢短信，可打造自己的形象；发布活动促销类信息可引起客户兴趣，带来客户与你沟通的可能，创造销售机会；发布最新新闻、热点话题以及其他信息可增加微信的趣味度，吸引对方关注。由于微信朋友圈传播信息的直观性、易查看性，如果发布的信息太多、不真实等会引起客户反感甚至直接被屏蔽。因此，在微信朋友圈推送营销信息需要注意发送信息的质量、频率、时间等。一般来说，发布微信朋友圈信息每天三条到五条比较适中，可将生活信息和产品推广信息穿插发布，文案要短而精，要有底蕴，不要刷屏让别人反感。

2. 电商企业还可以通过微信公众平台与客户沟通

微信公众平台可以向关注它的客户发送信息，这种信息可以是服务资讯、产品促销，也可以是热点新闻、天气预报等。微信公众平台甚至可以与客户进行互动，提供咨询、客服等相关服务。例如，一号店不仅在自己的网站中开辟一号社区分享实用性知识，还开通了微信公众号传递最新资讯，并提供辣妈特权、积分签到、纸箱回收赢大奖等特色服务和优惠，在吸引客户眼球的同时也让客户与一号店之间的关系越来越紧密。

通过微信公众平台，电商企业可以方便地设置调查页面并且随时可以调整调查内容，客户则可以很方便地通过手机对服务进行评价，如此电商企业就可以在第一时间获得关于服务质量的反馈，清楚了解服务的哪个环节存在问题，哪些服务人员存在问题，以便于及时纠正。一些餐厅在菜单上标注官方微信二维码，客户关注之后，可以对餐厅菜品进行评价，同时经营者也可以向这些客户推送餐厅促销信息，为客户提供就餐指导。这样长期的线上与线下交流，可使经营者与客户建立良好的关系。

另外，微信公众平台还可以对客户投诉进行处理，电商企业可以在微信公众平台设立投诉箱，并要求相关负责人对所有投诉内容给予足够重视，针对自己的错处公开向客户道歉，并要求相关部门进行事后跟踪。

如今，一个电商企业的微信公众号，不仅代表着电商企业的形象地位，更能体现电商企业的内在文化。因此，电商企业在创建微信公众号时，不仅要贴合电商企业自身的形象气质，更要体现电商企业的文化内涵，使客户在搜索电商企业微信公众号时有耳目一新的感觉。

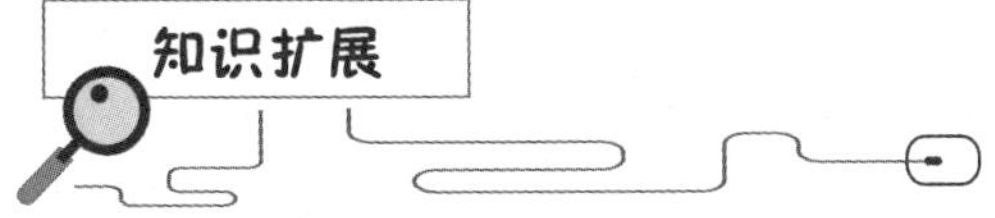

客服代表服务过程中的几个关键点

（1）快速理解客户问题

客服代表除了要具备基本的理解能力，还要在日常积累一些客户的问法，掌握客户询问的一般规律，学会在交谈中找准客户的需求。

（2）快速找到解决办法

在理解了客户的问题和需求后，客服代表就要针对这些问题进行剖析和解答，这个过程要求客服代表给出的答案是准确的、指引是清晰的，并熟悉处理流程，为此，客服代表要经常进行业务培训，同时，后台要在业务讲解、知识库架构清晰、及时更新方面做好充分支撑。客服代表向客户回答问题，需要以知识库作为依据，如果知识库混乱，客服代表不易查找，或者业务信息未能及时更新都会影响客服代表快速解决问题的能力。

（3）简单明白地告诉客户

在回答客户问题时，客服代表要简单明白，不但要减少使用专业术语还需要有良好的沟通技巧。我们常说“沟通：不在于你说了什么，而在于对方听到了什么”，所以客服代表理解了客户的问题并找到解决方法后，要简单明白地告诉客户。这就要求客服代表要不断提高自己的沟通能力和处理问题的能力，不断总结各种问题的解决办法；要求培训管理部门经常总结沟通技巧的案例和方法，及时对客服代表开展话术培训和案例教学。

四、通过人工智能与客户沟通

随着电子计算机技术和自动化技术的发展，人工智能也逐渐发展了起来，越来越多的电商企业应用人工智能技术与客户沟通。

人工智能能够识别客户并且在和客户交流过程中熟悉客户，回答客户提出的问题、介绍产品、语音引导客户办理业务。机器人在客户输入数据办理业务的时候，可以将数据输入后台进行分析，了解客户需求后智能地向客户进行产品推荐。

人工智能还可以智慧化地与客户沟通。智能语音客服主要运用了语音识别功能和语音数据挖掘功能，当客户提出的问题简单的时候，语音客服可以直接回答客户。如果问题比较复杂则会转接人工客服来为客户进行解答。智能文字客服会记录客户在网上银行和电子银行上的操作，通过后台系统智能分析客户可能遇到的问题。当客户点击客服的按钮时，智能文字客服会智能地为客户提供问题以及最近客户提到的热点问题。只要客户点击问题或者提问其他内容，智能文字客服就会迅速对其进行解答。

总之，客户沟通的途径有多个，其目的是通过经常性的沟通，让客户清楚电商企业的理念与宗旨，让客户知道电商企业是他们的好朋友，电商企业很关心他们，为了不断满足他们的需要，电商企业愿意不断地提升产品或者服务的品质，这样就能够提升客户关系。

第三节　如何处理客户投诉

一、客户投诉产生的原因

例如，电商企业在广告中过分夸大宣传产品的某些性能，引诱客户；或者电商企业对客户做了某种承诺而没有兑现，使客户的需求没有得到满足，如有的电商企业承诺包退包换，但是一旦客户提出退换要求，总是找理由拒绝。

二、为什么要重视客户的投诉

（一）投诉的客户很可能是忠实的客户

调查表明，投诉的客户只占全部客户的 5% 左右，其余 95% 左右的不满意客户是不会投诉的，他们只会停止购买，或是转向其他竞争品牌，与电商企业的竞争对手交易，而且还会散布对电商企业不利的信息，这些客户根本不给电商企业解决问题的机会。

由此可见，电商企业应该感谢这些前来投诉的客户，因为他们把不满告诉了电商企业，而不是把不满告诉了他们的亲朋好友。有期待才会有投诉，客户肯花时间来投诉，发表怨言，表明他们对本电商企业抱有“恨铁不成钢”的心态，表明他们对电商企业仍然有信心，他们期待电商企业有所改进。因此，可以说那些肯投诉的客户很可能是电商企业的忠实客户。

（二）投诉带来珍贵的信息

客户是产品或服务最直接的使用者和消费者，所以他们是最权威的评判者，最具发言权。

客户投诉的确是件令人头痛的事，但是如果换个角度来看就会发现，客户投诉是客户对电商企业的产品或者服务不满的正常反应，是客户对产品或服务的期待及信赖落空而产生的不满及愤怒，它揭示了电商企业经营管理中存在的缺陷。因此，客户投诉可为电商企业提供重要线索，使电商企业可以及时了解和改进产品或服务的不足之处。

客户投诉还蕴藏着巨大的商机，因为它可以帮助电商企业产生开发新产品、新服务的灵感，许多知名的大企业在开发新产品方面都得益于客户的投诉。例如，美国宝洁公司通过“客户免费服务电话”倾听客户的意见，并且对其进行整理与分析研究，由此产生了许多改进产品的设想。

（三）妥善处理投诉可阻止客户的流失

有些电商企业在处理客户投诉时常常表现得不耐烦、不欢迎，甚至流露出反感的情绪，这是一种危险的做法。因为这样往往会使电商企业丧失宝贵的客户资源。

如果电商企业对客户的投诉处理不当，那么不但投诉客户会流失到竞争对手那边，而且客户还会将其不满广为传播，从而容易引发其他客户的流失。同时，由于客户的口碑效应，电商企业在吸引新客户时的难度会加大，公司的信誉也会下降，发展受到限制，甚至生存受到威胁。“250 定律”要求电商企业对任何客户都待之以诚，因为如果得罪了一位客户，也就可能得罪了另外 250 位客户。借助于互联网，这些不开心的客户很容易让成千上万的人知道他的感受。因此电商企业必须要在这个不愉快的事情发生之前迅速解决。

相反，客户投诉的成功处理可以带来回头客业务。因为客户常常依靠企业处理投诉的诚意和成效评判一个企业的优劣，如果客户投诉的结果令客户满意，他们会对企业留下好印象。美国 TRAP 公司研究表明，不投诉的客户只有 9% 会回购，投诉的客户有 15% 会回购，投诉得到解决的客户则有 54% 会回购，如果投诉可以得到迅速解决，则有 82% 的客户会回购。可见，有投诉不一定是坏事，关键是看电商企业怎样处理。

总之，世界上没有任何一个电商企业敢说：“我的企业永远不会出现失误，也永远不会出现危机。”从这个角度来讲，客户投诉在所难免。电商企业要与客户建立长期的相互信任的伙伴关系，就要妥善处理客户的投诉，把处理客户的投诉看作一个弥补产品或者服务欠佳造成的损失以及挽回不满意客户的机会，把处理客户的投诉看作恢复客户对电商企业的信赖、避免引起更大的纠纷和恶性事件的大好机会，此外，也要把处理客户的投诉看作促进自身进步和提升客户关系的契机。

三、处理客户投诉的“四部曲”

（一）让客户发泄

客户是给电商企业带来利润的人，是电商企业的衣食父母，也是能够使电商企业失败的人，因此，客户不应是电商企业争辩或斗智的对象。为此，客户来投诉时，电商企业应该热情地招待对方，真诚地对待每一位前来投诉的客户，并且体谅对方——客户投诉时难免过于激动。心理专家指出，人在愤怒时，最需要的是情绪的宣泄，只要将心中的怨气宣泄出来，情绪便会平复，所以，电商企业要让投诉的客户充分发泄心中的不满乃至愤怒。

在客户发泄时，电商企业要注意聆听和认同两个环节。

1. 聆听

电商企业应做一个好的聆听者，认真聆听，不轻易打断客户说话，不伤害客户的自尊心和价值观。聆听时要注意关注客户，使客户感觉到自己、自己的话、自己的意见被重视，从而鼓励客户说出心里话，同时，还要协助客户表达清楚。另外，可以在客户讲述的过程中，不时点头，不时用“是的”“我明白”“我理解”，表示对投诉问题的理解，让客户知道你明白他的想法。此外，还可以复述客户说过的话，以更准确地理解客户所说的话，当客户在长篇大论时，复述还是一个总结谈话的技巧。

2. 认同

客户投诉时，最希望自己能得到尊重和理解，因此这时候电商企业要积极地回应客户所说的话，如果你没有回应，客户就会觉得自己不被关注，就可能会被激怒。常用语有：“您的心情我可以理解”“您说的话有道理”“是的，我也这么认为”“碰到这种状况我也会像您那样”。

影响投诉问题解决的原因可能是多方面的，当因为政策或其他方面的问题导致投诉根本无法解决时，电商企业只要在与客户沟通的过程中始终抱着积极、诚恳的态度，也会使客户的不满情绪降低很多。

延伸阅读：客户投诉的心理状态分析

1. 发泄的心理

客户遭遇不满而投诉时的一个最基本的需求是将不满传递给电商企业，把自己的怨气、抱怨发泄出来。这样，客户不愉快的心情便会得到缓解，恢复心理上的平衡。

2. 被尊重的心理

客户来投诉都希望获得关注和对他所遭遇问题的重视，以感到被尊重，尤其是一些感情细腻、丰富的客户。在投诉过程中，电商企业能否对客户本人给予认真接待、及时表示歉意、及时采取有效的措施、及时回复等，都被客户作为是否受尊重的表现。如果客户确有不当，电商企业也要用巧妙的办法解决，这也是满足客户被尊重心理的需要。

3. 补救的心理

客户投诉的目的在于补救，因为客户觉得自己的权益受到了损害。值得注意的是，客户期望的补救不仅指财产上的补救，还包括精神上的补救。根据我国的法律，绝大多数情况下，客户是无法取得精神损害赔偿的，而且实际投诉中客户提出要求精神损害赔偿金的也并不多，但是，通过倾听、道歉等方式给予客户精神上的抚慰是必要的。

4. 认同心理

客户在投诉过程中，一般都努力向电商企业证实他的投诉是对的和有道理的，希望获得电商企业的认同。为此，电商企业在了解客户的投诉问题时，对客户要表示充分的理解和同情，但是要注意不要随便认同客户的处理方案，这样有助于拉近彼此的距离，为协商处理营造良好的沟通氛围。

5．表现心理

客户前来投诉往往存在着表现心理。客户既是在投诉和批评，也是在建议和教导。好为人师的客户随处可见，他们通过这种方式获得一种成就感。电商企业利用客户的表现心理进行投诉处理时，要注意夸奖客户，引导客户做一个理智的人。另外，还可以考虑性别差异地接待，如男性客户由女性来接待，在异性面前，人们更倾向于表现自己积极的一面。

6．报复心理

当客户对投诉的得失预期与电商企业的相差过大，或者客户在宣泄过程中受阻或受到新的“伤害”时，某些客户会产生报复心理。存有报复心理的客户，不计个人得失，不考虑行为后果，只想让电商企业难受，出一口恶气。自我意识过强、情绪易波动的客户更容易产生报复心理。对于这类客户，电商企业要特别注意做好工作，通过各种方式及时让其恢复理性。对于少数有报复心理的人，要注意搜集和保留相关的证据，以便客户做出有损电商企业声誉的事情时，拿出来给大家看；适当的时候提醒一下客户这些证据的存在，对客户而言也是一种极好的冷静剂。

（二）记录投诉要点，判断投诉是否成立

要记录的内容有：投诉人，投诉对象，投诉内容，投诉时间，客户购买产品的时间，客户的使用方法，投诉要求，客户的联系方式等。

在记录的同时，电商企业要判断投诉是否成立，投诉的理由是否充分，投诉的要求是否合理。如果投诉不能成立，也要用婉转的方式使客户认清是非曲直，耐心解释，消除误会。如果投诉成立，电商企业的确有责任，就应当首先感谢客户，可以说“谢谢您对我说这件事……”“非常感谢，您使我有机会为您弥补损失……”，要让客户感到他和他的投诉是受欢迎的，他的意见很宝贵。客户一旦受到鼓励，往往还会提出其他的意见和建议，从而给电商企业带来更多有益的信息。

感谢之后要道歉，道歉时要注意称谓，尽量用“我”，而不用“我们”，因为“我们很抱歉”听起来毫无诚意，是在敷衍塞责。俗话说“一语暖人心”，话说得悦耳动听，紧张的气氛自然也就缓和了。

（三）提出并实施可以令客户接受的方案

道歉之后，电商企业就要着手为客户解决问题，要站在客户的立场上来寻找解决问题的方案并迅速采取行动，否则就是虚情假意。

首先，要马上纠正引起客户投诉的错误。反应快表示你在严肃、认真地处理这件事，客户对此一定会很欣赏，拖延时间只会使客户感到自己没有受到足够的重视，会使客户的不满情绪变得越来越强烈。

其次，根据实际情况，参照客户的处理要求，提出具体的解决方案，如退货、换货、维修、赔偿等。提出解决方案时，要注意用建议的口吻，然后向客户说明它的好处。如果客户对方案不满意，还可以问问他的意见——从根本上说，投诉的客户不仅是要你处理问题，还要你解决问题。所以，当客户觉得处理方案不是最好的解决办法时，电商企业一定要向客户讨教如何解决。

最后，抓紧实施客户认可的解决方案。

（四）跟踪服务

跟踪服务即对投诉处理后的情况进行追踪。电商企业可以通过电话或微信，甚至登门拜访的方式了解事情的进展是否如客户所愿，调查客户对投诉处理方案实施后的意见，如果客户仍然不满意，就要对处理方案进行修正，重新提出令客户接受的方案。

跟踪服务体现了电商企业对客户的诚意，会给客户留下很深、很好的印象，客户会觉得电商企业很重视他提出的问题，是真心实意地帮他解决问题。

此外，电商企业可通过跟踪服务，对投诉者进行回访，并告诉他基于他的意见，电商企业已经对有关工作进行了整改，以避免类似的投诉再次发生，这样不但有助于提升电商企业形象，而且还可以把客户与电商企业的发展密切联系在一起，从而提高客户的忠诚度。

延伸阅读：处理客户投诉常见的错误行为

① 在澄清事实以前便承担责任，一味道歉或者批评自己的同事。

② 与客户争辩、争吵，不承认错误，只强调自己正确的方面，言辞激烈，带攻击性。

③ 教育、批评、讽刺、怀疑客户，或者直接拒绝客户，并坚称这种事情绝对不会发生。

④ 表示或暗示客户不重要，为解决问题设置障碍、吹毛求疵、责难客户，期待客户打退堂鼓。

⑤ 问一些没有意义的问题，以期找到客户的错误，避重就轻，假装关心，实际上却无视客户的关键需求。

⑥ 言行不一，缺乏诚意，拖延或隐瞒。

如何应对以下三种特殊客户的投诉

① 感情用事者。碰到这样的客户，电商企业务必保持冷静、镇定，让其发泄，仔细聆听，并表示理解，尽力安抚，告诉客户一定会有满意的解决方案，要语气谦和但有原则。

② 固执己见者。碰到这样的客户，电商企业要先表示理解客户，然后力劝客户多多理解，并耐心解释所提供的处理方案。

③ 有备而来者。碰到这样的客户，电商企业要谨言慎行，要充满自信，明确表示解决问题的诚意。

四、提高处理客户投诉的质量

（一）建立便捷的投诉途径

根据美国消费者事务办公室的调查，90% ～ 98% 的不满意客户从不抱怨，他们仅仅是转到另外一家，这或许是因为怕麻烦，或许是因为商品价值太低而不愿浪费时间和精力，或许是因为不知道如何投诉。如果客户不将心中的不满讲出来，电商企业就很可能不知道自己在哪里出错了，从而一错再错，结果是引起更多客户的不满。因此，为了确保不满意的客户能够向电商企业提出自己的意见，电商企业就要想办法降低客户投诉的“门槛”，为客户提供各种便利的投诉途径，如开通免费投诉电话或者线上投诉等，让客户投诉变得简单。此外，电商企业还可通过设置电子邮箱及微信公众号等为客户提供便捷的投诉通道。总之，电商企业要创造条件方便客户投诉和提意见，并且尽量降低客户投诉的成本，减少客户花在投诉上的时间、精力和金钱等。

（二）建立完善的客户投诉系统

电商企业应建立完善的客户投诉系统，对每一位客户的投诉内容及处理投诉的过程都要做出详细的记录，包括客户投诉的内容、处理投诉的过程及结果、客户是否满意等。这样做的目的是全面收集、统计和分析客户的意见，不断改进客户投诉的处理办法，并将获得的信息整理后传达给其他部门，以便及时总结经验和教训，为将来更好地处理客户投诉提供参考。另外，电商企业要设立投诉处理时限，原则上对客户投诉应在 24 小时内提出处理意见，对于需要给予客户现金或代金币补偿的，应在不超过 72 小时内补偿到位。投诉处理时限不仅是内控标准，还要对外公布，这样便于客户监督服务质量。此外，电商企业要对投诉的处理过程进行总结与综合评价，提出改进对策，不断完善客户投诉系统。

（三）提高客服代表处理投诉的水平

客服代表往往是客户投诉的直接对象，然而目前许多电商企业不注重这方面的训练，其客服代表处理客户投诉凭的是经验或临场发挥，缺乏平息客户怨气的技巧。为此，电商企业应当利用各种形式，对客服代表进行培训，使他们掌握处理客户投诉的技巧，使客服代表成为及时处理客户投诉的重要力量。此外，要赋予客服代表一定的权力，使他们在处理一些无法预见的问题时有一定的自主权，以便对客户提出的意见和建议做出迅速的反应，从而保证为客户提供迅速、及时、快捷、出色的服务。另外，要注意对客服代表的心理调节，可采取合理的自我宣泄，学会倾诉；转移注意力，多从事有益于身心健康的活动；客服代表之间要多沟通；提高成就感等措施。

（四）警钟长鸣，防患于未然

第一，分析客户投诉的原因，查明造成客户投诉的具体责任人，并对直接责任人和部门主管按照有关规定进行处罚，必要时将客户投诉及相关处理结果在电商企业内部进行通报，让每一个员工都知道这件事，以避免这类错误再度发生。

第二，提出“对症下药”的、可防止投诉问题再次发生的措施，不断改进电商企业工作中的缺陷。

总而言之，电商企业要认真对待客户投诉，敞开心扉，与客户进行平等的沟通交流，如此电商企业才可能帮客户打开心结。

本章习题

1. 客户沟通的作用与内容是什么？
2. 电商企业与客户沟通的途径有哪些？
3. 处理客户投诉的“四部曲”是什么？
4. 如何提高处理客户投诉的质量？

本章实训

介绍、分析 ×× 电商是通过哪些途径与客户进行沟通的？沟通的内容与策略分别是什么？

第八章

电商对客户满意的管理

第一节　客户满意概述

一、客户满意的概念

奥利弗认为，客户满意是客户得到满足后的一种心理反应，是客户对产品或服务满足自己需要的一种判断。判断的标准是这种产品或服务满足客户需求的程度。换句话说，客户满意是客户对所接受的产品或服务过程进行评估，以判断是否能达到他们所预期的程度。

亨利・阿赛尔认为："客户满意取决于商品的实际消费效果和消费者预期的对比，当商品的实际效果达到客户的预期时，就导致了满意，否则，就会导致客户不满意。"

菲利普・科特勒认为，满意是指个人通过对产品的可感知效果与他的预期值相比较后所形成的愉悦或失望的感觉状态。

综上所述，客户满意是一种心理活动，是客户的主观感受，是客户的预期被满足后形成的状态——当客户的感知没有达到预期时，客户就会不满、失望；当感知与预期一致时，客户是满意的；当感知超出预期时，客户就会感到"物超所值""喜出望外"，就会很满意。

二、客户满意的判断标准

对于客户是否满意一般可以根据下面几个指标来判断。

（一）美誉度

美誉度是客户对电商企业或者品牌的褒扬程度。借助美誉度，电商企业可以知道客户对自己提供的产品或服务的满意状况。一般来说，持褒扬态度、愿意向他人推荐电商企业及其产品或服务的，肯定对电商企业提供的产品或服务非常满意或者满意。

（二）指名度

指名度是客户指名消费或者购买某电商企业的产品或服务的程度。如果客户在消费或者购买过程中放弃其他选择而指名购买、非此不买，则表明客户对电商企业及其产品或服务是非常满意的。

（三）忠诚度

忠诚度是客户购买了某电商企业的产品或服务之后，愿意重复购买的程度。如果客户持续购买，一般表明客户是满意的。如果客户不再购买而改购其他电商企业的产品或服务，则表明客户很可能是不满意的。通常来说，客户对某电商企业产品或服务的重复购买次数越多，其对该电商企业的满意度就越高，反之则越低。

（四）容忍度

容忍度是指客户在购买了某电商企业的问题产品或服务之后愿意包容、容忍的程度。一般来说，客户容忍度越高，表明客户越满意，反之则表明客户越不满意。例如，当产品或服务出现问题时，客户如果仍然能表现出容忍的态度（既不投诉，也不流失），那么这个客户对该电商企业肯定十分满意。又如，当某电商企业的产品或服务的价格上调时，如果客户表现出很强的承受能力，那么说明该客户对该电商企业肯定十分满意；相反，如果客户立马流失，那么说明该客户对该电商企业的满意度是不够高的。

（五）购买额

购买额是指客户购买某电商企业的产品或服务的金额。一般而言，客户对某电商企业的购买额越大，表明客户对该电商企业的满意度越高，反之，则表明客户对该电商企业的满意度越低。

（六）购买决策时间的长短

一般来说，客户购买决策越迅速，时间越短，说明他对该电商企业的满意度越高，反之，则可能说明他对该电商企业的满意度越低。

总之，客户满意是一种暂时的、不稳定的心理状态，为此，电商企业应该经常性地测试，如可经常性地在现有的客户中随机抽取样本，向其发送问卷或打电话，向客户询问：对电商企业的产品或服务是否满意？如果满意，达到了什么程度？对哪些方面满意？对哪些方面不满意？对改进产品或服务有什么建议？如果客户的满意度普遍较高，那么说明电商企业为客户提供的产品或服务是受欢迎的，电商企业与客户的关系是处于良性发展状态下的，电商企业应再接再厉；反之，电商企业则需多下功夫改进。

三、客户满意的意义

（一）客户满意是客户忠诚的基础

从客户的角度来讲，客户没有理由让自己继续接受不满意的产品或服务，也就是说，电商企业如果不能够让客户满意，就很可能得不到客户的再次眷顾与垂青。可见，客户满意是形成客户忠诚的基础，是保持老客户的最好方法。卡多左（Cardozo）首次将客户满意的观点引入营销领域时，就提出客户满意会带动再购买行为。菲利普·科特勒也认为，留住客户的关键是客户满意。一般来说，客户满意度越高，客户的忠诚度就会越高；客户满意度越低，客户的忠诚度就会越低。所以说，客户满意是形成客户忠诚的基础，是保持老客户的最好方法。

（二）客户满意是电商企业战胜竞争对手的最好手段

客户及其需要是电商企业建立和发展的基础，满足客户的需要是电商企业成功的关键。如果电商企业不能满足客户的需要，而竞争对手能够使他们满意，那么客户很可能流失，投靠到能让他们满意的其他电商企业中去。随着市场竞争的加剧，客户有着更加充裕的选择空间。电商企业竞争的关键是哪家电商企业更能够让客户满意，因为“如果我们不关照客户，那么别人会代劳”。谁能更好地、更有效地满足客户需要，让客户满意，谁就能够获得竞争优势，从而战胜竞争对手、赢得市场。正如著名企业家福特所说：“最有效、最能满足客户需求的企业，才是最后的生存者。”

（三）客户满意是电商企业取得长期成功的必要条件

客户满意可以节省电商企业维系老客户的费用，同时，满意客户的口头宣传还有助于降低电商企业开发新客户的成本，并且可以树立电商企业的良好形象。美国客户事务办公室提供的调查数据表明：平均每个满意的客户会把他满意的购买经历告诉至少 12 个人，在这 12 个人里面，在没有其他因素干扰的情况下，有超过 10 个人表示一定会光临；平均每个不满意的客户会把他不满意的购买经历告诉 20 个人以上，而且这些人都表示不愿接受这种恶劣的服务。据美国汽车业的调查，一个满意的客户会引发 8 笔潜在的生意，其中至少有一笔成交，一个不满意的客户会影响 25 个人的购买意愿。可以说，客户满意是电商企业持续发展的基础，是电商企业长期成功的必要条件。

总之，客户满意是维护客户关系的最重要因素，在完全竞争的市场环境下，没有哪家电商企业可以在客户不满意的状态下得到发展。所以，电商企业想要维护客户关系，就必须努力让客户满意。

第二节　影响客户满意的因素

现实中很多人认为，让客户满意的办法就是要尽可能地为客户提供最好的产品和最好的服务，这个出发点没有问题，但它忽略了两个隐含的问题。

第一，要不要考虑成本问题？回答是肯定的，以营利为目的的电商企业必须考虑成本，而不能不顾一切地支出，否则可能入不敷出，造成亏损。

第二，要不要考虑效果问题？回答同样是肯定的，因为电商企业为客户提供好产品和好服务的目的是让客户满意，但现实是，即使电商企业竭尽全力为客户提供了好产品和好服务，其也不一定能够让客户满意。

可见，让客户满意不能蛮干，电商企业必须找到以较小的代价确保实现客户满意的路径，这就要追本溯源，清楚影响客户满意的因素到底是什么。

实际上，从菲利普·科特勒对满意的定义中我们不难看出，影响客户满意的因素就是：客户感知价值与客户预期。

一、客户感知价值

客户感知价值是客户在购买或者消费过程中，电商企业提供的产品或服务给客户带来的价值，它等于客户购买产品或服务所获得的总价值与客户为购买该产品或服务所付出的总成本之间的差额。

（一）客户感知价值对客户满意的影响

假设A、B、C三家电商企业同时向一个客户供货，假设客户对A、B、C三家电商企业的预期值都是b，假设A、B、C三家电商企业给客户的感知价值分别是a、b、c，并且$a>b>c$。

那么，购买后，客户对C电商企业感觉不满意，因为客户对C电商企业的预期值是b，但是C电商企业给他的感知价值是c，而$b>c$，也就是说，C电商企业所提供的产品或服务没有达到客户的预期值，因此使客户产生不满。

客户在购买前对B电商企业的预期值为b，而客户实际对B电商企业的产品或者服务的感知价值刚好是b，也就是说，B电商企业所提供的产品或服务刚好达到了客户的预期，所以客户对B电商企业是满意的。

客户在购买前对A电商企业的预期值为b，而客户实际对A电商企业的产品或服务的感知价值是a，而$a>b$，也就是说，A电商企业给客户提供的感知价值不但达到而且超过了客户的预期值，从而使客户对A电商企业非常满意。

这个例子说明了客户感知价值对客户满意的重要影响，即如果电商企业提供的产品或服务的感知价值达到或超过客户预期，那么客户就会满意或者非常满意；如果感知价值达不到客户预期，那么客户就会不满意。

(二)影响客户感知价值的因素

影响客户感知价值的因素有客户总价值和客户总成本两个方面。客户总价值是客户从消费产品或服务中所获得的总价值，包括产品价值、服务价值、人员价值、形象价值等；客户总成本是客户在消费产品或服务中需要耗费的总成本，包括货币成本、时间成本、精神成本、体力成本等。

也就是说，客户感知价值受到产品价值、服务价值、人员价值、形象价值、货币成本、时间成本、精神成本、体力成本等因素的影响。

进一步说，客户感知价值与产品价值、服务价值、人员价值、形象价值成正比，与货币成本、时间成本、精神成本、体力成本成反比。

1. 产品价值

产品价值是由产品的功能、特性、品质、品种、品牌与式样等所产生的价值，它是客户需要的中心内容，也是客户选购产品的首要因素。在一般情况下，产品价值是决定客户感知价值大小的关键因素和主要因素。产品价值高，客户的感知价值就高；产品价值低，客户的感知价值就低。

假如产品的质量不稳定，即使电商企业与客户建立了某种关系，这种关系也是脆弱的，很难维持下去，因为它损害了客户的利益。所以，电商企业应保持并不断提高产品的质量，这样才能提升产品价值，进而提升客户的感知价值，使其与客户的关系建立在坚实的基础上。

假如产品缺乏创新，样式陈旧或功能落伍，跟不上客户需求的变化，客户的感知价值就会降低，自然客户就会不满意，还会“移情别恋”“另觅新欢”，转向购买新型的或者更好的同类产品或服务。

此外，随着收入水平的提高，客户的需求层次也有了很大的变化，面对日益繁荣的市场，许多客户产生了渴望品牌的需求，同时，品牌还充当着电商企业与客户联系情感的纽带。因此，电商企业可通过塑造品牌形象为客户带来更大的感知价值。

例如，聚美优品是中国第一家专业化妆品团购网站，也是目前中国最大的化妆品团购网站之一。聚美优品开创官方旗舰店入驻的形式，引进了欧莱雅、资生堂、谜尚等国际知名品牌，坚持从品牌厂家、国内外专柜、正规代理商等值得信赖的进货渠道采购商品，从而保证产品质量。

2. 服务价值

服务价值是指伴随产品实体的出售，电商企业向客户提供的各种附加服务，包括售前、售中、售后的产品介绍，送货、安装、调试、维修、技术培训、产品保证，以及服务设施、服务环境、服务的可靠性和及时性等所产生的价值。

服务价值是构成客户总价值的重要因素之一，对客户的感知价值的影响也较大。

服务价值高，客户的感知价值就高；服务价值低，客户的感知价值就低。虽然再好的服务也不能使劣质的产品成为优等品，但优质产品却会因劣质服务而失去客户。例如，有些电商企业的服务意识淡薄，服务效率低，对客户冷漠、粗鲁、不礼貌、不友好、不耐心；对客户的问题不能及时解决，对客户咨询不理睬、对客户投诉不处理等，这都会导致客户的感知价值低。电商企业只有不断提高服务质量，才能使客户的感知价值增大。

总之，良好的服务是提升客户感知价值的基本要素，出色的售前、售中、售后服务对于增加客户总价值和减少客户的时间成本、体力成本、精神成本等具有极其重要的作用。无论是对产品的供应商还是物流服务的供应商，电商企业都需要建立起完善的供应商管理体系，包括供应商的选择、评估、考核等一系列管理制度，保证整体的服务质量。

3. 人员价值

人员价值是指电商企业上至“老板”下至员工的经营思想、经营作风、工作效率、业务能力、应变能力等所产生的价值。此外，工作人员是否愿意帮助客户、理解客户，以及工作人员的敬业精神、响应时间和沟通能力等因素也会影响客户的感知价值。

4. 形象价值

形象价值是指电商企业在社会公众中形成的总体形象所产生的价值，它在很大程度上是产品价值、服务价值、人员价值三个方面综合作用的反映和结果，以及电商企业的品牌、价值观念、管理哲学等产生的价值，还包括电商企业“老板”及其员工的经营行为、道德行为、态度作风等产生的价值。

电商企业形象价值高，将有利于提升客户的感知价值。如果电商企业形象在客户心目中较好，客户就会谅解电商企业的个别失误。相反，如果电商企业原有的企业形象在客户心目中不佳，那么任何细微的失误都会造成客户的极大反感。

例如，竞争对手可谓无所不在，无时不有，但电商企业在竞争中不要损人利己、相互拆台、造谣、诽谤、中伤，否则最终只能导致两败俱伤。相反，如果电商企业能与竞争对手建立良好的竞争关系，则会塑造一个阳光的电商企业形象，从而提升客户的感知价值。

延伸阅读：新冠肺炎疫情下电商企业的公益行动

自 2020 年 1 月起，新冠肺炎疫情对全社会带来负面影响，随着居家防疫、春节假期延长、复工开学延迟等举措的不断出台，在线教育、远程办公、在线医疗等新兴消费模式成为“宅人战疫”首选，也为“宅经济”打开了发展空间。

例如，为了不影响工作，以互联网为依托开展的远程办公异常火爆。2020 年 1 月

27 日，字节跳动旗下办公套件飞书宣布，2020 年 1 月 28 日至 5 月 1 日期间向所有用户免费提供远程办公及视频会议服务，对在上述时间内申请的所有湖北地区医院、学校及公益组织，飞书将持续提供三年的免费服务；同日，腾讯也宣布可进行线上音视频协同的“腾讯会议”，面向全国用户免费升级开放 300 人会议协同功能；2020 年 1 月 28 日，苏宁宣布面向全社会电商企业与相关社会组织等，免费开放“苏宁豆芽”的协同办公服务计划；2020 年 1 月 29 日，阿里钉钉首次详细披露了在家办公全套解决方案，并为各大电商企业、单位等机构组织提供全方位的办公协助服务支持。

此外，为了避免患者聚集于医院造成大范围传染，各大医疗机构和互联网电商企业的线上医疗进行得热火朝天。例如，支付宝紧急上线了在线义诊服务；京东健康宣布启动在线义诊，24 小时不间断轮岗；平安好医生开通抗击新型冠状病毒肺炎热线，为公众免费提供咨询、防护指导服务；春雨医生也启动线上义诊支援，面向全国所有有需要的用户免费问诊，减轻医院压力，避免交叉感染；农业银行、平安银行和光大银行等多家银行则联合医疗机构，集结全国权威医疗专家推出免费线上问诊。

5. 货币成本

货币成本是客户在购买、消费时必须支付的金额，是构成客户总成本的主要的和基本的因素，是影响客户感知价值的重要因素。客户在购买产品或服务时，无论是有意还是无意，总会将价格与其消费所得相比较，希望以较少的货币成本获取更多的实际利益，以保证自己在较低的支出水平上获得较大的满足。

在最大化收益原则的驱动下，大多数客户在网上购物时会积极寻找优惠券，并且更加愿意接受在线商家对于产品价格的直接打折优惠。相较于有使用门槛的优惠券，如“全场消费满 500 元可用”，客户更偏好提供无门槛优惠券的电商企业。此外，大部分客户是损失厌恶型的，当进行网上购物在支付环节发现有额外的费用时，或在其他地方找到更优惠的价格时，就会大大降低购买意愿。

总之，一个电商企业的产品或服务即使再好，如果需要客户付出超过其预期的价格才能得到，客户也不会乐意。因此，如果客户能够以低于预期价格的货币成本买到较好的产品或服务，那么客户感知价值就高，反之，则客户的感知价值就低。

6. 时间成本

时间成本是客户在购买、消费时必须花费的时间，它包括客户等待服务的时间、等待交易的时间、等待预约的时间等。激烈的市场竞争使人们更清楚地认识到时间的宝贵与重要。

在相同情况下，客户所花费的时间越少，客户总成本就越低，客户的感知价值就越高。相反，客户所花费的时间越多，客户总成本就越高，客户的感知价值就越低。

因此，电商企业必须努力提高效率，在保证产品和服务质量的前提下，尽可能减少客户的时间成本，从而降低客户总成本，提高客户的感知价值。

7. 精神成本

精神成本是客户在购买产品或服务时必须耗费精神的多少。在相同情况下，精神成本越低，客户总成本就越低，客户的感知价值就越高。相反，精神成本越高，客户总成本就越高，客户的感知价值就越低。

一般来说，客户在一个不确定的情况下购买产品或者服务，都可能存在一定的消费风险。例如，预期风险，即当客户的预期与现实不相符时，客户就会有失落感，产生不满；形象风险或心理风险，如客户担心购买的服装太“前卫”会破坏自己的形象，或担心购买价格低的产品被人取笑，或购买价格高的产品又会被人指责炫富等；财务风险，即购买的产品是否物有所值、保养维修的费用是否太高、将来的价格会不会更便宜等；人身安全风险，如某些产品的使用可能隐含一定的风险……这些可能存在的消费风险，都会导致客户精神成本的增加，如果电商企业不能降低客户的精神成本，就会降低客户的感知价值。

客户的精神成本往往与电商企业的失误有关，也可能来自电商企业制度和理念的漏洞。例如，不同的客户在同一个月份，甚至同一周购买相同的产品，但产品价格不一样，这会让客户担心今天买会不会买贵了，从而增加了客户的精神成本，降低了客户的感知价值。

根据日本知名的管理顾问角田识之的研究，一般交易活动中买卖双方的情绪热度呈现为两条迥然不同的曲线：卖方从接触买方开始，其情绪热度便不断升高，到签约时达到巅峰，等收款后便急剧下降；然而，买方的情绪热度却是从签约开始逐渐上升，但总是在需要卖方服务的时候因感到失望而下降。这往往是买方产生不满的根源。如果买方始终担心购买后卖方的售后服务态度会一落千丈，那么就会犹豫是否要购买。

8. 体力成本

体力成本是客户在购买、消费时必须耗费体力的多少。在相同情况下，体力成本越低，客户的感知价值就越高。相反，体力成本越高，客户的感知价值就越低。

在紧张的生活节奏与激烈的市场竞争中，客户对购买产品或服务的方便性的要求也在提高，因为客户在购买过程的各个阶段均需付出一定的体力。如果电商企业能够通过多种渠道减少客户为购买产品或服务而花费的体力，便可降低客户购买的体力成本，进而提升客户的感知价值。

总之，客户总是希望获得最多的产品价值、服务价值、人员价值、形象价值，同时又希望把货币成本、时间成本、精神成本、体力成本降到最低，只有这样客户的感知价值才会最高。

延伸阅读：影响电商客户满意的两大因素

一、网站因素

网页的设计。美观的网页往往可以一下子吸引客户的眼球，使某些信息搜寻者转化为实际购买者，而使用的方便性则可以减少客户的时间成本，提高其购物的感知利益。

网站的易用性。对于在线客户而言，网站最重要的属性之一就是易于使用。便利的操作方式会使客户用更少的时间，有更多的耐心来浏览页面，找到自己心仪的产品。数据显示，提升网站可用性，如升级网站导航和信息流，可以带来83%的投资回报，在支付页面删除强制注册的要求之后，客户满意度可以提高45%。

网站的登录速度。网站的登录速度直接影响在线客户的访问意愿。调查数据显示，73%的移动互联网用户一旦遇到网站速度过慢，就不再继续访问，近65%的客户表示，如果一个网站的登录时间超过三秒，他们就会离开。亚马逊的数据显示，它的网站页面加载时间每增加100毫秒，销售量就会下降1%，网站加载时间每增加一秒，客户满意度就会下降7%。

网站对移动设备的支持。如今，鉴于智能手机、平板电脑便捷性、灵活性和易操作的特点，越来越多的在线客户选择在移动端进行网上购物。大多数在线客户表示会使用移动设备搜索价格更优惠的产品，或在自己的移动设备上兑换优惠券。调查数据显示，如果某电商网站不支持移动设备，75%拥有智能手机的在线客户会放弃访问该网站。

网站的安全可靠性。第一，支付。网上购物与传统营销购物不同，在网上消费一般需要先付款后送货，这种购物方式决定了网上购物的安全性、可靠性很重要。安全性直接影响在线客户的购买意愿。增加安全认证可以降低在线客户的不确定性和购物风险，进而提高销量。调查数据显示，大多数网上客户认为，如果电商网站没有安全认证，他们就不会选择在该网站购物。第二，隐私。目前还存在系统设备功能不健全、数据传输风险、网络管理隐患、交易风险、黑客、病毒攻击等网络安全问题，虽然政府出台了《网络安全保护管理办法》《计算机信息系统安全保护条例》等一系列法律法规，但网络安全问题千变万化，法律法规无法面面俱到，而有些电商企业应对网络安全风险的能力有限。因此，隐私保护成为影响客户购买意愿的因素之一。为此，电商企业应对网上购物的各个环节加强安全控制，保护客户购物过程的信息传递安全和个人隐私，以树立客户对网站的信心。电商企业应从以下两个方面防范网络环境下的隐私侵犯问题：其一，借助先进的网络安全技术，提高客户隐私保护的技术水平，为客户营造一个安全无忧的购物环境，避免损害客户利益事件的发生；其二，应遵守隐私政策、法律和自身发布的隐私保护声明，杜绝为了商业利益恶意获取和传播用户隐私的行为。

二、服务因素

网上购物的服务因素包括网站的客户服务、退货政策、物流等，这些因素以不同的方式影响着在线客户的购买决策。

客户服务。客户服务是联结客户与网站的重要纽带，是帮助客户解决网上购物过程中的疑问和困难，促进最终购买和后续再次购买的关键因素。糟糕的服务体验会直接导致客户不再访问。

退货政策。由于网上购物限制了在线客户与产品之间的接触体验，客户只能够根据网上已有的信息做出购买决策，这使很多在线客户在拿到实体产品后发现实际和预期之间的差异太大而无法使用，这就涉及退货问题。网站的免费退货政策在极大程度上影响着在线客户的购买意愿和购后满意度。调查显示，大多数客户会在网上购物之前查看电商的退货政策，如果电商有免费的退货政策，客户会购买更多的产品。

物流。随着网上购物的进一步发展，物流配送的重要性对网上购物的影响日益明显。在电子商务环境下，客户上网浏览并完成了网上购物后，若客户所购货物迟迟不能送到手中，甚至出现了送错货物的现象，客户只能放弃网上购物，选择更为安全可靠的传统购物方式。此外，物流费用是独立于产品本身价值之外的额外费用，因此，客户会将其标为不必要的其他支出，其对客户的购买意愿会产生负面影响。如今，免费物流是众多客户购物的首选。调查数据显示，当购物网站提供免费物流服务时，在线客户的购物金额会更高，并且当发现电商网站不提供免费物流时，47% 的客户会放弃购买。

二、客户预期

客户预期是指客户在购买、消费之前对感知价值，即产品价值、服务价值、人员价值、形象价值、货币成本、时间成本、精神成本、体力成本等的主观认识或期待。

（一）客户预期对客户满意的影响

为什么不同的人接受同一产品或者服务时，有的人感到满意，而有的人感到不满意呢？因为他们的预期不同。

为什么会出现同一个人接受不同的产品或者服务，好的产品或者服务不能让他满意，而不够好的产品或者服务却能使他满意呢？因为好的产品或者服务比他预期的要差，而不够好的产品或者服务却比他预期的要好。

例如，客户对自己等待时间满意与否，取决于客户对等待时间的预期值和实际等待的时间的对比。例如，客户预期等待 10 分钟，而实际上却等待了 30 分钟，这很可能会引起客户的极度不满意。同样等了 10 分钟，预期 6 分钟等待时间的客户会比预期 30 分钟等待时间的客户不满意。

例如，以往客户在 3 天之内就能够收到快递，这一次超过 5 天仍未收到快递就会难以接受；反之，以往等待 1 个月都不能收到退款，现在只要 15 天就能够收到退款感觉就比较好。

（二）影响客户预期的因素

客户预期不是与生俱来、一成不变的，而是后天得来且动态变化的。一般来说，影响客户预期的因素有以下几个。

1. 客户的价值观、需求、习惯、偏好等

不同的客户由于性别、年龄、身份及消费能力等的差异会产生不同的价值观、需求、习惯、偏好等，进而面对同样的产品或者服务会形成不同的预期。

2. 客户以往的消费经历、消费经验、消费阅历等

客户在购买某种产品或者服务之前往往会结合他以往的消费经历、消费经验，对即将要购买的产品或者服务有一个心理预期。

而没有消费经历和消费经验的客户的消费阅历（即亲眼看见别人消费）也会影响客户的预期——如果看上去感觉不错就会形成较高的预期，如果看上去感觉不好则会形成较低的预期。

此外，一般来说，新客户与老客户对同一产品或者服务的预期往往不同，新客户由于没有消费经历、消费经验而往往预期过高或过低，而老客户由于有丰富的消费经历、消费经验而使预期比较合理。

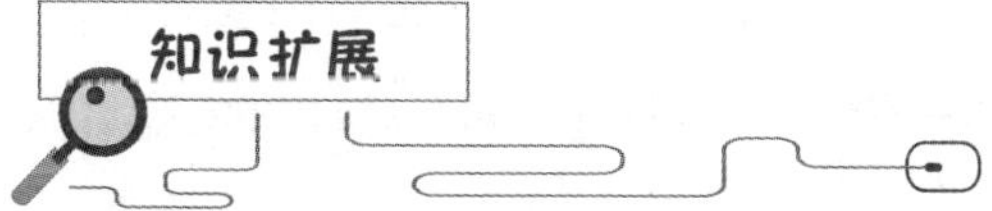

锚定效应

所谓锚定效应，是指人们对事物的判断容易依赖最初的印象，虽然，人们都知道对事物的判断依赖第一印象并不科学和准确，但还是无法摆脱第一印象的影响。

例如，你喜欢的某品牌牛仔裤原本 50 美元一条，现在却只卖 35 美元，这一定会让你很动心，而最初的 50 美元起到“锚”的作用，影响了人们的预期。因此，在对产品进行促销时，把原价写在折扣价的旁边会使客户容易接受折扣价。

例如，为了推销 90 平方米，售价 170 万元的房子，中介人员先带客户看一套 100 平方米，售价 200 万元的房子，使客户有一个心理定式——每平方米 20000 元，这就影响了客户对房价的预期，这样，当客户看到每平方米售价低于 20000 元的房子时，就比较容易满意。

又如，星巴克里摆放的“依云矿泉水”基本上不是拿来卖的，而是给你看的。“依云矿泉水”在星巴克一般标价20多元人民币，作为星巴克咖啡的陪衬，它向你传递一句潜台词——你看，一瓶矿泉水都卖20多元，那么20～30元的咖啡还贵吗？

3. 他人的介绍

人们的消费决定总是很容易受到他人尤其是亲戚朋友的影响，他们的介绍对客户预期的影响较大。如果客户身边的人极力赞扬，说某电商企业的好话，那么客户就容易对该电商企业的产品或服务产生较高的预期；相反，如果客户身边的人对某电商企业进行负面宣传，则客户对该电商企业的产品或服务会产生较低的预期。

4. 电商企业的宣传与承诺

电商企业的宣传与承诺主要包括广告、产品外包装上的说明、员工的介绍和讲解等，根据这些，客户会对电商企业的产品或服务在心中产生一个预期值。如果电商企业肆意地夸大宣传自己的产品或服务，会让客户产生过高的预期值，而客观的宣传，就会使客户的预期比较合理。例如，如果电商企业预先提醒客户可能需要等待，就会使客户有一个心理准备、产生需要等待的预期。研究表明，那些预先获得通知需要等待的客户会比那些没有获得需要等待通知的客户满意。

第三节　如何让客户满意

从上一节中我们知道，客户预期和客户感知价值是影响客户满意的因素。如此，电商企业若能够把握客户预期，并且让客户感知价值超出客户预期，就能够实现客户满意。

一、把握客户预期

（一）把握客户预期的重要性

1. 确保实现客户满意

如果客户的感知价值达到或超过客户预期，那么客户就会满意或很满意；如果客户的感知价值达不到客户预期，那么客户就会不满意。因此，为了确保实现客户满意，电商企业必须把握客户预期，这样才能使电商企业所有让客户满意的努力有的放矢，否则即使客户感知价值再高也未必能够实现客户满意。

2. 控制和降低实现客户满意的成本

如果电商企业能够把握客户预期，那么就可以控制和降低实现客户满意的成本——

只要用最小的代价让客户感知价值稍稍超过客户预期，就能够事半功倍地获得客户满意。这既是实现客户满意的最经济的思路，也是最科学的思路。

（二）如何把握客户预期

电商企业要把握客户的预期可以通过两个路径，一是了解当前客户的预期，二是引导客户预期。

1. 了解客户当前的预期

电商企业可以通过各种市场调查的方式了解客户当前对电商企业提供的产品价值、服务价值、人员价值、形象价值、货币成本、时间成本、精神成本、体力成本等各个方面的预期，充分了解了客户当前的预期可以使电商企业采取有的放矢、事半功倍的让客户满意的措施。

2. 引导客户预期

我们知道，如果客户预期过高，一旦电商企业提供给客户的产品或服务的感知价值没有达到客户预期，客户就会感到失望，导致客户的不满。但是，如果客户预期过低，可能就没有兴趣来购买或者消费电商企业的产品或服务了。看来，客户预期过高、过低都不行，电商企业必须主动出击，既要引导客户产生良好的预期，又要引导客户产生合理的预期。

（1）如何引导客户产生良好的预期

首先，以当前的努力和成效引导客户形成良好的预期。客户的价值观、需求、习惯、偏好等属于电商企业不可控的，在这些方面电商企业可以作为的空间和机会不大。但是，如果电商企业能够认真做好当前的工作，从小事做起，从细节做起，努力使客户获得美好的体验，长此以往就能够使客户获得积极的、正面的消费经历、消费经验、消费阅历以及他人的介绍等，从而形成对电商企业的良好预期。

其次，通过宣传及沟通与承诺来引导客户形成良好的预期。例如，“小罐茶”在面市时打出了“小罐茶，大师作”的广告语，声称小罐茶的制茶工艺来自中国八大名茶中最具代表性的 8 位泰斗级制茶大师，这样有利于形成客户对小罐茶是高端茶的预期。

案例

电商企业通过广告语引导客户产生良好的预期

京东的广告语：“多仓直发，极速配送”；“正品行货，精致服务”；“天天低价，畅购无忧”；“网购上京东，省钱又放心”。

“三只松鼠”的广告语：“五香手撕牛肉，够辣够劲道”；“非常美味的牛肉干，让爱吃的你随时尽享大口吃肉的快感”；“好肉，牛后腿肉，嚼劲十足；好吃，肉中藏筋，硬度适中；好色，秉承原色，货真价实”；“内蒙古传统工艺风干，精心烘烤，原汁原味；精心秘制卤料，久火慢炖而成，味道香浓，闻之让人想流口水的好味道”。

最后，通过电商企业文化、理念、宗旨、制度、规则、价格、包装、环境等来引导客户形成良好的预期。例如，一般来说，客户对价格高的产品或服务的预期高，而精美的网页等有形展示也会使客户形成良好的预期。

（2）如何引导客户产生合理的预期

客户的预期如果过高将给电商企业实现客户满意造成一定的困难，所以，电商企业要想办法引导客户形成合理的预期。

首先，电商企业要根据自身的实力进行实事求是、恰如其分的宣传与承诺。电商企业只能宣传与承诺能够做得到的事，而不能过度宣传与承诺，这样可以避免客户产生过高预期。如果电商企业在宣传与承诺时恰到好处并且留有余地，或者干脆自我揭短，将丑话说在前头，使客户的预期保持在一个合理的状态，那么客户的感知价值就很可能超过客户预期，如此客户就会因感到“物超所值”而“喜出望外”，自然对电商企业十分满意。电商企业的宣传与承诺如果得以实现，将在客户中建立可靠的信誉。相反，如果电商企业过度承诺和宣传，夸大其词，客户的预期就会被抬高，从而造成客户感知价值与客户预期的差距，导致客户不满。例如，人们对承诺捐赠却没有兑现的电商企业的反感程度远大于未捐赠也未提捐赠的电商企业。

其次，通过沟通来引导客户的合理预期。例如，电商企业可以说明产品或服务价格高的各种合理原因，以及强调比竞争对手更好的表现，如通过“一分价钱一分货，虽然价格高但性价比更高”等引导客户接受相对较高的价格，如果再能给予客户一些优惠，那么客户就会很满意了。

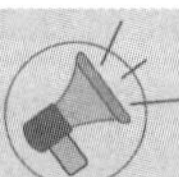

延伸阅读：通过沟通引导客户产生合理预期

（1）向客户展示其忽视的因素

客户：“这件衣服100元可以卖吗？”

店员：“对不起，太低了，要200元！”

客户：“这不是普通棉布做的吗？怎么这么贵呀？”

店员：“噢，您没看出来吧？这可是正宗的巴西进口的精细棉，不会起皱，透气性也很好，所以要贵些！”

客户：“是这样啊，好吧，那我买两件！”

（2）修正对方的惯性认知

客户：“这件童装多少钱？”

店员：“200 元。”

客户：“怎么这么贵！我上次给自己买的比这件大多了，但只要 100 元，除了布料比这件多些，其他没什么不一样啊？！怎么这件这么贵？”

店员：“噢，是这样的，童装虽然用的布料少，但做工要求更高、更精细，所以价格会更贵些！”

（3）修正对方的思维模式

客户：“这部手机多少钱？”

店员：“2000 元。”

客户：“上星期我的一个朋友在另外一家店买才花 1500 元啊！”

店员：“噢，那几天这款手机刚上市，为了宣传所以按优惠价格销售，当时我们这里也卖 1500 元，可现在促销期已经过了，所以要按正常价格销售了。”

最后，通过恰当的规则、价格、包装、环境等来引导客户产生合理预期，以免客户产生不切实际的预期。

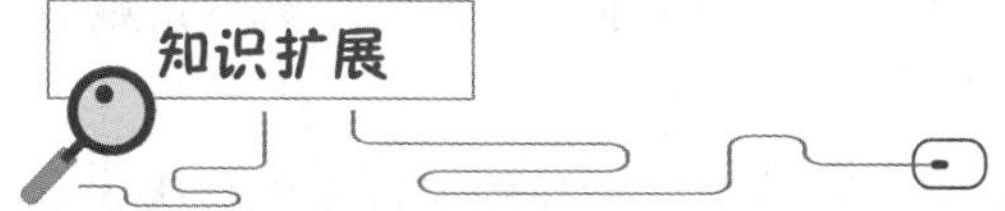

通过规则引导客户产生合理预期

首先，千万不要随便给予优惠，否则客户会提出更多的要求，直到你不能接受。

其次，让客户感到获得当前的优惠已经很不容易。

最后，当客户提出过分要求时，可表现出为难情绪，如说明自己的权力有限，需要向上面请示：“对不起，在我的处理权限内，我只能给你这个价格。”然后再话锋一转，“不过，因为您是我的老客户，我可以向经理请示一下，看能不能再给你些额外的优惠。但估计很难，我也只能尽力而为。”这样客户的预期值就不会太高，即使得不到优惠，他也会感到你已经尽力而为，不会怪你。

总而言之，电商企业要实现客户满意就必须采取相应的措施来把握客户预期，让客户的预期值在一个恰当的水平，这样既可以吸引客户，又不至于让客户因为预期落空而失望，产生不满。一般来说，引导客户预期的上限是电商企业能够带给客户的感知价值，引导客户预期的下限是竞争对手能够带给客户的感知价值。此外，电商企业引导客户预期时应当做到实事求是、扬长避短——引导客户多关注对电商企业有利的方面、忽略对电商企业不利的方面。

二、让客户感知价值超越客户预期

如果电商企业善于把握客户预期，然后为客户提供超预期的感知价值，就能够使客户满意。

例如，有一对已经相处了多年的恋人，在过去几年的情人节那天，男士总是送女士 9 朵玫瑰，而今年男士送她 99 朵玫瑰，这大大超出了她的预期，她会怎样呢？她高兴得几乎跳了起来！

为了让客户感知价值超越客户预期，电商企业要努力使产品价值、服务价值、人员价值、形象价值等高于客户预期，使货币成本、时间成本、精神成本、体力成本等低于客户预期。

（一）产品价值超预期

产品价值是提高客户感知价值和客户满意度的基础，电商企业要严格把控产品来源，选择有信誉的品牌和商家，保证产品质量、功能、包装等。

例如，小红书为了将客户体验做到最佳，除了保证产品质量、物流效率，对产品的包装盒也进行了精心的设计。小红书的包装盒统一为红色，盒子上印着各种中文、英文的趣味名言，有意思的文字增加了客户“晒”盒子的可能性，改善了客户的购物体验，提升了客户的满意度，同时也增加了客户的购买意愿。

又如，聚美优品是目前中国最大的化妆品团购网站之一，开创了官方旗舰店入驻的形式，引进了欧莱雅、资生堂、谜尚等国际知名品牌，坚持从品牌厂家、国内外专柜、正规代理商等值得信赖的进货渠道采购商品，确保商品价值超预期。

案例

盒马鲜生提供“超市 + 餐饮 + 电商 + 物流”服务

为了做到真正的“优质低价”，盒马鲜生选择优质的货源，经过多道工序的质检，确保商品符合相关的国家和行业标准，最大限度地减少低质商品对客户人身和财产的损害。此外，盒马鲜生对于自营的“日日鲜”产品采取“当天销售，关店下架，次日换新”的原则，并且实行“原地直采”从而省略了诸多中间环节，避免了中间商赚取差价，进一步降低了客户的购物成本，为客户带来了实惠。

客户在盒马鲜生超市进行购物，时间一久，会产生疲惫感和饥饿感，进而想要休息或就餐，而盒马鲜生餐饮场所恰好满足了这个需求。反过来，前来盒马鲜生就餐的客户很可能会顺便在盒马鲜生超市购物，这是个双向促进、互利共赢的正向反馈过程。

当客户在盒马App上购物后，盒马鲜生的后仓能在10分钟之内完成选货、分拣、流转、包装等一系列流程；后仓配送员接到货物后，可实现门店附近3千米范围内，30分钟送货上门。高效快捷的配送服务节省了客户等候的时间成本，也赢得了客户的信任。另外，线上App和线下门店以支付宝结算，记录用户的购买行为和偏好，形成购物数据闭环。盒马鲜生进而利用大数据分析，描绘用户画像，根据年龄、性别、收入、购物偏好等不同维度进行个性化推送，把客户最需要的商品在最合适的时间以最人性化的方式进行展现，精确触达目标群体，提高转化效果，成为客户的生活小帮手。

（二）服务价值超预期

随着购买力水平的提高，客户对服务的要求也越来越高，能否给客户提供优质的服务已经成为提高客户的感知价值和客户满意度的重要因素。这就要求电商企业站在客户的角度，想客户所想，在服务内容、服务质量、服务水平等方面提高档次，从而提高客户的感知价值，进而提高客户的满意度。

假如，当客户有困难时，电商企业若能够伸出援手，如利用自己的社会关系帮助客户解决孩子入托、升学、就业等问题，雪中送炭，就会令客户因感动而满意。当客户因为搬迁不方便购物时，电商企业若主动送货上门，就会使客户觉得自己得到了特殊的关心而满意。当客户因为资金周转问题不能及时支付购买产品的费用时，电商企业若通过分期付款、赊账的形式予以援助，那么客户就会心存感激而满意。

例如，马蜂窝曾拍摄过一个关于明信片环球旅行求婚记的微电影，这个事件的背景是一对热爱旅行的年轻情侣要结婚，于是在马蜂窝上发布了一个帖子，希望收集到世界各地的朋友寄来的明信片。马蜂窝很重视这个帖子，并将其设为了主页头条。许多人看到后纷纷响应，而这对情侣也因此收到了200多张来自世界各地的祝福明信片。该微电影在网上发布后，被观看分享上万次，使更多人对马蜂窝印象深刻且深受感动。

此外，售前、售中、售后的服务也是提高客户感知价值的重要环节。例如，在售前及时向客户提供充分的关于产品性能、质量、价格、使用方法和效果的信息；在售中向客户提供准确的介绍和咨询服务；在售后重视信息反馈和追踪调查，及时处理和答复客户，对有问题的产品主动退换，对故障迅速采取措施排除或者提供维修服务。

例如，2020年京东“11·11”推出5项重磅服务举措，大幅提升购物体验——15天价保，今年第三方商家所有参加京东“11·11”的商品提供15天价保服务，只要下单15天内商品降价，客户都可以申请退还差价。严查“假降价”，京东严查用“先涨后降”等手段进行假降价的行为，一旦发现将进行下架、清退等处理。推出“晚必赔”保险，京东支持部分商家免费向客户提供“晚必赔”保险。一旦送货超过时效，客户可获每单5元赔偿。免费上门取退，在京东物流服务覆盖的区域，客户购买第三方商家的商品，退换货时如选择上门取件，则京东快递小哥将免费上门服务，而且取到退货后退款马上到账。扩大品质优选覆盖范围，对扫地机器人、空气净化器、汽车导航等12大日常消费中标准不清、争议较多的品类，京东联合权威部门推出品类标准，为高标准商品打标“品质优选”并提供资源扶持，让客户买得省心。

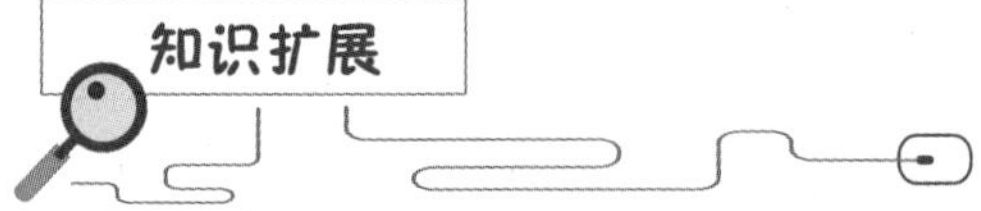

峰终定律

峰终定律是诺贝尔奖得主、心理学家丹尼尔·卡纳曼（Daniel Kahneman）经过深入研究发现的，是指人们对一件事，往往只能记住两个部分，一个是过程中的最强体验——峰；一个是最后的体验——终。“峰”和“终”在很大程度上决定了客户对购物体验的回忆，以及下一次是否会继续光顾。而过程中好与不好的其他体验对客户基本没有影响。

星巴克的“峰”是友善的店员和咖啡的味道，“终”是店员的注视和微笑。尽管整个服务过程中有排长队、价格贵、长时间等待制作、不易找到座位等很多差的体验，但是客户下次还会再去。

有一家名叫马克罗尼的意式餐厅，它会随机筛选一些客户，并在结账的时候告诉他们这顿饭免费。虽然这项活动会让这家餐厅的营业额减少3.3%，但它产生的效果却远好于给予3.3%折扣的策略，因为它给人带来了难忘的体验。

售后服务是指电商企业在产品出售以后所提供的服务，主要包括送货、回收、安装、维修、检修、回访、处理客户投诉等。送货上门服务对于电商企业来说并不是很困难的事，但却为客户提供了极大的便利，从而提高了客户的重复购买率。在产品自然寿命终结时，为客户提供处理、搬运、回收、以旧换新等服务即可消除客户处理废旧产品的烦恼，又可减轻废旧产品对环境的污染，提高物资的综合利用率。为此，电商企业要选择可靠的物流公司合作，一个服务好、速度快的物流公司可以提高客户的满意度。另外，随着科学技术的发展，产品中的技术含量越来越高，一些产品的使用和安装也极其复杂，客户依靠自己的力量很难完成，因此就要求电商企业提供上门安装、调试的服务，保证出售的产品的质量，使客户一旦购买就可以安心使用。这种方式解决了客户的后顾之忧，大大方便了客户。此外，电商企业若能为客户提供良好的售后维修和检修服务，就可以使客户安心地购买、使用产品，从而减轻客户的购买压力。有能力的电商企业应通过在各地设立维修网点或采取随叫随到的上门维修方式为客户提供维修服务。电商企业也可抽样巡回检修，及时发现隐患，并予以排除，让客户感到放心、满意。最后，当出现客户投诉时，电商企业应当认真对待，妥善处理，有效解决客户的问题。

总而言之，电商企业要全心全意为客户提供完美的服务体验，站在客户的立场上，以提升客户整体体验为出发点，从客户的感觉、情感、思考、行动及关联等方面进行设计，有目的地、无缝隙地为客户创造匹配品牌承诺的正面感受。电商企业还要制定科学合理的、切实可行的、行之有效的规章制度和服务标准，明确规定服务程序、服务步骤、服务方式、服务方法等服务政策，并且以书面形式公布出来，从而使员工的服务行为有章可循，有规可依，减少主观随意行为，实现服务标准化、规范化的目的。同时，服务质量标准确定以后，不可朝令夕改，否则不利于员工的学习与掌握。但服务质量标准又不是一成不变的，要根据外部环境的变化相应调整。例如，当“24 小时内”已作为送货上门服务的通行标准时，电商企业若依然坚持“3 日内送货”的传统标准，则易给客户留下不思进取的印象。

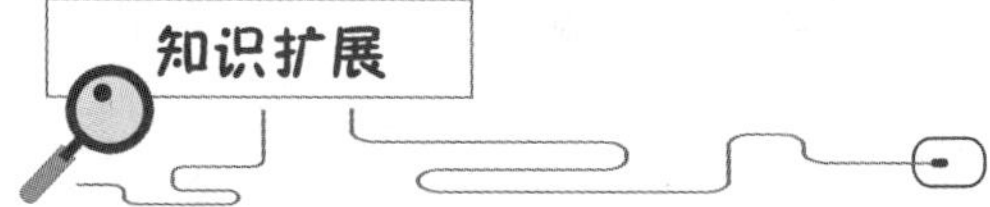

服务蓝图

服务蓝图是一种基于流程图的服务设计工具，它将服务过程进行合理地分块，再逐一描绘服务系统中的服务过程、接待客户的地点以及客户可见的服务要素。服务蓝图不仅能用来分析和改善现有的服务过程，还可以用来开发新的服务流程。

服务蓝图中的主要因素包括：针对每一项前场活动来界定其标准；与前场活动有关的实体场景与其他场景；主要的客户活动；互动的点；客户接触人员的前场活动；可视线；客户接触人员的后场活动；与其他服务人员有关的支持程序；与信息科技有关的支持程序。

服务蓝图通常会详细指出服务程序应该如何进行，同时可以让管理人员知道操作系统的哪一个部分是客户可见的，而这一可见部分便是服务生产系统的一部分，客户对于服务的知觉便是通过这一部分来形成的。电商企业可以借助服务蓝图来分析从后勤到直接面对客户的各个环节，寻找与客户接触的各个点。

服务蓝图可协助电商企业找出潜在失误点，这些潜在的失误点可能会影响服务质量。电商企业知道这些潜在的失误点后，可以采取防范措施并事先准备应变计划。利用服务蓝图，电商企业也可以指出在服务过程中的哪些阶段客户必须等待。对于每一项活动，服务蓝图必须指出执行标准，包括完成任务的时间、最长客户等待时间、脚本与角色的定义等。

（三）人员价值超预期

电商企业的工作人员，尤其是客服人员，是电商企业的化身，其行为、素质和形象代表着电商企业，肩负着给客户留下良好印象的重任。客户喜欢热情、积极、善于倾听、愿意解决问题、知道如何解决问题的客服人员。当客户同一位友好、和善且技能娴熟的客服人员打交道时，他会获得信心和安全感。

为此，电商企业应当积极寻找优秀的员工，寻找那些特质、潜力、价值观与企业的制度、战略和文化相一致，才识兼备、技术娴熟、工作能力强的员工，并加强培训。客服人员应当文明礼貌，谈吐文雅，口齿清楚，对客户提出的疑问进行细致、明确的回答；客服人员还应当热爱工作，任劳任怨、不辞劳苦，有高度的责任感和使命感，具有良好的职业道德，真心实意为客户提供服务；此外，客服人员还应当温暖、友爱、诚实、可靠，能够与客户建立和发展良好的个人关系；客服人员还应当对服务项目有深入了解和认识，掌握为客户提供优质服务的技巧，并且灵活运用沟通技巧与客户进行有效沟通。

电商企业可以通过培训和加强管理制度的建设来提高员工的业务水平，提高员工为客户服务的娴熟程度和准确性，从而提高客户的感知水平和满意度。

（四）形象价值超预期

电商企业是产品与服务的提供者，其规模、品牌、公众舆论等内在或外部的表现都会影响客户对它的判断。电商企业形象好，会形成对电商企业有利的社会舆论，为电商企业的经营发展创造一个良好的氛围，也提高了客户对电商企业的感知价值，从而提高客户对电商企业的满意度，因此电商企业应高度重视自身形象的塑造。

电商企业形象的提升可通过形象广告、公益广告、新闻宣传、赞助活动、庆典活动、展览活动等方式来进行。

形象广告是以提高电商企业的知名度，展示电商企业的精神风貌，树立电商企业美好形象为目标的广告。

公益广告是电商企业为社会公众利益服务的非营利性广告或者非商业性广告，它通过艺术性的手法和广告的形式表现出来，营造一种倡导良好作风、提高社会文明程度的氛围或声势。公益广告具有极强的舆论导向性、社会教育性，是体现发布者对社会、对环境关怀的一种最有效的表达方式，可以提升发布者的形象。

新闻宣传是电商企业将发生的有价值的新闻，通过大众传播媒介告知公众的一种传播形式。新闻宣传由于具有客观性、免费性、可信性等特点，所以对提高电商企业的知名度、美誉度十分有利。

赞助活动是电商企业以不计报酬的方式，出资或出力支持某项社会活动或者某一社会事业，如支持上至国家、下至社区的重大社会活动，或支持文化、教育、体育、卫生、社区福利事业。赞助活动可使电商企业的名称、产品、商标、服务等得到新闻媒介的广泛报道，有助于树立电商企业热心社会公益事业、有高度的社会责任感等形象，从而提高电商企业的知名度和美誉度，赢得人们的信任和好感。

庆典活动，如开业典礼、周年纪念、重大活动的开幕式和闭幕式等，由于其能够引起社会公众的较多关注，因此，借助庆典活动的喜庆和热烈气氛来提升电商企业形象，往往能够收到意想不到的效果。

展览活动通过实物、文字、图片、多媒体来展示电商企业的成就和风采，有助于公众和客户对电商企业进行了解。

（五）货币成本超预期

合理地制定产品价格也是提高客户感知价值和满意度的重要手段。因此，电商企业定价时应以确保客户满意为出发点，依据市场形势、竞争程度和客户的接受能力来考虑，尽可能做到按客户的“预期价格”定价，千方百计地降低客户的货币成本，坚决摒弃追求暴利的短期行为，这样才能提高客户的感知价值和满意度。

此外，电商企业还可以通过开发替代产品，以及使用价格低的包装材料或者使用大包装等措施，不断降低服务的价格，降低客户的货币成本，从而提高客户的感知价值和满意度。

当然，降低客户的货币成本不仅体现在价格上，还体现在提供灵活的付款方式和资金融通方式等方面。当客户规模较小或出现暂时财务困难时，电商企业向其提供延期付款、赊购等信贷援助就显得更为重要。

拼多多的成本领先战略[1]

成本领先战略是指企业强调以低单位成本为用户提供低价格的产品，简言之就是“低成本”“低价格”。拼多多主打低端消费品的销售，在这个领域中，淘宝已经在消费者心中有了一定的分量，拼多多要想吸引消费者就必须给出更低的价格，但是又要保证质量，因此拼多多各方面的成本控制会变得更加重要。那么，拼多多是怎么做到的呢？

首先，压缩平台费用，降低销售成本。拼多多平台目前不收取任何提点费用，商家入驻及发布产品也无须提前支付保证金。这种压缩自身平台入驻费用的做法从根本上为商家降低了销售成本，这也是拼多多平台上产品价格比其他平台上产品价格低的一大原因。

其次，使宣传费用最小化。由于腾讯入股了拼多多，因此腾讯旗下的社交平台完全对拼多多开放，包括我们最常用的社交软件微信和QQ。这两者作为最主流的社交软件，自身就拥有很多的用户流量，这样拼多多保证每天都有充足的浏览量，并不用投入额外的费用去大力推广。而对于淘宝、京东等其他购物平台，如果商家们不投钱做推广，接到的订单量就会偏少。所以对于同样的商品，拼多多卖的价格要比淘宝、京东等其他平

1　徐多. 成本领先战略的优秀实施者——拼多多. 营销界，2019（37）.

台的低。另外，拼多多采用的是拼单团购的销售模式，在拼多多平台上的商品单独买的价格比拼团买的价格稍高，所以消费者为了以更低的价格买到心仪的商品，就会主动把这个商品分享给自己的亲朋好友。对于拼多多商家来说，这些消费者都是免费的推广大使，他们不仅能给商家带来交易量，还能提高店铺的浏览量。此外，传统电商中，商品被动等待搜索—点击—成交。商家要花费大量成本购买广告位、关键词，将流量转换为交易额。但在拼多多上，早期商品通过消费者的主动分享自发传播，几乎是以零成本转化成交。

最后，降低供应链成本。与其他电商平台不一样，拼多多联合工厂一起通过“定制化产品＋压缩供应链”控制成本，拼多多上的大多数商家都是一级厂商，销售过程是直接从生产商到消费者的过程，减少了很多中间商，因此供应链成本大幅度降低。这种产地直发的方式，将供应链压缩到了最短，能够大幅降低流通过程中的成本。拼多多联合创始人达达说过：“拼多多借助拼单接力，让订单量几何式增长，把每个消费者分散的需求，变成了规模化、集约化的定制采购，进一步降低流通成本、交付成本。”

（六）时间成本超预期

在保证产品与服务质量的前提下，电商企业应当加强管理及采用现代化的工具、设备、系统和流程来提高服务效率，尽可能减少客户的时间支出，从而提高客户的感知价值和满意度。

此外，电商企业可以发布信息，如预先提醒高峰时段以及可能需要等待的时间，这样可以使客户避开高峰期，而选择非高峰期来接受服务，以避免拥挤和等待。

延伸阅读：京东商城抗疫情保民生

2020 年 1 月 21 日，京东集团率先向全社会发声，旗帜鲜明地表达了保障口罩供给、绝不涨价的社会承诺，全力保障相关物资供应和价格稳定，以最大力度配合政府做好新冠肺炎疫情防控工作。

为稳定商业秩序，京东在第一时间成立了由平台生态、各事业群和技术部门组成的专项小组，以“系统＋人工”的形式持续开展 24 小时不间断商品价格的监控与治理工作，对于极个别哄抬物价的商家，京东按照平台规则进行清退，坚决打击发疫情财的行为。

2020 年 1 月 20 日至 28 日，京东向全国供应了 2.2 亿件、超过 29 万吨的米面粮油、肉蛋菜奶等生活用品。京东在全国各地落地应急资源信息发布平台，上线半个多月时间即帮助武汉及其他疫情波及地区供应医疗类、消毒类、生活类等各类救援物资超过 6.6 亿件，其中药品超过 4 亿盒，口罩达 1.5 亿只。

为全力保障各项生活物资及医疗防护物资供应，京东国际、京东生鲜、京东健康、京东企业业务及京东新通路等一线业务部门迅速反应。京东国际充分利用京东在全球供应链上的优势，紧急沟通全球相关品牌方、商家，持续不断地为客户提供防疫商品和日常生活必需品，与商家、品牌齐心协力打好疫情攻坚战。自 2020 年 1 月 1 日至 2020 年 2 月 10 日，京东国际累计完成食品类、母婴类、家庭清洁及医药保健类等商品订单超过 1500 万单，其中发往湖北地区的订单超过 100 万个。京东健康也在各方资源紧缺的情况下，全力保障药品和医疗防护用品等物资供应及流通。

借助庞大的供应链体系、高效的基础设施能力，京东不仅保障了抗疫情物资的充分供应和及时配送，还保障了客户日常必需生活物资的有序流通。

（七）精神成本超预期

降低客户的精神成本最常见的做法是给予承诺与保证。例如，汽车电商企业承诺永远公平对待每一位客户，保证客户在同一月份购买汽车，无论先后都是同一个价格，这样今天购买的客户就不用担心明天的价格会更便宜了。

服务承诺是由电商企业提供的一种契约，是电商企业以客户满意为导向，对服务过程的各个环节、各个方面实行全面的承诺，目的是引起客户的好感和兴趣，促进客户消费。服务承诺可以降低客户的心理压力和风险，从而增强客户的安全感，促进客户放心地接受服务。敢于做出承诺，实际上体现了电商企业的一种气魄、一种信心、一种精神，能够产生良好的口碑效应，从而树立和改善电商企业的形象。当然，承诺时应该量力而行，一旦做出承诺就要不折不扣的兑现，切不可给客户“开空头支票”，欺诈客户，而承诺得以实现后，电商企业将在客户中建立起可靠的形象。

服务承诺一般要包含两部分的内容：一是向客户承诺其能够从服务中得到什么，即向客户承诺服务的具体内容及服务标准，从而便于客户评价服务质量，使客户放心地接受服务；二是向客户承诺，如果承诺没有实现，电商企业将采取什么行动，电商企业将如何补偿以弥补客户损失。

京东商城的承诺

京东全球购的商家承诺出售的商品 100% 为境外直采，并提供“正品保障”，一旦商家被发现有假货及非境外直采商品，京东全球购有权立即与商家终止协议，并对买家进行先行赔付，赔付的金额以“买家实际支付的商品价款的四倍 + 买家支付的邮费”为限，坚持“正品行货”，对假货“零容忍”。“7 天无理由退换货”，即从签收商品之时起7天内在不影响商家二次销售的情况下，商家应无条件为买家退换货。“正品保障”，即不销售假货及非原厂正品商品。若商家销售假货或非原厂正品商品，则平台有权立即终止协议，并根据《中华人民共和国产品质量法》责令商家进行赔付。“假一赔三”，即如果买家从承诺相关保障的商家确认买到假货，则平台对商家进行“假一赔三”的惩罚。

此外，如果客户想到的电商企业都能给予，客户没想到的电商企业也能提供，这必然使客户感到电商企业时时刻刻对他的关心，从而会对电商企业满意。此外，电商企业还要积极、认真、妥善地处理客户投诉，从而降低客户的精神成本。

另外，安全性一直是新兴的移动互联网环境下人们所忧心的问题，如在移动电商App上的交易操作是否安全，用户的个人敏感信息和隐私数据是否会被泄露，出现安全问题是否有完善的补偿机制。为此，电商企业应当采取积极有效的措施，以降低客户的精神成本。

（八）体力成本超预期

如果电商企业能够通过多种渠道为客户提供相关的劳务服务，那么就可以减少客户为购买产品或者服务所花费的体力成本，从而提高客户的感知价值和满意度。

例如，对于装卸和搬运不太方便、安装比较复杂的产品，电商企业如果能为客户提供良好的售后服务，如送货上门、安装调试、定期维修、供应零配件等，就会减少客户为此所耗费的体力成本，从而提高客户的感知价值和满意度。

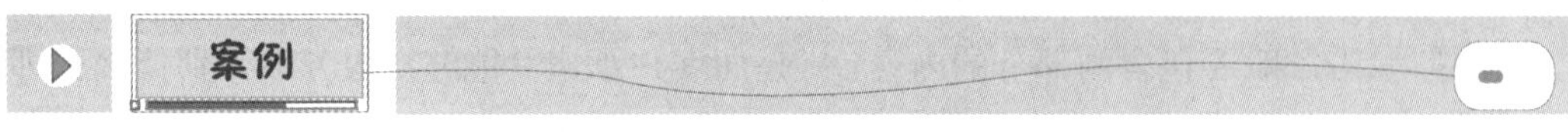

虚拟养老院

许多老人希望居家养老，但很多子女心有余而力不足，如何解决这个问题？虚拟养老院或许是一个解决方案。虚拟养老院里没有一张床位，却能服务上万名老人。只需一个电话，虚拟养老院便能为居家老人提供从买菜做饭到打扫卫生、从按摩服务到生病陪护等各项服务，使老人足不出户即可享受“个人定制养老”。通过建立“信息服务+居家养老上门服务”平台以及“智能养老信息化”管理平台，虚拟养老院可以将分散居住的已注册老年人纳入信息化管理系统，通过大数据收集，及时准确地提供上门养老服务。

总之，如果电商企业能够把握客户预期，并且让客户感知价值超出客户预期，就能够实现客户满意。

本章习题

1. 影响客户满意的因素有哪些?
2. 影响客户预期的因素有哪些?
3. 影响客户感知价值的因素有哪些?
4. 如何让客户满意?

本章实训

介绍、分析 ×× 电商是如何把握客户预期的?如何让客户感知价值超出客户预期从而实现客户满意的?

第九章
电商对客户忠诚的管理

第一节　客户忠诚概述

一、客户忠诚的含义

客户忠诚是指客户一再重复购买，而不是偶尔重复购买同一电商企业的产品或者服务的行为。

奥利弗（Oliver）认为，客户忠诚就是对偏爱产品或服务的深度承诺，在未来一贯地重复购买并因此而产生的对同一品牌或同一品牌系列产品或服务的重复购买行为，而不会因市场情景的变化和竞争性营销力量的影响产生转移行为。

有学者把客户忠诚细分为：行为忠诚、意识忠诚和情感忠诚，但对企业来说，只有意识忠诚或者情感忠诚，却没有行为忠诚，是没有直接意义的，因为企业能够从中获得多少收益是不确定的，行为忠诚能够给企业带来实实在在的利益。因此，企业不会排斥虽然意识不忠诚、情感不忠诚，但行为忠诚的客户——因为他们实实在在地、持续不断地购买企业的产品或服务，帮助企业实现获利。不过，应当清楚的是，意识不忠诚、情感不忠诚的客户难以做到持久的行为忠诚。理想的“客户忠诚”是行为忠诚、意识忠诚和情感忠诚的统一体。同时具备行为忠诚、意识忠诚和情感忠诚的客户是难能可贵的！

本书主要研究和介绍的是客户的行为忠诚。

二、客户忠诚的判断

客户是否忠诚一般可以通过下面几个指标来判断。

（一）客户重复购买的次数

客户重复购买的次数是指在一定时期内，客户重复购买某产品或服务的次数。一般来说，客户重复购买的次数越多，其忠诚度越高，反之则越低。有些电商企业为了便于识别和纳入数据库管理，将客户忠诚量化为连续 3 次或 4 次以上的购买行为，但现实中不同消费领域、不同消费项目有很大差别。例如，对于某些产品或服务，我们在一生中可能会购买几千次甚至更多，而对于另外一些产品或服务，我们在一生中可能只能购买几次甚至一次。因此，电商企业不能一概而论，不能简单用次数来判断客户是否忠诚，更不能跨消费领域、跨消费项目进行比较，因为这样比较是没有意义的。

（二）客户对竞争品牌的态度

一般来说，对某电商企业忠诚度高的客户会自觉地排斥其他电商企业。因此，如果客户对竞争企业有兴趣，那么就表明他对该电商企业的忠诚度较低，反之，则说明他对该电商企业的忠诚度较高。

（三）客户对价格的敏感程度

客户对价格都是非常重视的，但这并不意味着客户对价格变动的敏感程度都相同。事实表明，对于喜爱和信赖的电商企业，客户对其价格变动的承受能力强，即敏感度低。而对于不喜爱和不信赖的电商企业，客户对其价格变动的承受力弱，即敏感度高。因此，可以依据客户对价格变动的敏感程度来衡量客户对某电商企业的忠诚度。一般来说，对价格的敏感程度高，说明客户对该电商企业的忠诚度低；对价格的敏感程度低，说明客户对该电商企业的忠诚度高。

（四）客户对产品或服务质量的承受能力

任何产品或服务都有可能出现各种质量问题，即使是名牌产品或服务也很难避免。如果客户对该电商企业的忠诚度较高，当出现质量问题时，他们会采取宽容、谅解和协商解决的态度，不会由此而失去对它的偏好。相反，如果客户对电商企业的忠诚度较低，当出现质量问题时，他们会深感自己的正当权益被侵犯了，从而会产生强烈的不满，甚至会通过法律方式进行索赔。当然，运用这一指标时，要注意区别事故的性质，判断是严重事故还是一般事故，是经常发生的事故还是偶然发生的事故。

（五）客户购买费用的多少

客户在某一电商企业中支付的费用占网络购买费用总额的比值如果高，即客户购买该电商企业产品或服务的比重大，说明客户对该电商企业的忠诚度高。反之则说明客户对该电商企业的忠诚度。

三、客户忠诚的意义

（一）“忠诚”比“满意”更能确保电商企业长久收益

“客户满意”不等于“客户忠诚”，如果电商企业只能实现“客户满意”，不能实现“客户忠诚”，那么意味着自己没有稳定的客户群，这样经营收益就无法确保，因为，只有忠诚的客户才会持续购买电商企业的产品或服务，才能给电商企业带来持续的收益。

假设某电商企业每年的客户流失率是 10%，每个客户平均每年带来 100 美元的利润，吸收一个新客户的成本是 80 美元。现在电商企业决定实施客户忠诚计划，将客户年流失率从 10% 降低到 5%，该计划的成本是每个客户 20 美元。分析这家电商企业客户终生价值的变化情况：每年流失 10% 的客户，意味着平均每个客户的保留时间大约是 10 年，每年流失 5% 的客户，意味着平均每个客户的保留时间大约是 20 年。忠诚计划实施前，平均每个客户的终生价值为：10 年 ×100 美元 / 年 –80 美元 =920 美元。忠诚计划实施后，平均每个客户的终生价值为：20 年 ×（100 美元 / 年 –20 美元 / 年）–80 美元 =1520 美元。通过实施客户忠诚计划，平均每个客户的终生价值增加了 600 美元，也就是说，平均每个客户给电商企业创造的价值增加了 600 美元。

（二）使电商企业的收入增长并获得溢价收益

忠诚客户因为对电商企业信任、偏爱，不仅会重复购买电商企业的产品或者服务，还会放心地增加购买量，或者增加购买频率。忠诚客户会连带地对电商企业的其他产品产生信任，当该类客户产生对该类产品的需求时，会自然地想到购买该企业的产品，从而增加电商企业的销售量，为电商企业带来更多的利润。

此外，忠诚客户会很自然地对该电商企业推出的新产品或新服务产生信任，愿意尝试所忠诚电商企业推出的新产品或新服务，因而该类客户往往是新产品或新服务的早期购买者，从而为电商企业的新产品或新服务的上市铺平了前进的道路。

另外，忠诚客户对价格的敏感度较低、承受力强，比新客户更愿意以较高的价格来接受电商企业的产品或服务，而不是等待降价或不停地讨价还价。由于该类客户信任电商企业，所以购买贵重产品或者服务的可能性也较大，因而忠诚客户可使电商企业获得溢价收益。

（三）降低开发成本、交易成本和服务成本

1. 降低开发成本

随着电商企业间为争夺客户而展开的竞争日趋白热化，电商企业争取新客户需要花费较多的成本，如广告宣传费用、促销费用（如免费使用、有奖销售、降价等）……因此，电商企业开发新客户的成本非常高，而且这些成本还呈不断攀升的趋势。所以，对于许多电商企业来说，最大的成本就是开发新客户的成本。

然而，比起开发新客户，留住老客户的成本要相对低很多，且客户越“老”，成本越低。即使是激活一位中断购买很久的“休眠客户”的成本，也要比开发一位新客户的成本低得多。美国的一项研究表明：吸引一个新客户要付出 119 美元，而维系一个老

客户只需要 19 美元，也就是说，获得一个新客户的成本是维系一个老客户的成本的 6 倍左右。

总而言之，如果电商企业的忠诚客户多了、客户的忠诚度提高了，就可以降低电商企业开发新客户的压力和支出。

2. 降低交易成本

交易成本主要包括搜寻成本（即为搜寻交易双方的信息所发生的成本）、谈判成本（即为签订交易合同所发生的成本）、履约成本（即为监督合同的履行所发生的成本）三个方面，支出的形式包含金钱、时间和精力的支出。

由于忠诚客户比新客户更了解和信任电商企业，另外，忠诚客户与电商企业已经形成一种合作伙伴关系，彼此之间已经达成一种信用关系，所以，交易的惯例化可使电商企业大大降低搜寻成本、谈判成本和履约成本，从而最终使电商企业的交易成本降低。

3. 降低服务成本

一方面，服务老客户的成本比服务新客户的成本要低很多。例如，在客户服务中心的电话记录中，新客户的致电次数往往要比老客户的多得多，这是因为新客户对产品或者服务还相当陌生，需要电商企业多加指导，而老客户因为对产品或者服务了如指掌，因此不用花费电商企业太多的服务成本。

另一方面，电商企业由于了解和熟悉老客户的预期和接受服务的方式，所以可以更容易、更顺利地为老客户提供服务，并且可以提高服务效率和减少员工的培训费用，从而降低电商企业的服务成本。

（四）降低经营风险并提高效率

据统计，如果没有采取有效的措施，电商企业每年要流失 10% ～ 30% 的客户，这样造成的后果是电商企业经营的不确定性增加了，风险也增加了。

而忠诚的客户群体和稳定的客户关系，可使电商企业不再疲于应付客户不断改变而带来的需求的变化，有利于电商企业制订长期规划，集中资源去为这些稳定的、忠诚的客户提高产品质量和完善服务体系，并且降低经营风险。

同时，电商企业能够为老客户熟练地提供服务，这不但意味着效率会提高，而且失误率也会降低。此外，忠诚客户易于亲近电商企业，能主动向电商企业提出改进产品或者服务的合理化建议，从而提高电商企业决策的效率和效益。

（五）获得良好的口碑效应

随着市场竞争的加剧，各类广告信息的泛滥，人们面对大量眼花缭乱的广告难辨真假，无所适从，对广告的信任度在大幅度下降。而“口碑”是比当今“满天飞”的广告更具有说服力的宣传方式，人们在进行购买决策时，往往越来越重视和相信亲朋好友的推荐，尤其是已经使用过产品或者服务的人的推荐。

忠诚客户是电商企业的有力倡导者和宣传者，他们会将自己的良好感觉介绍给周围的人，主动地向亲朋好友和周围的人推荐，甚至会积极鼓动其关系范围内的人购买，从而帮助电商企业增加新客户。

美国有一项调查表明，一个高度忠诚的客户平均会向 5 个人推荐自己忠诚的电商企业，这不但能节约电商企业开发新客户的费用，而且可以在市场拓展方面产生乘数效应。一个对欧洲 7000 名客户进行调查的调查报告表明，60% 的被调查者购买新产品或新品牌是受到家庭或朋友的影响。

可见，忠诚客户的正面宣传是难得的免费广告，可以使电商企业的知名度和美誉度迅速提高，电商企业通过忠诚客户的口碑还能够塑造和巩固良好的电商企业形象。

（六）促进客户队伍的壮大

假设有三家电商企业，A 电商企业的客户流失率是每年 5%，B 电商企业的客户流失率是每年 10%，C 电商企业的客户流失率是每年 15%，再假设三家电商企业每年的新客户增长率均为 15%。

那么 A 电商企业的客户存量将每年增加 10%，B 电商企业的客户存量将每年增加 5%，而 C 电商企业的客户存量则是零增长。

这样一来，7 年以后 A 电商企业的客户总量将翻一番，14 年后 B 电商企业的客户总量也将翻一番，而 C 电商企业的客户总量将始终不会有实质性的增长。

可见，客户忠诚度高的电商企业，能够获得客户数量的增长，从而壮大电商企业的客户队伍。

（七）使电商企业实现良性循环

随着电商企业与忠诚客户关系的延续，忠诚客户带来的效益呈递增趋势，这样就能够使电商企业实现良性循环——客户忠诚的电商企业，增长速度快，发展前景广阔，可使电商企业员工产生荣誉感和自豪感，有利于激发员工士气；客户忠诚的电商企业获得的高收入既可以用于再投资、再建设、再生产、再服务，也可以进一步提高员工的待遇，进而提高员工的满意度和忠诚度；忠诚员工一般都是熟练的员工，工作效率高，可以为客户提供更好的、令其满意的产品或者服务，这将更加稳固电商企业的客户资源，进一步强化客户的忠诚；客户忠诚的进一步提高，又将增加电商企业的收益，给电商企业带来更大的发展，从而进入下一个良性循环……美国贝恩策略顾问公司通过对几十个行业长达 10 年的“忠诚实践项目”调查，发现客户忠诚是企业经营成功和持续发展的基础和重大动力之一。

总而言之，客户忠诚能确保电商企业的长久收益，使电商企业收入增长并获得溢价收益，能节省开发成本、交易成本和服务成本，降低经营风险并提高效率，能获得良好的口碑效应及实现客户队伍的壮大，使电商企业实现良性循环，保证了电商企业的可持续发展。可以说，忠诚客户的数量决定了电商企业的生存与发展，忠诚的质量，即忠诚度的高低，反映了电商企业竞争能力的强弱。

第二节　影响客户忠诚的因素

一、客户是否满意

客户忠诚和客户满意之间有着千丝万缕的联系。一般来说，客户满意度越高，客户的忠诚度就会越高；客户满意度越低，客户的忠诚度就会越低。可以说，客户满意是推动客户忠诚的最重要因素。但是，客户满意与客户忠诚之间的关系又没有那么简单，它们之间的关系既复杂，又微妙。

（一）满意则可能忠诚

满意使重复购买行为的实施变得简单易行，同时也使客户对电商企业产生依赖感。统计结果表明：一个满意的客户更愿意继续购买电商企业的产品或服务。

根据客户满意的状况，客户忠诚可分为信赖忠诚和势利忠诚两种。

1. 信赖忠诚

当客户对电商企业及其产品或服务完全满意时，往往表现出对电商企业及其产品或服务的“信赖忠诚”。信赖忠诚是指客户在完全满意的基础上，对使其从中受益的一个或几个品牌的产品或服务情有独钟，并且长期、指向性地重复购买。信赖忠诚的客户注重与电商企业在情感上的联系，寻求归属感。信赖忠诚的客户相信电商企业能够以诚待客，有能力满足客户的预期，对所忠诚电商企业的失误也会持宽容的态度。当发现该电商企业的产品或服务存在某些缺陷时，能谅解并且主动向电商企业反馈信息，而不影响再次购买。他们还乐意为电商企业做免费宣传，甚至热心地向他人推荐，是电商企业的热心追随者和义务宣传员。

信赖忠诚的客户在行为上表现为指向性、重复性、主动性、排他性购买。当他们想购买一种他们曾经购买过的产品或服务时，会主动去寻找原来向他们提供过这一产品或服务的电商企业。他们能够自觉地排斥“货比三家”的心理，能在很大程度上拒绝其他电商企业提供的优惠和折扣等诱惑，而一如既往地忠诚。信赖忠诚的客户是高度依恋的客户，他们的忠诚最可靠、最持久，他们是电商企业最为宝贵的资源，是电商企业最重要的客户，是电商企业最渴求的。他们的忠诚也表明电商企业现有的产品和服务对他们是有价值的。

2. 势利忠诚

当客户对电商企业及其产品或服务不完全满意，只是对其中某个方面满意时，往往表现出对电商企业的“势利忠诚”。例如，有些客户因为“购买方便”而忠诚；有些客户因为“价格诱人”而忠诚；有些客户因为“可以中奖”“可以打折”“有奖励”“有赠品”等而忠诚；有些客户因为“流失成本太高”——或者风险更大，或者实惠变少，或者支出增加等而忠诚……

总之，“势利忠诚”是客户为了能够得到某个（些）好处或者害怕有某些损失，而长久地重复购买某一产品或服务的行为。一旦没有了这些诱惑和障碍，他们也就不再“忠诚”，很可能会转向其他更有诱惑力的电商企业。可见，势利忠诚的客户是“虚情假意”的忠诚，他们对电商企业的依恋度很低，很容易被竞争对手挖走。因此，电商企业要尽可能实现客户的“信赖忠诚”，但是，如果实在无法实现客户的“信赖忠诚”，也可以退而求其次，追求实现客户的“势利忠诚”，因为这种忠诚比较常见、比较容易实现，也能够给企业带来利润，值得电商企业重视。

（二）满意也可能不忠诚

一般认为满意的客户在很大程度上会是忠诚的客户，但实际上它们之间并不像人们所想象的那样存在着必然的联系。许多电商企业发现：有的客户虽然满意，但还是离开了。《哈佛商业评论》显示，对产品满意的客户中，仍有 65% ～ 85% 的客户会选择新的替代品，也就是说满意并不一定忠诚。

一般来说，满意也可能不忠诚的原因大概有以下几个：客户没有因为忠诚而获得更多利益、客户对电商企业的信任和情感不够强烈、客户没有归属感、客户的转换成本过低、电商企业与客户联系的紧密程度低、电商企业对客户的忠诚度低、员工对电商企业的忠诚度低，以及客户自身原因，如个人客户想换“口味”丰富一下自己的消费经历，或者企业客户的采购主管、采购人员、决策者的离职等都会导致虽然满意但不忠诚。

（三）不满意则一般不忠诚

一般来说，让不满意的客户忠诚的可能性是很小的，如果不是迫不得已，客户是不会“愚忠”的。例如，客户如果不满意电商企业污染环境，或不承担社会责任，或不关心公益事业等，就会对电商企业不忠诚。又如，若电商企业对客户的投诉和抱怨处理不及时、不妥当，客户就会对电商企业不忠诚。一个不满意的客户迫于某种压力，不一定会马上流失，马上不忠诚，但一旦条件成熟，就会不忠诚。

（四）不满意也可能忠诚

不满意也可能忠诚分为两种情况，一种是“惰性忠诚”，另一种是“无奈忠诚”。

1. “惰性忠诚”

“惰性忠诚”是指客户尽管对产品或者服务不满意，但是由于本身的惰性而不愿意去寻找其他供应商或者服务商。对于这种忠诚，如果其他电商企业主动出击，还是容易将他们挖走的。

2. “无奈忠诚”

“无奈忠诚”是指在卖方占主导地位的市场条件下，或者在不开放的市场条件下，尽管客户不满意却因为别无选择，找不到其他替代品，而不得已忠诚。例如，市场上仅有一个供应商，在这样的垄断背景下，尽管不满意，客户也只能别无选择地忠诚，因为根本没有“存有二心”的机会和条件。

虽然“惰性忠诚”和“无奈忠诚”能够给电商企业带来利润，电商企业可以顺势、借势而为，但是，电商企业切不可麻痹大意、掉以轻心，因为不满意的忠诚是靠不住的、很脆弱的，一旦时机成熟，这类不满意的客户就会毫不留情地流失。

从以上的分析来看，客户忠诚在很大程度上受客户满意的影响，但是不绝对，满意的客户也并不一定是忠诚的客户，如可能因为没有忠诚的动力或者压力。一般来讲，客户不满意通常就不会忠诚，但是，有时尽管不满意也可能因为惰性或者迫于无奈而忠诚。所以，电商企业要想实现客户忠诚，除了让客户满意，还得考虑影响客户忠诚的其他因素，需要其他手段的配合。

二、客户因忠诚能够获得多少利益

追求利益是客户的基本价值取向。调查结果表明，客户一般也乐于与电商企业建立长久关系，其主要原因是希望通过忠诚得到优惠和特殊关照，如果能够得到，他们就会与电商企业建立长久关系。如果老客户没有得到比新客户更多的优惠和特殊关照，那么就会抑制他们的忠诚，这样老客户就会流失，新客户也不愿成为老客户。因此，电商企业能否提供忠诚奖励将决定客户是否持续忠诚。

当前仍然有许多电商企业总是把最好、最优惠的条件提供给新客户，甚至有的企业利用大数据“杀熟”，使老客户的待遇还不如新客户，这其实是鼓励“后进”，打击“先进”，将大大降低客户忠诚度。“衣不如新，人不如故。”如果一个人对待一个有十年交情的老朋友的态度还不如新结识的朋友，那么谁会愿意和这样的人做长久的朋友？其实，新客户有很多未知的方面，你不知道他们会带来什么，而老客户陪伴电商企业成长，是电商企业的功臣。如果一个电商企业连老客户都不珍惜，那又怎能令人相信它会珍惜新客户？！电商企业切不可喜新厌旧，否则只会让老客户寒心，受伤害的老客户将不再忠诚进而流失，而新客户看到老客户的处境也会望而却步，不愿忠诚。

所以，电商企业要让老客户得到更多的实惠和奖励，这样才能激励客户对电商企业忠诚。

三、客户的信任和情感

（一）信任因素

由于客户的购买存在一定的风险，客户为了避免和减少购买过程中的风险，往往倾向于与自己信任的电商企业保持长期关系。市场上有些电商企业只追求眼前利益，“一切向钱看”，不顾及客户的感受，但这种电商企业是不可能得到客户信任的，而没有得到客户信任的电商企业肯定得不到客户的忠诚。研究结果显示，信任是构成客户忠诚的核心因素，信任使重复购买行为变得简单易行，同时也使客户对电商企业产生依赖感。

（二）情感因素

如今，情感对客户是否忠诚的影响越来越大，这是因为电商企业给予客户利益，竞争者也同样可以提供类似的利益，但竞争者难以破坏情感深度交流下建立的客户忠诚。

电商企业与客户一旦有了情感交流，就容易从单纯的买卖关系升华为休戚相关的伙伴关系。当客户与电商企业的感情深厚时，客户就不会轻易背叛，即使受到其他利益的诱惑。

维基·伦兹在其所著的《情感营销》一书中也明确指出：“情感是成功的市场营销的唯一的、真正的基础，是获得价值、客户忠诚和利润的秘诀。”

加拿大营销学教授杰姆·巴诺斯通过调查研究指出，客户关系与人际关系有着一样的基本特征，包括信任、信赖、社区感、共同目标、尊重、依赖等内涵，企业只有真正站在客户的角度，给客户以关怀，与客户建立超越经济关系的情感关系，才能赢得客户的心，赢得客户的忠诚。

四、客户是否有归属感

假如客户感到自己被电商企业重视、尊重，有很强的归属感，就会不知不觉地依恋电商企业，因而忠诚度就高。相反，假如客户感觉自己被轻视，没有归属感，就不会依恋电商企业，忠诚度也就低。

例如，穷游网保持客户黏性的手段是依靠其丰富实用的旅游咨询和服务，以及良好的社区气氛。穷游网将后台加工制作的集成式攻略单列入一个版块，将客户生成的攻略和客户间的问答互动一起放入了论坛版块。注册网友拥有自己的主页，可以进行发帖、上传照片、问答等，也可以与其他用户发私信。注册网友在穷游网上免费得到了其他网友提供的旅游信息，然后在自己亲身体验之后又回来回报网站，分享自己的旅游经历，如此循环。穷游网使客户具有强烈的归属感，从而吸引了众多客户持续对穷游网进行关注并忠诚。

五、客户的转换成本

转换成本指的是客户从一个电商企业转向另一个电商企业需要面临多大的障碍或增加多大的成本，是客户为更换电商企业所需付出的各种代价的总和。

转换成本可以分为以下三类：第一类是时间和精力上的转换成本，包括学习成本、时间成本、精力成本等；第二类是经济上的转换成本，包括利益损失成本、金钱损失成本等；第三类是情感上的转换成本，包括个人关系损失成本、品牌关系损失成本。相比较而言，情感上的转换成本比另外两类转换成本更加难以被竞争对手模仿。

转换成本可阻止客户不忠诚，如果客户从一个电商企业转向另一个电商企业，会损失大量的时间、精力、金钱、关系和感情，那么，即使目前他们对电商企业不是完全满意，也会三思而行，慎重考虑，不会轻易背叛。

例如，电商企业实行累计优惠计划，那么频繁、重复购买的忠诚客户就可以获得奖励，而如果客户中途背叛、放弃就会失去即将到手的奖励，并且原来积累的利益也会因转换而消失，这会激励客户对电商企业忠诚。

但是，必须认识到，引导胜于围堵。如果电商企业仅靠提高转换成本来维系客户忠诚，而忽视为客户创造价值和利益，那会将客户置于尴尬和无奈的境地，并最终流失客户。

六、客户对电商企业的依赖程度

我们知道，如果两个物体的接触面非常光滑，摩擦系数很小，那么这两个物体彼此就很容易“滑溜”；相反，如果两个物体的表面粗糙，摩擦系数很大，那么这两个物体就没有那么容易“开溜”。这个时候，“摩擦阻力”成了“牵挂”。

我们还知道，化学反应比物理反应稳定，那么如果两个电商企业之间的关系不是表层的关系，而是深层的、高级的关系，相互渗透的关系，那么分开就不是件容易的事了。经验表明，客户购买一家电商企业的产品越多，对这家电商企业的依赖程度就越高，客户流失的可能性就越小，就越可能忠诚。如 360 安全公司通过网上智能升级系统，及时为使用其产品的客户进行升级，并且免费提供一些软件，从而增强了客户对其的依赖程度。

我们也知道，婚姻的稳定单靠“满意”是不够的，因为人们对“满意”的追求往往是无止境的，谁也不能保证自己是最美、最年轻、最好的，要稳固婚姻，除了靠“满意”，还要靠感情、靠责任、靠纽带——为什么相对来说三口之家比两口之家稳定？因为夫妻双方有了共同的牵挂后，要分手就很不容易了！

同理，电商企业可与客户通过交叉持股或者双方共同成立合资、合伙或合作电商企业等形式，建立双方共同的利益纽带，实现“你中有我，我中有你”，这样彼此就不容易分开了。

若电商企业与客户双方的合作关系紧密，电商企业提供的产品或者服务就能渗透到客户的核心业务中间。如果电商企业的产品或者服务具有显著的独特性与不可替代性，则客户对电商企业的依赖程度和忠诚度就会高。

总而言之，如果一个电商企业对客户来说是可有可无的，那怎么能够奢望客户对这家电商企业忠诚？相反，如果客户离不开一家电商企业，那么客户想不忠诚都不行。

例如，客户手机上的 App 太多已经成为痛点，如果一个 App 可以集合多个功能显然会赢得客户的青睐。美团 App 就集合了团购、外卖、打车、酒店、机票车票等诸多功能，简直是“生活百科全书”，客户在吃、住、行方面都能用美团 App，不知不觉中，许多客户已离不开美团，渐渐忠诚于美团了。

七、电商企业对客户的忠诚

忠诚应该是电商企业与客户之间双向的，不能追求客户对电商企业的单向忠诚，而忽视了电商企业对客户的忠诚。正如宜家提出的：企业应通过给予忠诚来获得忠诚。

假如电商企业对客户的忠诚度高，一心一意地为客户着想，不见异思迁，能够不断为客户提供满意的产品或者服务，就容易获得客户的忠诚。

相反，假如电商企业喜新厌旧、见异思迁、朝秦暮楚，不能持续地为客户提供满意的产品或服务，那么，客户的忠诚度就会降低。

八、员工对电商企业的忠诚

研究发现，员工的满意度、忠诚度与客户的满意度、忠诚度之间呈正相关的关系。这是因为，一方面，只有满意的、忠诚的员工才能愉快地、熟练地提供令客户满意的产品或服务；另一方面，员工的满意度、忠诚度会影响客户对电商企业的评价，进而影响客户对电商企业的忠诚度。

此外，有些客户忠诚于某家电商企业主要是因为与之联系的员工表现出色，如专业、高效、娴熟以及与他们建立了良好的私人关系。因此，如果这个员工离开了这家电商企业，客户就会怀疑该电商企业是否仍能满足他们的需要，尤其是在一些特别依赖员工个人出色表现的电商企业，员工的忠诚对客户忠诚的影响尤其显著。

九、客户自身因素

以下几种客户自身的因素也会影响客户的忠诚。

（1）客户遭遇某种诱惑。

（2）客户遭遇某种压力。

（3）客户需求出现变化。例如，客户原来喝白酒，现在改喝葡萄酒了，如此，如果销售白酒的电商企业不能及时满足客户新的需求（如供应葡萄酒），那么客户就不会继续忠诚。

（4）客户搬迁、成长、衰退、破产。

（5）客户的重要当事人离职、退休等。

（6）客户忠诚感不强烈。

总而言之，影响电商客户忠诚的因素有：客户是否满意、客户因忠诚能够获得多少利益、客户的信任和情感、客户是否有归属感、客户的转换成本、电商企业与客户业务联系的紧密程度、电商企业对客户的忠诚度、员工对电商企业的忠诚度、客户自身因素等。客户是否忠诚有时是单一因素作用的结果，有时是多个因素共同作用的结果。

第三节　如何实现客户忠诚

从影响客户忠诚的因素中我们知道，电商企业应尽可能消除影响客户忠诚的不利因素，强化一切推动和有利于客户忠诚的因素，双管齐下，从而形成客户“不想走”“不能走”的局面，这样就能实现客户忠诚。具体做法如下。

一、努力实现客户完全满意

客户越满意，忠诚的可能性就越大，只有最高等级的满意才能实现最高等级的忠诚。为此，电商企业应当追求让客户满意，甚至完全满意。

二、奖励客户的忠诚

我们知道，想要让某人做某事时，如果能够让他从做这件事中得到好处，那么，他自然会积极主动地去做这件事，而不用别人引导或监督。

同样的道理，电商企业想要赢得客户忠诚，就要对忠诚客户进行奖励，奖励的目的就是让客户因忠诚而受益，从而使客户在利益驱动下忠诚。

（一）如何奖励

1. 财务奖励

财务奖励的代表形式是频繁营销计划，它产生于 20 世纪 70 年代初，也称为老主顾营销规划，指向经常或大量购买的客户提供奖励，目的是促使现有客户对企业忠诚。

由于获得新客户的成本要比留住老客户的成本多得多，因此，企业总是希望能够拥有越来越多的老客户，并且通过老客户吸引更多的新客户。为此，电商企业可给老客户更多的优惠，从而发展长期的客户关系。

财务奖励的形式主要有折扣、积分、赠品、奖品等。电商企业以此来表示对老客户的关爱，奖励他们重复购买。比较典型的是通过建立会员制给会员一定的优惠价格——一般来说，会员一次性支出的会费远小于以后每次购物所享受的超低价优惠，还可享受其他特殊服务，如定期收到有关新到货品的样式、性能、价格等资料，以及享受送货上门的服务等。

例如，阿里巴巴推出了88会员活动，用户只需要花费88元就可以获得天猫、饿了么、优酷、虾米、淘票票等产品的会员权益，而单独买这些会员权益则需要花费626元，而且淘气值低于1000元的用户，要花888元才能购买。用户成为88会员后，在购物的时候，一想到自己是淘宝会员，而且还享受95折优惠，就会先想到在淘宝上购买。对阿里巴巴来说，88会员还可以联合天猫、饿了么、优酷、虾米、淘票票等产品的用户，实现用户共享。

开市客会员的忠诚

开市客是美国最大的连锁会员制仓储量贩店，成立以来即致力于以最低价格提供给会员高品质的品牌商品，20年来综合毛利率始终为10%～11%，其赢利主要来自会员费收入——开市客所有商品的价格比其他零售店至少低15%，然而要想在这里购物，客户必须交纳45～100美元的年度会员费。

当客户交了这笔年费成为会员后，如果经常来开市客购物，客户就会觉得会员费交得实在是太值了。因为他们只要多买一些低价优质的商品就赚回来了！另外，开市客还允许会员携带多位亲友一同购物，并提供分单结账服务，以实现口碑相传，增加会员基数。并且，绝大多数客户都选择了继续交纳会员费，续费会员的比例达到了86%，而电商企业60%的利润也来自于这些会员费。

开市客会员费收入成为公司的主要利润。2018年31亿美元的利润几乎全部来自全球9600万会员的会员费！在客户的会员费续费上，每年开市客的会员续费率是百分之九十，也就是说忠诚的客户达到百分之九十。

此外，实行以旧（产品）折价换新（产品）也能够起到奖励忠诚的作用。例如，苹果的旧机经评定后会有对应的折算价格，折算价格就是购买新机的减免价格。如此一来，苹果老客户就会更愿意继续购买苹果的产品，并不断更新换代，循环往复。

2. 其他配套奖励

这里的其他配套奖励是指特权、优待、机会、荣耀等财务利益以外的奖励。

（二）奖励时要注意的问题

首先要注意客户是否重视电商企业的奖励。如果客户对奖励抱着无所谓的态度，那么电商企业就不必花“冤枉钱”。

其次，不搞平均主义，要按忠诚度高低、重购次数来区别奖励。

再次，要细水长流。即要注重为客户提供长期利益，因为一次性奖励并不能使客户忠诚，还浪费了大量的财力，即使奖励有效，竞争者也会效仿。因此，电商企业要考虑自己是否有能力对客户持续进行奖励，能否承受奖励成本不断上升的压力，否则，就会出现尴尬的局面——坚持下去，成本太高；取消奖励，电商企业信誉会受影响。

最后，奖励是否出于真诚，如奖励形式是否可以选择、领取奖励是否方便等。

（三）奖励计划的弱点

首先，未享受到奖励计划的客户可能对电商企业产生不满。

其次，电商企业之间的奖励计划大战使客户享受到越来越多的优惠，客户的预期也会越来越高，因而电商企业为了迎合客户所投入的奖励成本会越来越高。

再次，奖励计划操作简单，很容易被竞争者模仿。如果多数竞争者加以仿效，则奖励计划会趋于相同，如此电商企业提高了成本却不能形成相应的竞争优势。但是，电商企业又不能轻易中断这些奖励计划，因为一旦中断就会产生竞争劣势。于是，电商企业面临一个恶性循环：奖励计划——初显成效——大量仿效——失去优势——新的奖励计划……电商企业成本不断上升，但成效甚微，大多只是获得虚假忠诚、势利忠诚的客户。

三、使客户信任并加深其感情

（一）增强客户的信任

一系列的客户满意产生客户信任，长期的客户信任有利于客户忠诚的形成。因此，电商企业要持续不断地增强客户对电商企业的信任，这样才能获得客户对电商企业的忠诚。

那么，电商企业怎样才能增加客户的信任呢？第一，要牢牢树立“客户至上”的观念，“想客户所想，急客户所急，解客户所难，帮客户所需”，要确保所提供的产品或服务能够满足客户需要。第二，要提供广泛并值得信赖的信息（包括广告），当客户认识到这些信息是值得信赖并可接受的时候，电商企业和客户之间的信任感就会逐步产生并得到强化。第三，要针对客户可能遇到的风险，提出保证或承诺并切实履行，以减少他们的顾虑，从而赢得他们的信任。第四，要尊重和保护客户的隐私，使客户有安全感，进而产生信赖感。第五，要认真处理客户投诉，如果电商企业能够及时、妥善地处理客户的投诉，就能够赢得客户的信任。

例如，美团外卖作为国内知名的网上订餐平台，精心挑选了众多优质外卖商家，为客户提供快速、便捷的线上订餐服务。美团外卖还制定了具有法律效应的《美团点评餐饮安全管理办法》，为了鼓励更多客户曝光不良商家还给予相应现金红包奖励，同时与社会各界广泛合作、共同治理，并承诺对所有与餐饮安全相关的投诉在24小时内提出解决方案。此外，美团外卖规定配送人员要持有健康证明，衣帽清洁，不能直接接触餐品；配送箱清洁，配送过程中不能把餐品与有害的物品一起存放和配送；同时保证餐品安全所需的温度、湿度等。这一系列的努力换来了客户的信任，也增加了客户的忠诚度。

（二）加深客户的感情

联邦快递的创始人佛莱德·史密斯有一句名言："想称霸市场，首先要让客户的心跟着你走，然后让客户的腰包跟着你走。"因此，电商企业在与客户建立关系之后，还要努力建立交易之外的关系，如加强与客户的感情交流和感情投资，这样才能巩固和强化电商企业与客户的关系。

沃尔顿常对员工说，让我们以友善、热情对待客户，就像在家里招待客人一样，让他们感觉到我们时刻都在关心他们。

生活中我们常说"将心比心，以心换心"，电商企业与客户之间特别需要这种理解与关心，电商企业对处于危困之中的客户"雪中送炭"，很可能为自己培养了未来的忠诚客户。例如，在新冠肺炎疫情时期，一个问候电话、一条预防短信、一瓶消毒液、一个口罩，都能帮助电商企业与客户建立深厚的感情。

总之，电商企业只有通过对客户的理解、体贴及人性化经营，真心付出、以诚相待，才能增强客户的信任与情感，才能与客户建立长期友好的关系。

四、建立客户组织

建立客户组织可使电商企业与客户的关系正式化、稳固化，使客户感到自己有价值、受欢迎、被重视，进而产生归属感。客户组织还使电商企业与客户之间由短期关系变成长期关系，由松散关系变成紧密关系，由偶然关系变成必然关系，因而有利于电商企业与客户建立超出交易关系的关系。

案例

"米粉"圈

小米公司在官方网站建立了小米社区，将有共同爱好、共同价值观的粉丝进行聚拢，通过同城会、"米粉"节等不断增加社区的活力与吸引力，并在小米社区平台引导粉丝进行内容创造，与核心的粉丝用户建立良好的互动关系，通过一系列的优惠措施以及尊崇体验带给核心粉丝更高的溢价。小米公司还通过微信平台对粉丝遇到的产品售后问题进行解答，以解决产品设计缺陷可能导致的粉丝流失问题。同时，小米在各大媒体社交工具上都保持零距离贴近客户，包括小米手机的创始人雷军在内的公司高层管理者每天都会亲自做一系列的客服工作，耐心解答用户的部分提问。总之，小米通过小米社区、同城会、“米粉”节等，构建稳固的粉丝群，打造集群社区，与粉丝建立良好的互动关系，使粉丝有了归属感，感到自己被重视、被尊重，得到了粉丝的认同与追随并提高了对小米的忠诚度。

五、提高客户的转换成本

一般来讲，如果客户在转换电商企业时感到转换成本太高，或客户原来所获得的利益会因为转换电商企业而损失，或者将面临新的风险和负担，那么客户就会尽可能不转换，如此就会继续对电商企业忠诚。

（一）提高客户转换的学习成本、时间成本、精力成本

例如，电商企业一开始为客户提供有效的服务支持，包括提供免费软件等，并帮助客户学习如何正确地使用软件。那么，一段时间以后，客户学习软件使用方法所花的时间、精力将会成为一种转换成本，使客户在别的选择不能体现明显的优越性时自愿重复使用，成为忠诚客户，而不会轻易转换。

大V店“让天下没有难做的妈妈”

大V店始终关注的是“妈妈的成长”，并且以“让天下没有难做的妈妈”为使命，为妈妈提供一系列相关产品与服务。大V店最初以儿童图书为切入点，按不同年龄阶段将图书分类，如此妈妈可以轻松地在孩子看图、认字、读诗等不同学习阶段挑选到合适的书本。发展到现在，大V店增加了母婴用品、个人护理，家用电器等产品。会员妈妈还可以在平台上购买“知识干货”，听一听育儿专家的经验分享，学一学家庭关系问题的处理方法，逐渐实现从“女孩”到“母亲”的角色转变。

大V店还为妈妈们提供了低成本、低风险的创业平台。在大V店平台上，妈妈们只要交纳239元会员费，通过简单注册即可拥有自己的店铺，并且只需要通过社交平台进行推广就有机会获得佣金。平台提供货源并保证所有商品均有PICC正品保证，以及有专门的物流和售后支持。同时，妈妈们也无须担心自己在社交平台上进行推广会让自己的好友产生厌恶感，因为它采取的是无痕迹销售。例如，妈妈们在自己的公众号上在

自己擅长、有话语权的某个领域创作优质内容，同时将商品的购买链接隐藏其中。又如，妈妈和孩子选择大V店推荐的阅读物，然后通过朋友圈分享读书体验，吸引使更多的家庭重视儿童阅读习惯的培养，从而引起他们对大V店的关注。

大V店积极打造学习型社群，通过教育专家提供开店及育儿的知识，为妈妈们提供持续性知识输出，同时鼓励妈妈们丰富社交活动，在交流中学习，在分享中体现自我价值。“妈妈商学院”是专门为妈妈们建立的虚拟学院。妈妈们能在上面了解到大量专业的有关儿童教育、家庭关系的知识和技能。为了提高妈妈们的课程完成率，大V店不仅会请名师授课，还督促学员听课、提交作业以及答疑等。此外，大V店会定期开展“干货分享，自主创业”的沙龙活动，邀请优秀店主妈妈分享经验，让更多妈妈紧跟时代，学习互联网知识，同时利用所学知识开店赚钱。如今“妈妈顾问”也正式签约入驻，大V店会将平台数百万名妈妈直接“分发”给“妈妈顾问”接受一对一的服务。所以，妈妈们无论遇到什么问题都能够向“妈妈顾问”咨询并及时得到回复。大V店通过“互联网+”真正帮妈妈们实现了“在家带娃，轻松创业”的梦想。

大V店是国内首家以社群为主的母婴会员电商企业，由原先单一的童书微信销售平台，发展成为妈妈们提供购物、社交、教育、生活等服务的平台，现拥有数百万活跃的妈妈用户。

（二）提高客户转换的财务成本

电商企业还可以通过提高客户转换的财务成本，即损失将要到手的经济利益来维持客户忠诚。

COSTA的打折卡

当你走进COSTA咖啡点了一杯36元的拿铁咖啡，准备掏出钱包付款时，服务员告诉你“先生，这杯价格36元的咖啡，你今天可以免费得到”。

服务员接着说：“你办理一张88元的打折卡，这杯咖啡今天就免费给您了。并且这张卡全国通用，你可以在任何时候到COSTA咖啡消费，同时可以享受9折优惠。”

调查表明，有70%左右的客户会购买这张打折卡。此策略可是一箭双雕之计。

第一，是增加客户第一次消费单价。对于客户来说，咖啡的价值是36元，办一张打折卡88元，送一杯咖啡，然后有这张卡以后还可以持续享受折扣。但是，真实的情况是多花了53元，因为打折是建立在你消费的基础上的，你不消费，这张卡对你便没有用处。

第二，是锁住客户。当你响应了 COSTA 咖啡的主张之后，你获得了一张打折卡，就在你办卡的一瞬间，其实他们已经锁定了你。由于 COSTA 咖啡与星巴克咖啡的定价很接近，所以当你下一次要喝咖啡的时候，因为有这张打折卡，所以你基本不会考虑星巴克。

（三）提高客户转换的情感成本

例如，客户购买了一定数额的玛贝尔（MaBelle）钻饰就可能注册成为“VIP 俱乐部”会员。公司要求员工必须定期通过电子邮件、电话、手机短信等方式和客户建立个人关系，这种私人关系无疑增加了客户的情感转换成本。此外，客户参与、客户定制在增加客户满意度的同时，也增加了客户的情感投入，即增加了转换成本，因而能够增加客户的退出障碍，从而有效地阻止客户流失。

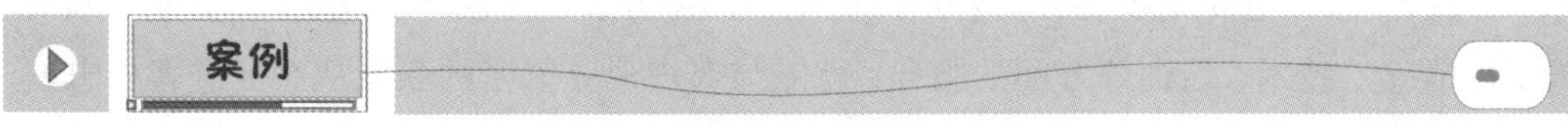

“米粉”因参与而忠诚

参与感是提升品牌黏性和忠诚度的重要手段。雷军曾经说过：“从某种程度上讲，小米贩卖的不是手机，而是参与感。”

在小米眼中，客户不仅是产品的使用者，也极有可能成为小米手机的开发者，因此，在产品的设计中，小米创新性地引入了用户参与机制，给予“发烧友”用户参与产品创造和改进的机会，并且积极收纳海量的用户意见进行软件设计和更新，与粉丝一起做好的手机。小米手机论坛每周都发布数千篇客户反馈的帖子，其中不乏来自粉丝的深度体验报告和心得。在部分重要功能的设计和确定上，小米的工程师们充分挖掘并利用隐藏在论坛中的强大的粉丝力量，通过网络问卷调查及投票的方式征询客户的意见。在小米，每周更新的众功能中有 1/3 来源于“米粉”。小米借助微博、微信和论坛的力量使粉丝与手机开发者完成零距离互动，在娱乐化的互动过程中也增强了粉丝对产品和品牌的信任。

另外，小米从产品研发、营销、传播、服务各个环节充分激发粉丝的自组织参与和创造，先推出手机开发论坛“MIUI”，招募 100 个智能手机“发烧友”参与功能研发，再以这 100 个种子用户为中心逐步向外扩充，招募 1000 个测试用户、1 万个体验用户，进行新功能的测试体验和反馈，再带动 10 万个忠实粉丝和千万个普通粉丝进行口碑营销和持续消费。

小米以“和‘米粉’做朋友”为己任，一方面以 MIUI 论坛为平台聚集粉丝参与开发和传播，不断激发和满足粉丝需求，不断升级产品，保持粉丝参与热度；另一方面充分利用社交互动进行营销服务，实时响应粉丝反馈，提供精细化服务体验，强化粉丝对于小米品牌的参与度、认同感和忠诚度，从而使小米品牌在智能手机的红海大战中异军突起。

小米这种将终端客户的参与融入产品设计过程的做法使得“米粉”们因自身的参与而加深了对小米的牵挂和忠诚。

六、加强客户对电商企业的依赖

（一）加强业务联系

加强业务联系是指电商企业渗透到客户的业务中间，双方形成战略联盟与紧密合作的关系。假如电商企业能够向客户提供更多的服务，如为客户提供生产、销售、调研、管理、资金、技术、培训等方面的服务，就能与客户建立紧密的联系从而促进客户忠诚。

例如，小米投资了 270 多家生态链企业，并且不断地跨界，尝试新的服务领域——第一圈层是手机周边商品，基于小米手机已取得的市场影响力和庞大的活跃用户群，手机周边是小米有先天优势的第一个圈层，如耳机、音箱、移动电源等；第二个圈层是智能硬件，小米投资孵化了多个领域的智能硬件产品，如空气净化器、净水器、电饭煲等传统白电，也投资孵化了无人机、机器人等极客互融类智能玩具；第三个圈层是生活耗材，如毛巾、牙刷、旅行箱、跑鞋和背包等。小米通过投资生态链，不断地加强与客户的业务联系，在一定程度上增强了客户对小米的忠诚。

案例

强生公司的网上服务

强生公司选择婴儿护理品为公司网站的形象产品，将企业网站变成了一部“个性化的、记录孩子出生与成长历程的电子手册”，增强了强生品牌的感召力。由于企业网站变成了一部孩子成长的电子相册，所以强生这个名字，必然成为最先进入新生幼儿脑海的第一品牌，该品牌可能将从其记事起，伴随其度过一生。

在网站上，强生公司时刻提醒着年轻的父母们关注宝宝的睡眠、饮食、哭闹情况、体温等，并且设置相关的版块帮助人们解答育儿疑问。随着孩子的成长，强生公司会时时递来“强生沐浴露”“强生安全棉”“强生尿片”“强生 2 合 1 爽身粉”等孩子所需的公司产品。强生公司这份育儿宝典会告诉父母哪些产品正是孩子现在所必需的。年轻父母们会突然发现，孩子的成长离不开这个育儿宝典。

此外，电商企业如果能够为客户提供量身定制的服务来满足客户的特殊要求，也能够达到促进客户忠诚的目的。

例如，德士高为女性购物者和对健康很在意的客户，特别推出了“瘦身购物车”。这种推车装有设定阻力的装置，客户可自主决定推车时的吃力程度，阻力越大消耗的卡路里就越多。在推车购物过程中，客户的手臂、腿部和腹部都会得到锻炼，相当于进行一定时间的慢跑或游泳而得到的锻炼。手推车上还装有仪器，可测量使用者的脉搏、推车速度与时间，并显示推车者消耗的热量。这种“瘦身购物车”的造价是普通推车的 7 倍，但它受到了客户的热烈欢迎，因为客户得到了其他商场没有提供的“健身服务”。

每逢大促，商家店铺图片、动图、视频等设计需求便大大增加，会带来很多支出。2020 年“双十一”，京东玲珑设计平台的图片设计、动图 / 视频设计、直播页面设计、京东智辅 • 购物小程序 4 项工具对商家免费，加上一直免费的其他 6 项视觉设计功能，大促期间总共可为商家节省超 10 亿元。此外，京东为商家提供海量的直播间贴片、封面图和宣传图模板，让设计“小白”也能设计出资深设计师水准的直播间，让商家牢牢把握直播的“风口”。对于直播内容的策划，京东推出直播超级排位赛，鼓励商家进行直播营销。另外，“京小贷”为满足条件的超万名优质商家提供临时额度，最高提额 100 万元，满足商家在活动期间对资金周转的需求。同时，京东推出“京营保”服务，坚决保护商家权益，包括加强对恶意购买行为的防控、商家价格错标等失误的及时补救等。同时，邀请更多商家加入“护宝锤”系统，共同治理品牌侵权行为……京东的一系列努力大大提升了商家对京东的忠诚度。

（二）提高不可（易）替代性

如果电商企业凭借自身的人才、经验、技术、专利、秘方、品牌、资源、历史、文化、关系、背景等为客户提供独特的、不可（易）替代的产品或者服务，就能够增强客户对电商企业的依赖性，从而实现客户忠诚。

例如，B 站诞生之初就以弹幕闻名，并引领了弹幕这种独特的潮流，相比于其他视频网站动辄 60 ～ 90 秒的广告，在 B 站观看视频更加“顺畅痛快”，这有利于增强客户对 B 站的忠诚。

又如，阿里巴巴集团于 2014 年正式推出天猫国际平台，直接向国内客户提供境外进口商品。作为一个媒体平台，天猫国际有效地整合了境外卖家与境内买家的信息，解决了双方语言障碍的问题，以及传统海淘中支付不安全、无售后保障等问题。世界知名的百货公司和免税商店，如梅西百货、麦德龙，惠氏、花王、资生堂等全球知名零售商均在天猫国际入驻，并且大多数和天猫国际签署了独家的战略合作协议，这意味着，天猫国际拥有着其他平台无法得到的货源。在天猫国际入驻的商家大部分可以为客户提供七天无理由退换货的服务，如果有客户需要退换的商品，可以直接从保税区发货，具有很强的时效性。而且平台还为客户提供运费险，如果客户有退换货的需要，则可由平台承担退换货的大部分运费，客户只需承担少部分邮寄费用。天猫国际承诺所有需退换商品均为国内退货，为客户解决了传统海淘中售后无保障的难题。显然，这些独特的服务促进了客户对天猫国际的忠诚。

此外，品牌是用以识别某个产品或者服务，并使之与竞争对手的产品或者服务区别开来的商业名称及标志。品牌对于客户的吸引力在于，品牌是一份合同，是一个保证，是一种承诺。电商品牌一旦创建成功就像竖起了一道屏障，如果客户认可了电商品牌，对其他电商品牌就很可能会采取抵制的态度。

七、以自己的忠诚换取客户的忠诚

电商企业不应当忽视自己对客户的忠诚，而应当以自己对客户的忠诚换取客户的忠诚。

我们知道，终端门店具有客户引流、样品展示、现场体验、需求挖掘、方案沟通和确定等功能，但自 2020 年 2 月起受到新冠肺炎疫情的影响，终端门店门庭冷落。就在这个时候，许多生产厂商、卖场平台、电商平台纷纷伸出援手，帮助终端门店克服困难——红星美凯龙对自营商场的相关商户免除一个月租金及管理费，欧派家居以 10 亿元补贴经销商，金牌厨柜宣布承担全国零售经销商一万多名员工一个月的工资……危难时刻见真情，这些同舟共济、共渡难关的做法密切了双方的关系，终端客户无疑会投桃报李，以自己的忠诚作为回报。

案例

粉丝服务者

某主播对自己的定位是“粉丝服务者”，她始终把粉丝利益放在第一位，会亲自试用所有产品，觉得东西好才会推荐给粉丝，其团队还会为粉丝争取接近出厂价的裸价。至于该主播直播间卖什么，也是由粉丝说了算。

该主播在一次直播中引导销售了上万单水果，由于运输途中气温回升，粉丝收到快递后发现有的水果变质了。该主播团队火速与商家沟通，但商家认为气温回升属于不可控因素，一时沟通无果。最后，该主播告诉粉丝，损失全都由她的团队来承担。

延伸阅读：为客户打伞

初春的一天上午，胡雪岩正在客厅里和几个分号的大掌柜商谈投资的事情。这时，外面有人禀告，说有个商人有急事求见。前来拜见的商人满脸焦急之色。原来，这个商人在最近的一次生意中栽了跟头，急需一大笔资金来周转。为了救急，他拿出自己全部的产业，想以非常低的价格转让给胡雪岩。

胡雪岩不敢怠慢，让商人第二天来听消息，自己连忙吩咐手下去打听是不是真有其事。手下很快就赶回来，证实商人所言非虚。胡雪岩听后，连忙让钱庄准备钱。因为对方需要的现金太多，钱庄里的现金又不够，于是，胡雪岩又从分号急调大量的现金。第二天，胡雪岩将商人请来，不仅答应了他的请求，还按市场价来购买对方的产业，这个价格大大高于对方转让的价格。那个商人惊愕不已，不明白胡雪岩为什么连到手的便宜都不占，坚持按市场价来购买那些房产和店铺。

胡雪岩拍着对方的肩膀让他放心，告诉商人说，自己只是暂时帮他保管这些抵押的资产，等到商人挺过这一关，可随时来赎回，只需要多付一些微薄的利息就可以。胡雪岩的举动让商人感激不已，商人二话不说，签完协议之后，对着胡雪岩深深作揖，含泪离开了胡家。

胡雪岩的手下可就想不明白了。胡雪岩微微一笑："你肯为别人打伞，别人才愿意为你打伞。那个商人的家产可能是几辈人积攒下来的，我要是以他开出的价格来买，当然很占便宜，但人家可能就一辈子翻不了身。这不是单纯的投资，而是救了一家人，既交了朋友，又对得起良心。谁都有雨天没伞的时候，能帮人遮点雨就遮点吧。"

众人听了之后，久久无语。后来，商人赎回了自己的家产，也成了胡雪岩最忠实的合作伙伴。在那之后，越来越多的人知道了胡雪岩的义举，对他佩服不已。胡雪岩的生意也好得出奇，无论进入哪个行业，总有人帮忙，有越来越多的客户来捧场。

八、加强员工忠诚的管理

一方面，只有满意的、忠诚的员工才能愉快地、熟练地提供令客户满意的产品或服务，从而忠诚。另一方面，员工的流失会影响客户的忠诚。为此，电商企业一方面要通过培养员工的忠诚实现客户的忠诚；另一方面，电商企业要通过制度避免员工流失，进而避免造成客户的流失。

（一）通过培养员工的忠诚实现客户的忠诚

1. 寻找优秀的员工并加强培训

电商企业应寻找那些特质、潜力、价值观与电商企业的制度、战略和文化相一致，才识兼备、技术娴熟、工作能力强的员工。此外，电商企业应培训员工树立"以客户为中心""客户至上"的理念，使每位员工认识到他们的工作如何影响客户和其他部门的人员，从而又最终影响客户的忠诚和电商企业的生存，并给予相关知识和技能的培训与指导。

2. 建立有效的激励制度

首先，电商企业要尊重员工的合理要求，充分满足员工的需要，在员工个人发展上舍得投资，及时解决员工遇到的问题，从而不断提高员工的满意度。例如，京东用各种福利关爱员工，不但为在京东工作五年以上的老员工提供医药费报销服务，而且若他们治病资金不足，京东也会全力支持。为解决员工小孩上学问题，京东开了家幼儿园，要求凡是京东员工 0 ～ 3 岁的宝宝，都可以入园，且费用全免。另外，京东食堂高达 6 层，总面积 2 万多平方米。包括了情调十足的咖啡厅、茶餐厅、面包房、果蔬房等。食物包括北方风味、西北风味、粤菜、川菜、淮扬菜、岭南风味、境外美食等种类，整个食堂每餐的饭菜种类达 400 多种。

其次，电商企业要充分授权，即电商企业要赋予员工充分的权利和灵活性，从而使员工感到自己受重视、被信任，进而增强其责任心和使命感，激发其解决服务问题的创造性和主动性，并群策群力、同心同德，共同想办法赢得客户忠诚。

最后，电商企业要建立有助于促使员工努力留住客户的奖酬制度。

3. 不轻易更换为客户服务的员工

熟悉就会亲切，一个员工如果在服务客户的岗位上待的时间很长，不但可以了解客户的兴趣与需求，而且能够给客户带来亲切感与温暖。

（二）通过制度避免员工的流失，进而避免造成客户的流失

虽然熟悉的员工能给客户带来亲切感，但是客户熟悉的员工的离职可能会造成客户的流失。为此，电商企业可通过扩大客户与企业接触面的制度，减少客户对企业员工个人的依赖，途径如下。

1. 轮换制度

轮换制度即每隔一段时间更换与客户联系的员工，这样当某个员工离职时，电商企业就能保证仍有客户熟知的员工为之服务。当然，员工轮换不宜过于频繁，因为如果客户还没来得及与员工建立良好的合作关系，这个员工就被调离，客户就会怀疑电商企业到底是否能够为他提供连续的服务。

2. 以客户服务小组代替“单兵作战”

由于团队的作用，单个员工对客户的影响被削弱，从而降低了员工流失导致客户流失的可能性。服务小组可采取多种形式，如宝洁的客户服务小组的成员是由各部门的人员组成的，而海尔的客户服务小组的成员则由同一部门不同级别的人组成。当然，电商企业采用客户服务小组的形式要确保每个成员输出信息的一致性，自相矛盾的信息或缺乏团队精神的信息都会让客户怀疑服务小组的能力。

3. 通过数据库在电商企业内部实现客户资源的共享

电商企业要把各个员工所掌握的客户信息在电商企业内部共享，同时建立知识共享的电商企业文化，为员工创建一种开放的工作环境，并组织开展一些交流活动，如员工经验交流会等，让他们可以自由沟通、分享信息，从而在电商企业内部共享客户资源。这样，就不会出现由于某一员工的离开而造成客户流失的情况，任何员工都能在其他员工的基础上发展与客户的关系。

以上策略在实现客户忠诚上所起的作用和效果会因行业的不同、电商企业的不同、客户的不同而不同，在实际工作中应当灵活应用。

本章习题

1. 客户忠诚的含义、意义是什么？
2. 影响客户忠诚的因素有哪些？
3. 实现客户忠诚的策略有哪些？

本章实训

介绍、分析 ×× 电商采取了哪些有效措施来实现客户忠诚。

第四篇

电商客户关系的挽救

客户关系在建立阶段、维护阶段都随时可能破裂，此时电商企业如果没有及时采取有效措施，就可能造成客户的永远流失。

相反，如果电商企业能够及时采取有效措施，就有可能挽回流失客户，从而使破裂的客户关系得到修复。

客户关系的挽救是电商企业挽救破裂的客户关系、挽回流失客户的过程。

第十章
电商对流失客户的挽回

第一节　客户流失的原因

客户流失是指客户由于种种原因不再忠诚，转而购买其他电商企业产品或服务的现象。

随着电商企业经营水平的不断提高，市场上相似的产品或服务越来越多，竞争品牌之间的差异也越来越小，客户因改变电商品牌所承受的风险也大大降低了，因此，当前电商企业普遍存在客户易流失的特点。

客户流失除了有电商企业自身的原因，还有客户本身的原因。

一、电商企业的原因

（一）客户不满意

当产品或服务质量没有达到标准或者经常出现故障时，当服务态度或服务方式存在问题时，当对客户的投诉和抱怨处理不及时、不妥当致使客户利益受损时……电商企业的客户都容易流失。

客户受骗上当后也容易流失。例如，有的电商企业承诺包退包换，但是一旦客户提出退换要求，电商企业总是找理由拒绝。

当产品或服务落伍时，客户也容易流失。任何产品或服务都有自己的生命周期，若电商企业不能进行产品或服务的创新，客户自然就会另寻他路，这也是导致客户流失的重要原因。

此外，由于不满电商企业的行为，如破坏或污染环境，不关心公益事业，不承担社会责任等，或者电商企业出现震荡或波动等，客户也会流失。

案例

凯瑟琳因不满意而流失

凯瑟琳小姐一直以来都是澳大利亚某最大、历史最悠久的银行的忠实客户。有一年她收到银行寄来的通知，告诉她可以到墨尔本分行领取新的信用卡。但是她已经在悉尼定居 8 年，其间她起码通知银行四五次，要求更改地址信息。

她拨通了银行通知信件上的服务电话，询问是否可以将墨尔本分行的信用卡寄到悉尼分行，但服务人员表示无能为力，告诉她必须自己打电话或者传真到墨尔本分行。凯瑟琳小姐告诉服务人员过去几年间她已经好几次要求墨尔本分行修正资料，这次不应该再浪费她的时间和金钱了，因为这是银行延迟处理造成的错误。此时，服务人员开始有点不耐烦："但这件事我无能为力。"于是凯瑟琳要求与其上司通话，没想到服务人员竟然直接挂断电话。于是凯瑟琳二话不说直接到那家银行，把自己账户中的钱全部取出，转存到街角的另一家小银行去了。

这件事发生数月之后，凯瑟琳突然对投资房地产感兴趣，便打电话给这家小银行询问相关的贷款方案。由于当时不方便亲自走一趟，所以她只是简单地在电话里告知银行她的资产、债务和收入情况。那时她其实只是想收集一点相关的信息，了解一下房地产投资市场而已。

服务人员礼貌地告诉她，她将会在 24 小时之后得到想要的信息。果然如服务人员所承诺的，凯瑟琳在一天后接到服务人员的来电，告诉她一个远远超出她预期的贷款金额，并说明计算方式："希望您不介意，我向几家市内的房地产公司查询了符合您条件的方案，并以此计算出最适合您需求的金额。"作为这家小银行的客户，现在凯瑟琳感到十分愉快，并决定以后的所有银行业务都在这家原本不起眼的小银行办理，因为该银行的服务态度给了她对其忠诚的理由。

（二）其他原因

例如，客户通过忠诚所获得的利益较少，客户对电商企业的信任和情感不够深，客户没有归属感，觉得自己被轻视，此外，客户转换成本较低，电商企业与客户业务联系不够紧密，客户对电商企业的依赖程度低，跳槽员工带走客户，以及电商企业自身对客户不忠诚等也都会导致客户流失。

二、客户的原因

有些客户流失是其自身原因导致的，具体如下。

有的客户因为需求转移或消费习惯改变而退出某个市场；有的客户对电商企业提供的好的服务或者产品根本就不在乎，转向其他电商企业不是因为对原电商企业不满意，而是因为自己想换“口味”，想尝试一下新的电商企业的产品或者服务，或者只是想丰富自己的消费经历；有的客户由于搬迁、成长、衰退甚至破产，或由于客户的采购主管、采购人员的离职等而流失。

第二节　如何看待客户的流失

一、客户流失给电商企业带来很大的负面影响

流失一位重复购买的客户，不仅使电商企业失去这位客户可能带来的利润，还可能损失与受其影响的其他客户的交易机会，因为流失客户可能散布不利的言论，动摇和瓦解“客心”，此外，还可能会极大地影响电商企业对新客户的开发。

当电商企业与客户的关系破裂，客户流失成为事实的时候，电商企业如果不能尽快、及时地恢复客户关系，就可能造成客户的永远流失，而他们很可能成为电商企业竞争对手的客户，壮大了竞争对手的客户队伍和规模，而一旦竞争对手由于客户多了，生产服务规模大了，成本得以下降了，就会对电商企业产生威胁。因此，电商企业不能任客户流失。

客户的流失，尤其是“好客户”的流失会让电商企业投入于客户关系中的成本与心血付之东流。客户的流失不断消耗着电商企业的财力、物力、人力和企业形象，给电商企业造成的伤害是巨大的。

二、有些客户的流失是不可避免的

新陈代谢是自然界的规律。电商企业的客户也有一个新陈代谢的过程，特别是在今天的市场上，在各种因素的作用下，客户流动的风险和代价越来越小，客户流动的可能性越来越大，客户关系在任一阶段、任一时点都可能出现倒退，不论是新客户还是老客户，都可能会流失。此外，对于客户本身原因造成的流失，电商企业是很难避免的。

因此，虽然很多电商企业提出了“客户零流失”的目标，但是这个目标不太切合实际。幻想留住所有的客户是不现实的，因为电商企业的产品或者服务不可能完全得到所有客户的认同。所以，电商企业应当理性看待客户的流失，并将客户流失率控制在一个很低的水平。

三、流失客户有被挽回的可能

客户挽回是指电商企业通过积极的努力促使已经流失的客户回心转意，重新成为电商企业忠诚客户的行动。

有人认为，客户一旦流失，便会一去不复返，再也没有挽回的可能。这是片面的。研究显示，向流失客户销售，每 4 人中会有 1 人可能成功，而向潜在客户和目标客户销售，每 16 人中才有 1 人成功。这其中的原因主要是：一方面，电商企业拥有流失客户的信息，他们过去的购买记录会指导电商企业如何下功夫将其挽回，而对潜在客户和目标客户，电商企业对其了解要少得多；另一方面，流失客户毕竟曾经是电商企业的客户，对电商企业有所了解，只要电商企业下足功夫，纠正引起他们流失的失误，他们还是有可能回归的。可见，争取流失客户的回归比争取新客户容易得多，只要流失客户回头，他们就会继续为电商企业介绍新客户。

四、挽回流失客户是重要的

假设公司有 10000 名客户，每年的客户忠诚度是 80%，那么，第二年还留下来的客户就是 8000 名，第三年就是 6400 名，第四年就是 5120 名。也就是说，四年后，只有约一半的客户还忠诚。

可见，对流失客户的挽回工作十分重要。在客户流失前，电商企业要防范客户的流失，极力维持客户的忠诚，而当客户关系破裂、客户流失成为事实的时候，电商企业不应该坐视不管，轻易地放弃他们，而应当重视他们，积极对待他们，尽力争取挽回他们，促使他们重新购买电商企业的产品或者服务，与电商企业继续建立稳固的合作关系。

第三节　区别对待不同的流失客户

由于不是每一位流失客户都是电商企业的重要客户，所以，如果电商企业花费了大量时间、精力和费用，留住的只是使电商企业无法赢利的客户，那就不值得了。

因此，在资源有限的情况下，电商企业应该根据客户的重要性来分配投入挽回客户的资源，挽回的重点应该是那些流失的好客户，这样才能实现挽回效益的最大化。

针对下列不同级别的流失客户，电商企业应当采取的基本态度如下。

一、对“关键客户”要极力挽回

一般来说，流失前能够给电商企业带来较大利润的客户，被挽回后也将给电商企业带来较大的利润。因此，给电商企业带来较大利润的关键客户应是挽回工作的重中之重，他们是电商企业的基石，失去他们，电商企业轻则造成重大的损失，重则伤及电商企业的根本。

所以，电商企业要不遗余力地在第一时间将“关键客户”挽回，而不能任其流向竞争对手，这也是电商企业必须做和不得不做的事情。

二、对“普通客户”要尽力挽回

普通客户的重要性仅次于关键客户，而且普通客户还有升级的可能，因此，电商企业对“普通客户”的流失要尽力挽回，使其继续为电商企业创造价值。

三、对“小客户”可见机行事

由于“小客户”的价值低，数量多且很零散，因此，电商企业对这类客户可冷处理，顺其自然，不必花大力气将其挽回。

四、彻底放弃根本不值得挽留的劣质客户

例如，以下客户就根本不值得挽回。

不可能再带来利润的客户；

无法履行合同约定的客户；

无理取闹、损害员工士气的客户；

需要超过了合理的限度，妨碍电商企业对其他客户服务的客户；

名声太差，与之建立业务关系会损害电商企业形象和声誉的客户；

…… ……

总之，对有价值的流失客户，电商企业应当竭力挽回，最大限度地争取与他们“重归于好”；对不再回头的客户也要安抚好，使其无可挑剔、无闲话可说，从而有效地阻止他们散布负面评价而造成不良影响；对没有价值甚至是负价值的流失客户则抱放弃的态度。

第四节　挽回流失客户的策略

建立维护客户关系都需要使用“组合拳”，需要一系列组合策略，缺一不可，而客户关系的挽救则可以从“点”上着眼——找出客户流失的原因及关系破裂的症结，然后对症下药，有针对性地采取有效的挽回措施。

一、调查原因

如果电商企业能够深入了解客户流失的原因，就可以获得大量珍贵的信息，发现经营管理中存在的问题，就可以采取必要的措施，及时加以改进，从而避免其他客户的再流失。相反，如果电商企业没有找到客户流失的原因，或者需要很长的时间才能找到客户流失的原因，电商企业就不能及时采取有效措施加以防范，那么其还会不断地“得罪”现有客户而使他们最终流失。

因此，电商企业要在第一时间积极地与流失客户联系，了解客户流失的原因，弄清问题究竟出在哪里，并虚心听取他们的意见、看法和要求，让他们感受到电商企业的关心。电商企业只有充分考虑流失客户的利益，并站在流失客户的立场上，对不同特点的流失客户进行及时、有针对性的、个性化的沟通，才可能挽救破裂的客户关系。

二、对症下药

“对症下药”就是电商企业要根据客户流失的原因制定相应的对策，以挽回流失的客户。例如，针对价格敏感型客户的流失，应该在定价策略上采取参照竞争对手的定价策略，甚至采取略低于竞争对手的价格，这样流失的客户才会回来。针对喜新厌旧型的客户的流失，应该在产品、服务、广告、促销上多一些创新，从而将他们吸引回来。

例如，海底捞是一家以经营川味火锅为主、融汇各地火锅特色为一体的大型跨省直营餐饮品牌火锅店。2020 年 4 月初，“开启报复性消费”的客户发现，海底捞恢复堂食之后涨价了，且菜量变少，如半份毛血旺的价格从 16 元涨到 23 元，自助调料的价格增至 10 元一位，小酥肉 50 元一盘……许多客户委屈地表示不会再去海底捞消费。海底捞涨价事件在网络上“发酵”近一周，2020 年 4 月 10 日，海底捞火锅官方微博发布致歉信，表明海底捞门店此次涨价是公司管理层的错误决策，伤害了海底捞客户的利益，即日起国内各地门店菜品价格恢复到 2020 年 1 月 26 日门店停业前标准……海底捞由于反应及时，总算挽回了流失的客户。

电商企业要根据实际情况，参照流失客户的要求，提出具体的解决方案，并告诉他们正是基于他们的意见，电商企业已经对有关工作进行了整改，以避免类似的问题再次发生。如果流失客户仍然对整改方案不满意，则电商企业可以问问他们的意见，向他们讨教。如果整改方案得到流失客户的认可就要抓紧实施。电商企业的诚意会给流失客户留下很好的印象，他们会觉得电商企业很重视他们提出的问题，是真心实意地解决问题，这样就可以打动他们，促使流失客户回头。

本章习题

1. 客户流失的原因有哪些？
2. 如何看待客户的流失？
3. 如何区别对待不同级别客户的流失？
4. 怎样挽回流失客户？

本章实训

介绍、分析 ×× 电商客户流失的原因，以及采取了哪些有效措施挽回流失客户？

综合实践 1

成功案例分享——×× 电商企业的客户关系管理

实践内容：

1. 充分调研，客观全面地分享一家电商企业客户关系管理的成功经验。

2. 分享的内容可以是专题案例（如客户的选择、客户的开发、客户的分级、客户的满意、客户的忠诚、客户的挽回等），也可以是综合案例（贯穿客户关系管理的全过程，不求面面俱到，但求典型有效）。

实践组织：

1. 教师布置实践任务，指出实践要点和注意事项。

2. 全班分为若干小组，采用组长负责制；组员合理分工、团结协作。

3. 收集相关资料和数据时可以进行实地调查，也可以采用第二手资料。

4. 小组内部充分讨论，认真研究，形成分析报告。

5. 小组需制作一份 15 分钟左右能够演示完毕的 PPT 在课堂上进行汇报，之后其他小组可提出质询。

6. 教师对每组分析报告和课堂讨论情况即时进行点评和总结。

综合实践 2

案例分析——××电商企业的客户关系管理

实践内容：

1. 客观且全面地介绍一家电商企业管理客户关系的做法。

2. 分析并评价该家电商企业客户关系管理的得与失。

3. 为该家电商企业客户关系管理提出改进意见或建议。

实践组织：

1. 教师布置实践任务，指出实践要点和注意事项。

2. 全班分为若干小组，采用组长负责制；组员合理分工、团结协作。

3. 收集相关资料和数据时可以进行实地调查，也可以采用第二手资料。

4. 小组内部充分讨论，认真研究，形成分析报告。

5. 小组需制作一份 15 分钟左右能够演示完毕的 PPT 在课堂上进行汇报，之后其他小组可提出质询。

6. 教师对每组分析报告和课堂讨论情况即时进行点评和总结。

综合实践3

×× 电商企业的客户关系管理策划

实践内容：

1. ×× 电商企业如何建立客户关系？
2. ×× 电商企业如何维护客户关系（策划重点）？
3. ×× 电商企业如何挽回流失客户？

提示：要以理论为指导，这主要体现在思路和框架上。主体内容则必须紧密联系电商企业实际，不空谈，要言之有物，重对策，重实效。其中可穿插生动的实例来增强策划的有效性和说服力。

实践组织：

1. 教师布置策划任务，指出策划要点和注意事项。
2. 全班分为若干小组，采用组长负责制；组员合理分工，团结协作。
3. 收集相关资料和数据时可以进行实地调查，也可以采用第二手资料。
4. 小组内部充分讨论，认真分析研究，形成策划报告。
5. 小组需制作一份 15 分钟左右能够演示完毕的 PPT 在课堂上进行汇报，之后其他小组可提出质询。
6. 教师对每组策划报告和课堂讨论情况即时进行点评和总结。

参考文献

[1] 夏永林，顾新. 客户关系管理理论与实践 [M]. 北京：电子工业出版社，2011.

[2] 邬金涛. 客户关系管理 [M]. 北京：中国人民大学出版社，2014.

[3] 谷再秋，潘福林. 客户关系管理 [M]. 北京：科学出版社，2013.